本书为教育部人文社会科学研究青年基金项目"和谐社会建设时期群体性劳资冲突事件的演化及其应对体系构建研究"（11YJCZH051）的最终成果。

本书的出版得到北京联合大学学术著作出版基金、北京联合大学人才强校资助项目、北京市属高等学校高层次人才引进与培养计划项目（The importation and Development of High-Caliber Talents Project of Beijing Municipal Institutions, CIT&TCD201304087）资助。

群体性劳资冲突事件的
演化及应对

何 勤◎著

The Evolution and
Resolution

FOR GROUP LABOR-MANAGEMENT CONFLICT

社会科学文献出版社
SOCIAL SCIENCES ACADEMIC PRESS (CHINA)

序

何勤让我给她的新著写个序，书名是《群体性劳资冲突事件的演化及应对》。我答应下来，原因有两个：一是这本书的内容我感兴趣。这一专题也是近年我重点关注和研究的内容，希望能将最新的研究成果先睹为快；再是对于何勤的研究能力我还是有所了解。我是她的博士论文的审阅人，论文的内容是关于北京中小企业劳动关系评价研究。对于这篇论文，我比较罕见地给了"优"，并在评语中给予了充分的肯定。当然，论文审阅是双向匿名的，但劳动关系学界的圈子有限，在一次和首都经济贸易大学劳动经济学院院长杨河清教授聊天中说到这篇论文，才知道作者是他的学生叫何勤。有这样一个印象，因而对这本新著抱有几分期许。然而，期望值并不高，因为中国的劳动关系的研究还处于初级阶段，虽然近年来相关研究著作不断涌现，但真正具有扎实基础又有独立深入研究的学术著作并不多见。

但是，初初阅读了一遍书稿，结果大大超出我的预期。这并不是说这本新著多么完美多么深入，书中的不足和缺陷，我已经直接转告作者。我最深的感受是，这本书给现实的中国的劳动关系研究带来了一种清新的气息，青年学者治学态度和研究能力，给这一学科的研究前景带来希望。结合这本书的内容和中国劳动关系的研究状况，谈点感受。

首先，关于该书的选题和内容。该书名为《群体性劳资冲突事件的演化及应对》，其实，对于所谓"群体性劳资冲突"的概念,我历来不以为然,认为这是一个很不严谨的表述,规范的学术表述应该是"劳资集体争议"。所谓"群体性劳资冲突"是一个具有当代中国特色的概念,以"群体"替代"集体",其特点是回避劳工集体行动的正当性。何勤使用了这一概念,也许是为了能够正常出版采取技术性的操作。但纵观全书内容,其研究对象正是劳资集体争议和工人集体行动,并且是以集体行动的基本形式罢工作为主体研究内容的。书中对于集体行动和罢工的发生、演化、处理等相关问题,做了较为系统的梳理和分析,并提出了自己的见解。应该说,如此研究是需要一定的勇气和胆识的,因为虽然罢工在我国一个普遍存在的现象,但在中国一直是一个"敏感"的话题。连题目选定都有如此限制,如没有相当的担当和责任,这一研究是难以完成的。

其次,关于集体争议的研究方法。近年来问世的劳动关系研究著述,多是从一个学科,如法学或经济学或社会学的角度予以剖析论述。这种研究当然有其价值和意义。但是,劳动关系的研究是一个多学科的研究,囿于一个学科研究总是有其局限之处。如何运用多学科的方法研究劳动关系是一个有待加强的问题。何勤的著作在这方面做了有益的探索。作者运用经济学、社会学和管理学等学科,使得整个研究形成一个多角度的立体构建。该研究以经济学为基本方法,使用经济学的结构方程模型从理论上分析了群体性劳资冲突事件演化的潜变量和可测变量,构建了群体性劳资冲突事件的理论演化路径,并通过干预变量的选择、群体性劳资冲突事件时间序列模型构建,干预效应识别以及干预模型计算方法的分析,构建了应急干预理论模型;还采用博弈论的分析方法对群体性劳资冲突事件的形成机制进行了分析,建立"非合作博弈模型""刀锋上的博弈模型"以及"稳态合作博弈模型"三个理论模型。在这一基础上,该书还从管理学视角,运用自组织理论来分析群体性劳资冲突形成机制,建立群体性劳资冲突的自组织演化模型;又从社会学视角,引用解析了大量集体争议案例，以集体行动理论作为理论基础，构建群体性劳资冲突的集体行动模型，并对集体行动的社会心理进行较为深入的分析。如此深入娴熟地运用不同的学科方法，并使之有机地形成一个整体研究系统，作为一个青年学者确实难得。

再者，关于治学的态度。一个基本的感受，作者的治学态度是严谨的。书中提供了大量的数据、图表、案例，这些内容是经过艰辛的搜集、整理、分析获得的。与目前所谓科研成果中满是空话、套话以及大家都在说的话的状况相比，作者的研究是建立在充分的事实依据上。该书的特点，除了作者具有较为扎实的理论基础和专业训练之外，就是作者进行了深入的调查研究，获得了一大批第一手的数据和资料。而这恰恰是目前我们的研究所缺乏的。劳动关系和集体争议的研究，是一个理论、政策和实务密切结合的应用研究，那种靠搜索、复制和粘贴的"网上作业"，只是信息整理而非学术研究。在我国形成规范深入的劳动关系研究，必须要深入了解和掌握实际状况，作者在这方面做出投入和努力。

作者在书中对于集体争议的演化和应对，提出了诸多观点和看法，对此，大家可以见仁见智，我就不再多做评价。我更关注的是，在目前的情况下，如何进行劳动关系的研究，以及如何通过劳动关系专题研究，来推动劳动关系学科的发展。在这一点上，何勤的学术尝试是很有价值的。

值此新著出版之际，谨对何勤表示祝贺，以上所说，也可视为该书之序。

常　凯

于京西时雨园

2014年4月20日

目 录
CONTENTS

第一章 导论 …………………………………………… 001
  第一节 问题的提出 ……………………………… 001
  第二节 研究背景 ………………………………… 004
  第三节 文献综述 ………………………………… 008
  第四节 研究的目标及意义 ……………………… 034
  第五节 研究内容及研究方法 …………………… 036
  第六节 可能的创新之处 ………………………… 042

第二章 群体性劳资冲突事件的特点和趋势分析 ……… 045
  第一节 群体性劳资冲突事件的概念界定 ……… 045
  第二节 群体性劳资冲突事件的特点和趋势——横向
           分析视角 ………………………………… 046
  第三节 群体性劳资冲突事件的特点和趋势——纵向
           分析视角 ………………………………… 057
  第四节 群体性劳资冲突事件的特点和趋势——基于
           课题调研 ………………………………… 066
  第五节 小结 ……………………………………… 074

第三章 群体性劳资冲突事件形成机制研究 …………… 075
  第一节 从经济学视角——基于博弈理论的形成机制 … 075
  第二节 从管理学视角——基于自组织理论的
           形成机制 ………………………………… 080

第三节 从社会学视角——基于集体行动理论的形成
机制 ………………………………………… 084
第四节 从政治学视角——基于抗争主体与政府、工
会互动的形成机制 ………………………… 092
第五节 从劳动关系学视角——基于劳动关系系统理
论的形成机制 ……………………………… 097
第六节 小结 ………………………………………… 110

**第四章 群体性劳资冲突事件的演化模型构建及
实证研究** ……………………………………… 112
第一节 群体性劳资冲突事件的耗散结构、熵流及
协同机制研究 ……………………………… 112
第二节 群体性劳资冲突事件的静态演化模型构建 …… 119
第三节 群体性劳资冲突事件的动态演化模型构建 …… 130
第四节 群体性劳资冲突事件的综合演化模型构建 …… 136
第五节 基于结构方程模型的演化路径研究 ………… 139
第六节 实证研究——基于案例分析 ………………… 160
第七节 小结 ………………………………………… 168

第五章 群体性劳资冲突事件的风险预警研究 ……… 171
第一节 群体性劳资冲突事件风险预警模型构建 …… 171
第二节 群体性劳资冲突事件风险预警指标体系设计 … 175
第三节 群体性劳资冲突事件风险预警系统建立 …… 202
第四节 群体性劳资冲突事件风险预警实证研究 …… 212
第五节 小结 ………………………………………… 223

第六章 群体性劳资冲突事件应急管理系统研究 …… 226
第一节 群体性劳资冲突事件应急系统设计 ………… 226
第二节 应急预案体系构建 …………………………… 228

第三节　群体性劳资冲突事件的应急干预 …………… 237
第四节　标准化的应急管理信息系统研究 …………… 246
第五节　小结 …………………………………………… 262

第七章　群体性劳资冲突事件的长期应对体系研究 ……… 265
第一节　工作场所劳资冲突预防机制研究 …………… 265
第二节　人性化的劳动关系管理 ……………………… 275
第三节　集体谈判制度构建 …………………………… 283
第四节　小结 …………………………………………… 294

参考文献 …………………………………………………… 297

附录 A　企业劳动关系研究调研问卷（企业用） ………… 321

附录 B　企业劳动关系基本情况调查问卷（员工用） …… 329

后　记 ……………………………………………………… 338

第一章 导论

第一节 问题的提出

一 经济社会转型期，深层次劳资矛盾凸显

当前我国正处在社会转型、经济转轨的关键期，改革面临许多问题和挑战，其中最为突出的是劳动关系问题。劳动关系问题已经成为困扰中国的经济社会发展，制约中国的经济体制改革，并与中国亿万劳动者利益攸关的一个最为突出的社会经济问题（常凯，2009）。随着市场经济体制的确立和深化，企业和劳动者的利益逐渐分化，这种分化表现为普遍的劳资冲突。就其发展趋势来看，劳资矛盾还会进一步突出，特别是随着现代企业制度的实行，更加促进了企业劳动关系的全面变化，比如体制转换、经济结构调整、企业改制等，都会带来劳动分配、劳动保护、劳动保险以及劳动争议等方面的问题，导致各种深层次的劳资矛盾逐渐凸显。同时，这一时期也是各种劳资冲突的高发期。一些研究表明，随着人均 GDP 在 3000 美元附近，快速发展中积聚的矛盾集中爆发，各国社会都会进入不协调因素的活跃期与社会矛盾的高发期，此时的经济发展伴随着经济与社会不平等程度的加剧，若处理不及时，该时期社会矛盾最易激化甚至产生动乱。按照世界银行的标准，2010 年我国人均国内生产总值达到 4400 美元，已经

进入中等偏上收入国家的行列,有学者判断我国已进入一个利益日益分化的发展阶段,这一阶段正是劳资冲突的高发期。数据显示,近年来,劳动争议案件和因劳动纠纷引发的群体性事件呈不断上升的趋势。1995~2006 年的 12 年中,劳动争议案件数量增加 13.5 倍,集体劳动争议案件数量增加了 5.4 倍,2008~2010 年全国劳动争议案件增长了 98%。由此可以看出,我国劳资双方矛盾与对立现象十分严重,而存在矛盾与对立就有演变为对抗的可能性,因此要重视对劳资冲突问题的研究。综上,对当前我国劳动关系的发展趋势的判断是,我国当前处于社会转型、经济转轨的关键期,也是各种劳资冲突的高发期和深层次矛盾的凸显期。

二 劳动者集体意识觉醒,群体性事件频发

随着劳动关系的市场化转型,劳动者逐步形成集体意识,企业与劳动者之间形成的个别劳动关系已经无法解决劳资矛盾和维系劳动关系的稳定,自发性的大规模大面积集中爆发的劳资冲突事件频繁发生,已经成为影响社会稳定和公共安全的一个重要因素。近年来爆发的群体性劳资冲突事件集中地体现了中国劳动者市场化劳工意识的提升,其具体表现是劳动者以自发的团结和自发的集体行动,来提出自己的诉求和争取自己的利益。统计数据和相关文献研究显示,近年来群体性劳资冲突事件呈现出较快的增长,1990~1994 年增长了 100%,中国群体性事件 1999 年总数超过 32000 宗,2003 年为 60000 宗,2004 年为 79000 宗,2005 年为 87000 宗,2006 年为 90000 宗,2008 年为 120000 宗,专家估计其中有 1/3 是群体性劳资冲突事件。根据已有的研究统计,我国近年来群体性事件与国外相比,在 17 个国家和地区中,中国罢工行为的增长率是最高的。与我国每年超过 500 起成规模的群体性劳资冲突事件相比,美国自 20 世纪以来成规模的罢工活动一直在减少,由 50 年代早期每年超过 400 起,70 年代早期的 250~425 起,减少到 1980 年的 187 起,1985 年的 54 起,2008 年的 15 起

(Budd, 2009)。这表明，我国已经成为群体性劳资冲突事件频率较高的国家之一。而群体性劳资冲突事件往往涉及人数多、燃点低、社会影响大，对资方来说不仅会对其造成严重的经济损失，也会对其社会形象造成不良影响；对劳方来说，采取群体性劳资冲突手段也要承受经济上和精神上的多重压力。

三 影响公共安全和社会稳定，党和政府高度关注

劳动关系对构建和谐社会的影响已成为党和政府十分关注的社会问题，从经济发展的角度来看，没有稳定的劳动关系和劳动者的积极性，就没有持续稳定的经济发展；从政治发展的角度来看，劳动者权益的获得和保障程度，是劳动者对于国家政治特别是改革的拥护程度的基本依据；从社会发展的角度来看，劳动者阶层的稳定和发展，是社会稳定和发展的基本因素。所以，劳动关系问题不仅仅是经济问题，而且是十分重要的政治问题和社会问题。如果说今后中国可能会发生某种不稳定局面的话，酿成这种不稳定局势的主要因素应该是劳动关系问题的积累和社会劳动关系矛盾的激化。突发性群体劳资冲突作为劳资冲突的激烈表现形式，处理不当必然会对我国的公共安全和社会稳定造成严重影响。党和政府已经高度关注上述问题，党的十七大明确提出要构建和谐劳动关系，中央政府在"十二五"规划中已经做了战略性的调整，民生问题和劳动关系问题已经成为十二五期间政府着力解决的重大任务。党的十八大强调要健全劳动标准体系和劳动关系协调机制，加强劳动保障监察和争议调解仲裁，要推行企业工资集体协商制度，保护劳动所得，构建和谐劳动关系。同时，群体性劳资冲突事件具有突发性、规模性和广泛影响性，政府需要一套可广泛运用的、规范的、标准化的应急管理的工具、技术和手段以快速应对群体性劳资冲突事件，维护公共安全和社会稳定。

综上，对引发群体性劳资冲突事件的根源、群体性劳资冲突事件的形成机理、演化规律等理论问题以及应急管理的理论和实

践问题开展研究具有重要意义。

第二节 研究背景

我国近年来群体性劳资冲突事件频发,其发生的主要背景是当前我国劳动关系出现集体化转型的新趋势,因此研究劳动关系集体化转型背景和趋势,对于厘清我国群体性劳资冲突产生的社会背景具有重要意义。

我国企业当前面临两种转型,一是劳动关系的市场化转型。这种转型开始较早,自 1978 年改革开放,随着我国经济体制由计划经济体制向市场经济体制转型,我国劳动关系也由行政化向市场化转型,当前已基本完成市场化转型。二是劳动关系的集体化转型。随着 2008 年《劳动合同法》的颁布和实施以及近年来出现的大规模罢工事件,我国劳动关系逐渐呈现由个别劳动关系向集体化劳动关系转型的新趋势。本书重点研究第二种转型背景,即劳动关系的集体化转型背景下如何构建我国企业和谐劳动关系。

一 劳动关系集体化转型的概念界定

研究劳动关系集体化转型首先要清楚界定"集体劳动关系"。"集体劳动关系"是相对于个别劳动关系而言的,是在个别劳动关系存在和发展的基础上形成的,个别劳动关系的"从属性"特点决定了劳方必须组织起来,形成集体的力量以矫正个别劳动者相对于资方的弱势地位,因此集体劳动关系是实现劳资力量平衡、权利对等的必然选择。集体劳动关系又称团体劳动关系,是指劳动者集体或团体一方,通常以工会为代表与雇主或雇主组织,就劳动条件、劳动标准以及有关劳资事务进行协商交涉而形成的社会关系。集体劳动关系基本的运行方式,是以劳动者团结的力量与资本的实力抗争,并以此实现劳动者的自我保护,与个别劳动关系的从属性相比,集体劳动关系具有对等性的特点(常凯,

2004)。集体劳动关系强调对劳动者的集体权利的维护,集体权利主要包括以团结权、集体谈判权和集体争议权为核心的"劳工三权"。

劳动关系集体化转型是指劳动关系从形态和调整方式两个维度上的转型。从形态上来看,由以个别劳动关系为核心构成转变为以集体劳动关系为核心构成。从调整方式来看,由以个别劳动关系调整为主转向以集体劳动关系调整为主(熊新发,2012)。

二 劳动关系集体化转型的表现形式

我国劳动关系呈现由个别向集体化转型的新趋势,表现在微观和宏观两个层面,通过自发组织和正规组织两种路径实现。

微观层面,劳动者自发组织起来,或成立劳工 NGO 组织,采取集体行动,以怠工、停工、罢工等形式来对抗资方,争取自身的权利和利益。自 2010 年以来爆发的大规模罢工事件通常采取自发组织的路径来实现劳动关系的集体化调整。这种集体劳动关系的调整表现为以劳动者为主导的典型特点,主要通过自发组织的罢工形式来与资方抗争。

宏观层面,政府、中华全国总工会(ACFTU)以及地方工会,通过组建工会,实行三方协商机制,推广集体协商制度,构建以政府为主导的集体劳动关系。2010 年,人力资源和社会保障部、中华全国总工会、中国企业联合会联合下发了关于《深入推进集体合同制度实施彩虹计划的通知》。通知要求,从 2010 年到 2012 年力争用三年时间基本上在已建工会的企业实行集体合同制度,特别提出对未组建工会的小企业,通过签订区域性、行业性集体合同,努力提高集体合同覆盖比例。全国总工会出台的《中华全国总工会关于推动世界 500 强在华企业建立工资集体协商制度的意见》也提出,要建立总部工资集体协商制度,签订覆盖全部在华企业的总部工资集体合同。2010 年全总召开的第十五届四次执委会,王兆国提出依法推动企业普遍建立工会组织,依法推动企业普遍建立工资集体协商。全总相应制定了《2011～2013年推动企业普遍建立工会组织工作规划》《2011～2013年深入推进工资集体协商工作规划》两个规划,提出已建工会的企业80%以上要建立工资集体协商制度,基本实现已建工会企业普遍开展工资集体协商。这种集体劳动关系的调整表现为以政府或工会为主导,通过建立三方协商机制和集体协商制度等长效机制来调整劳动关系的典型特点。

三 劳动关系集体化转型的内外动因

形成当前我国劳动关系集体化转型的主要原因如下。

（一）劳动者构成特征变化是劳动关系集体化转型的社会背景

当前劳动者的构成,特别是产业工人和现代服务业的构成主体为新生代农民工。截止到2011年6月,我国农民工总量为2.6亿,其中外出农民工数量为1.6亿。据第五次全国人口普查资料,农民工在第二产业从业人员中占58%,在第三产业从业人员中占52%;在加工制造业中占68%,在建筑业中占80%;新生代农民工占农民工总数的61.6%。同时劳动者构成呈现年轻化趋势,城镇职工平均40.1岁,农民工平均仅32.2岁（吕国泉、李嘉娜,2011）。

出生于"80年代""90年代"的新生代农民工具有与老一代农民工完全不同的价值观、个性特征和行为准则。这些出生并成长在城市的新生代农民工,已经疏离农村生活,逐渐摆脱了传统的乡土集体主义价值观,形成了强烈的个人主义以及对自由追求的价值观念（Pun & Lu,2010）。新生代农民工出现的新特征体现在,他们渴求成为真正的城市居民,他们有学习新知识、新技术的追求,有强烈的个人发展和成功愿望,他们权利意识已经觉醒,不公正感以及被剥夺感不断增强,自我建立并动员社会关系网在城市发展的能力提高（许丽萍、石秀印,2010;许传新,2007;郭维家,2008）。上述特征不仅说明他们对生活以及发展需求的提高，同时他们的不公正感与反抗精神觉醒，促使他们通过自发组织、自发动员，依靠集体的力量，采取集体行动来争取自身的权利和利益。

（二）劳动者集体意识的形成是劳动关系集体化转型的必要条件

2010 年以来爆发的以南海本田为代表的系列罢工，形成了以新生代产业工人为主体、以利益抗争为主要目标的集体行动，促成这种集体行动的直接因素，是市场经济下劳动者集体意识的发轫和觉醒（常凯，2011）。劳动者的集体意识和集体行动，是集体劳动关系形成的必要条件，具体表现为劳动者通过自发的团结和自发的集体行动来提出诉求、争取利益。

（三）《劳动合同法》的颁布和实施是劳动关系集体化转型的法律保障

《劳动合同法》的颁布，确认了劳动者的个别劳动关系，明确了劳动者的个别权利，极大地提高了劳动者的法律意识和权利意识，标志着我国劳动关系的个别调整在法律建构上已经基本完成。而劳动关系个别调整法律构建的完成，为集体劳动关系的构建奠定了基础，即没有个别劳动关系的规范就谈不上集体劳动关系的构建，因此从某种意义上讲，《劳动合同法》的颁布同时又开启了劳动关系集体调整的新起点，并为劳动关系的集体调整提供了法律基础。《劳动合同法》的实施，使过去严重失衡的劳资双方主体地位变得相对平衡，劳动者地位的提高、劳资双方力量的平衡为集体谈判的实施奠定了基础（常凯、邱捷，2011）。

（四）大规模罢工事件的出现是劳动关系集体化转型的外部推动力

2010 年以来出现的罢工事件，其共同特点是劳动者选择通过集体行动的方式，有组织、有策略、理性地与资方进行抗争，争取自己的权利和利益。这些特点表明从劳资冲突的形式来看，由劳动者个人的诉求转向劳动者集体行动；从内容来看，从以经济诉求为主转向利益和权利诉求并存。例如在2010年爆发的"南海本田事件"中，劳动者发现企业上一年的利润有大幅度增加，而劳动者的工资还是劳动合同中约定的数额，工人感到不公平。按照《劳动合同法》的规定，劳动合同条款的变更需要合同双方的协商一致，如果劳动者个别向企业反映要求加工资，则无疑不仅不能成功，还有可能失业。于是，劳动者逐渐形成了较为统一的意识——通过集体行动的方式与企业进行工资谈判，并要求资方组建工会。上述案例是近年来罢工事件的典型案例，可以看出当前出现罢工事件，劳动者工资的增长与企业利润增长严重不匹配，工资待遇低、工作标准提高、工作环境恶劣，是劳动者罢工的直接原因，劳动者劳工意识的提升则是罢工的根本动力。罢工事件的出现体现了劳动者法律意识、权利意识的增强，同时体现了劳动者团结意识、行动意识的提高，标志着我国劳动关系开始由个别调整向集体调整转变，是我国劳动关系的集体化转型的外部推动力。

第三节 文献综述

本节将重点对和谐社会建设问题、劳动关系集体化转型问题、群体性劳资冲突问题以及应急系统研究等与本研究相关的文献做一梳理，旨在了解上述领域国内外研究进展和趋势，分析上述研究的问题与不足，以期为后文的研究展开相对广阔的思考和探索空间。

一 和谐社会建设研究

（一）和谐社会的起源与演进

根据辞海的定义，"和谐"是指矛盾双方在一定条件下达到统一而出现的状态，它标志着诸多元素均衡、稳定、有序，相互依存，共同发展。和谐是中国文化的价值目标，在中国传统文化中有着非常丰富的关于融合、和谐、平和的思想和观念。早在两千五百多年前，中国儒家思想代表人物孔子就提出了"大同社会"的概念，与今天提出的"和谐社会"一脉相承。在《易经》中这样描述"和谐"，"和谐"就是圆融通透，万物共荣，同波共振，人心同善。

"和谐社会"的概念最早是由英国的空想社会主义者莫尔提出来的（陈惠雄，2004）。到了19世纪初，法国的空想社会主义者傅立叶在《全世界和谐》一书中对"和谐社会"做了进一步的阐述。1842年，空想社会主义者魏特林在《和谐与自由的保证》一书里，把资本主义社会称为"病态社会"，把社会主义直接称为"和谐与自由"的社会，并且指出，新社会的"和谐"不是"个人和谐"，而是"全体和谐"。马克思批判地吸收了空想社会主义的一些有益的理论，设想了"自由人联合体"的未来社会模式。

我国提出"构建社会主义和谐社会"，是把空想社会主义的某些合理构想和马克思的社会理想真正变成现实，进一步完善中国特色的社会主义。2002年党的十六大报告中明确指出："我们要在本世纪头二十年，集中力量，全面建设惠及十几亿人口的更高水平的小康社会，使经济更加发展、民主更加健全、科教更加进步、文化更加繁荣、社会更加和谐、人民生活更加殷实。"这是"和谐"首度出现在中国执政党的纲领里，并且达六次之多。这两个当时不太引人注目的汉字，成为中国新一届领导人治国方略的核心思想。2004年以来，中国新一届领导人开始明确提出并逐渐丰富"和谐社会"的理念。2005年，胡锦涛同志在省部级主要领导干部提高构建社会主义和谐社会能力专题研讨班上的讲话首次全面阐述了和谐社会的内涵："我们所要建设的社会主义和谐社会，应该是民主法治、公平正义、诚信友爱、充满活力、安定有序、人与自然和谐相处的社会。"2007年党的十七大报告指出"推动科学发展，促进社会和谐，为夺取全面建设小康社会新胜利而奋斗"

的目标。2012年党的十八大报告,明确提出:"必须坚持促进社会和谐。社会和谐是中国特色社会主义的本质属性。要把保障和改善民生放在更加突出的位置,加强和创新社会管理,正确处理改革发展稳定关系,团结一切可以团结的力量,最大限度增加和谐因素,增强社会创造活力,确保人民安居乐业、社会安定有序、国家长治久安。"

综上所述,和谐社会就是要谋求社会成员之间以及人与自然之间各类关系的和谐。党的十六大、十七大、十八大,都将"构建社会主义和谐社会"作为执行方略和奋斗目标,在"和谐社会建设"的理论和实践中取得了重大突破。"和谐社会"的理论构建为和谐劳动关系理论的形成和发展奠定了坚实的基础。

(二) 和谐社会问题研究现状

自党的十六大以来,中国共产党在"和谐社会建设"的理论和实践中取得了重大突破。近年来,学术界也较为全面地研究了和谐社会问题,在很多方面取得了重要进展,发表了大量研究成果,形成一些重要的学术观点。梳理"和谐社会"的相关文献发现,现有研究主要集中在以下几方面,一是和谐社会的思想渊源和理论基础;二是建设和谐社会的背景和意义;三是和谐社会的内涵、条件和特征;四是影响和谐社会发展的主要因素;五是和谐社会的运行机制和构建路径;六是和谐社会的贡献和历史意义。

(三) 和谐社会与和谐劳动关系的关系辨析

和谐社会的基本内涵是各种社会关系的和谐,而人类社会最本质的内容是劳动,人们在劳动过程中彼此结成的关系,即劳动关系,构成了人类经济社会最基本和最重要的关系。同时,劳动关系作为经济社会中最基本的组成部分,深刻影响着经济结构的形成与发展,而经济结构的稳定决定了社会结构的稳定。因此,劳动关系状况成为经济社会是否和谐的晴雨表、风向标,可以说劳动关系和谐与否直接标志着社会和谐与否,从这个意义上说,和谐劳动关系是社会和谐安定的基石,是构筑和谐社会、增进社会整体福利的核心内容,而社会和谐是劳动关系和谐的延伸和结果,是劳动关系和谐的体现与保证(吕景春,2006)。

二 劳动关系集体化转型问题研究

如前文所述,近年来之所以群体性劳资冲突事件频发,其发生的主要背景是当前我国劳动关系出现集体化转型的新趋势,因此研究劳动关系集体化转型的背景和趋势,对于厘清我国群体性劳资冲突产生的背景具有重要意义。

(一)国外研究进展

1. 经典的转型理论

国外关于劳动关系转型的经典理论是由 Thomas A. Kochan, Harry C. Katz, Robert B. Mckersie(1986)提出来的,他们在 *The Transformation of American Industrial Relations* 一书中,研究了美国私人部门劳动关系转型,提出了策略选择模型(见图1-1)。该模型由外部环境、企业层面劳动关系的制度构架、绩效产出三部分构成。

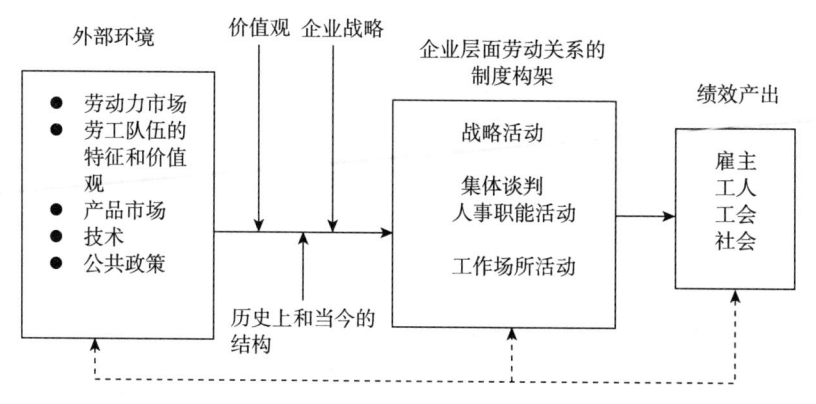

图1-1 劳动关系策略选择理论分析框架

资料来源:Kochan, Thomas A., Harry Katz, and Robert B. McKersie, *The Transformation of American Industrial Relation*. (New York, Basic Books, 1986), Ithaca, ILR Press. 1994.

该模型建立了劳动关系的"三级制度结构",将管理层、劳方和政府组织的活动划分为三级:最高层级,战略决策制定层级;中间层级或职能级;基层或工作场所级,政策实施并影响员工个体、监管者和工会代表的日常工作(见表1-1)。

表1-1 劳动关系活动的三个层级

层次	雇主	工会	政府
长期战略和政策制度	商业战略 投资策略 人力资源战略	政治策略 代表策略 组织策略	宏观经济和社会政策
集体谈判和人事政策	人事策略 谈判策略	集体谈判策略	劳动法律和监管
工作场所和个人/组织关系	管理风格 员工参与 岗位设计和工作组织	契约管理 员工参与 岗位设计和工作组织	劳动标准 员工参与 个人权利

资料来源:Harry. C. Katz, Thomas. A. Kochan. *An Introduction to Collective Bargaining & Industrial Relations*, ILR Press. 1992:140-148.

在上述框架中,最高层级制定的决策代表企业劳动关系实践和研究的前沿,成为劳动关系分析的核心。根据环境压力和自身的价值观,管理层制定企业的长期战略和政策制度。中间层级围绕劳动关系最传统的范畴,即主要关注集体谈判实践、人事政策以及规制劳动关系的公共政策的执行和发展。与最低层级相关的战略选择与工作组织、员工权利的结构、个人或工作小组的管理、激励以及工作场所环境的性质直接相关,包括岗位和工作设计、工作规则、员工-主管关系,以及规定个人在工作场所中的权利的公共政策等,是企业日常劳动关系的一部分。

该理论认为,在美国产业关系调整下,工会方只是侧重集体谈判,没有让工人参与的战略。同时美国企业的人力资源管理只注重成本管理而忽略了对工人的福利的关注,导致了产业关系在发展和运行中出现了危机,针对这种情况,提出了美国的产业关系需要转型。这种转型及美国产业关系的未来路径，在层次上取决于雇主、劳工和政府的战略选择，在范围上取决于工作场所、区域性产业关系和国家产业关系三个层面。其内容包括加强工作场所工人参与、提高福利工资水平；在区域性产业关系层面实行跨行业的培训以提升人力资本；在国家层面修改国家劳工关系法案，允许采用欧式的工人委员会的美国化版本来处理企业的人力资源问题和相关的业务问题，并支持工人代表权，确立工人的管理培训以及人力资源开发伙伴关系，用这样的方法来提升企业的竞争能力。寇肯、凯兹等的策略选择模型阐述了外部环境、价值观、企业策略、制度结构的角色以及劳动关系过程和产出。该模型从影响劳动关系的外部环境中相关力量的观察入手，提出外部环境的变化导致资方或管理方对企业竞争策略进行调整，这种调整最终将保持与资方或管理者的价值观一致。寇肯等还提出了劳资冲突管理/预警程序机制，认为企业的人事政策以及资方或管理方与员工代表就劳动合同进行谈判，这些调整手段既不能解决也不能预测到在工作场所将要发生的所有问题；同时，在员工与管理者之间或者在不同员工团体内部发生的许多问题，都超出劳动关系政策所及的范围。因此，需要冲突管理和预警机制进行调整。在有工会的企业中是通过申诉和调停程序履行这项职能。在无工会的企业中，抱怨的解决一般通过员工与管理者之间直接的非正式沟通的方式。有效的冲突管理机制和预警机制实现更好的组织绩效并能够改进员工工作环境。由 Thomas A. Kochan，Harry C. Katz，Robert B. Mckersie（1986）提出的劳动关系转型策略选择理论是继邓洛普的劳动关系系统理论之后最重要的劳动关系理论框架，该理论以资方或管理方在三个层次上所作的策略选择为分析重点，是对过去劳动关系以工会为主轴的分析方式的有益补充。它为本研究带来如下启示：第一，策略选择理论为我国研究劳动关系转型期特点、影响因素以及策略选择提供了理论分析框架和分析方法。第二，劳动关系转型策略选择理论提出的冲突管理/预警程序机制，为研究企业劳资冲突的根源以及冲突调整提供了思路。

2. 关于是否转型的争论

自 Thomas A. Kochan, Harry C. Katz, Robert B. Mckersie（1986）出版著作 The Transformation of American Industrial Relations 后，学界关于美国和其他国家是否转型开展了大讨论，主要分为两类观点。一类观点认为在过去的 20 年里已经发生了世界范围内的广泛的转型。这些研究包括各经合组织国家（Locke, Kochan, and Katz, 1993; Swenson, 1989; Kochan, Katz, and McKersie, 1986; Streeck, 1988; Frenkel, 1988; Bray and Hayworth, 1993; Armingeon, 1994），亚洲、非洲和拉丁美洲（Kuruvilla, 1996; Webster, 1997; Cook, 1996），以及苏联（Jurgens, Klinzing, and Turner, 1993; Jones, 1995）。Harry C. Katz（1993）分析了美国及几个欧洲国家集体谈判的变化，他发现瑞典、澳大利亚、西德、意大利、英国和美国的产业关系改变有一个共同特征就是由过去集中化的集体谈判方式转变为由雇主发起的分散化谈判方式。Harry C. Katz（1995）综合了有关工资结构变化不断加剧的证据，证明美国产业关系正在发生根本性的转型。Locke, Kochan and Piore（1995）认为劳动关系已转型，这种转型聚焦于企业层面，他观察到企业劳动关系已不断增加其灵活性；他关注劳工技能开发，并观察到工会会员数量不断下降。Bruce E. Kaufman（1992）系统研究了美国产业关系领域的起源和演变，分析了美国产业关系的转型过程及特点。Armingeon（1994）认为劳动关系已发生转型，这种转型是合法的。Kuruvilla（1996）也认为转型已经发生，主要表现在产业关系政策和实践的转型。Gerd Schienstock, Paul Thompson, Franz Traxler 采用国际比较研究方法，比较了东欧各国如波兰、捷克、东德、保加利亚以及俄罗斯和中国的劳动关系转型，认为这些国家在由中央计划经济向自由市场经济转型过程中劳动关系已经发生市场化转型，但转型的类型各不相同，大致分为休克式转型和渐进性转型两类。

关于是否转型的争论，另一类观点则认为各国劳动关系没有发生类似美国的劳动关系转型，代表性的观点有 Dunlop（1993）认为美国劳动关系系统没有发生转型，美国产业关系的变化是适应正在改变的人口、市场、技术和政治环境，他直接驳斥了寇肯等的观点，认为其他国家也没有发生类似的转型。Crouch（1993）认为国家劳动关系的正式制度机制是非常稳定的，其劳动关系没有发生根本性的变化。Hyman（1994）在调查过 Kochan，Katz，Mckersie 著作中提到的几个欧洲国家后发现，这些国家并没有出现劳动关系转型。Golden，Wallerstein 和 Lange（1997）调查了 8 个北欧和中欧国家，认为在过去 20 年间，这些国家的劳动关系没有发生大面积的转型。Christopher L. Erickson and Sarosh Kuruvilia（1998）借鉴两种生物科学模型，即渐进适应进化模型和间断平衡理论，研究产业关系系统的转型问题并探讨了其含义。作者对产业关系系统已经转型，提出了不同看法，认为只有当产业关系系统的原则和基本假设前提的网络或者深层次结构发生变化，这种转型才可能发生。这种转型的发生或者通过渐进适应的方式，或者通过突然爆发的方式。Christopher L. Erickson and Sarosh Kuruvilia（1998）还运用上述产业关系系统变化的概念框架研究了瑞典、南非、新西兰和美国的劳动关系系统变化。Sarosh Kuruvilia（2000）研究了新加坡、马来西亚、韩国、日本、菲律宾、印度和中国 7 个有代表性的亚洲国家的劳动关系系统，认为新加坡、马来西亚、菲律宾的劳动关系变化是对环境的适应性变化，没有发生根本性的转型，而中国和韩国的劳动关系发生了根本性的转型。关于各国的劳动关系是否发生转型问题的争论仍在学界继续。最新进展是 Harry C. Katz（2012）发表了《公共部门的劳动关系——转型或还未转型？》的论文，预警了美国公共部门的劳动关系是否正在进行根本性的转型。Harry C. Katz 在回顾了与 Thomas A. Kochan，Robert B. Mckersie 合作研究的关于美国私人部门劳动关系转型争论的基础上，预警了美国公共部门的劳动关系的过程和结果是否也像私人部门那样发生了根本性转型。他指出,预警美国公共部门劳动关系是否发生根本性转型的核心是公共部门的工会力量是否被削弱了。他明确指出公共部门的集体谈判力量的基础来源,并与私人部门的集体谈判力量来源进行了比较分析,认为公共部门的劳动关系已经发生变化,但未明确提出发生了根本性的转型。他同时指出公共部门的工会集体谈判力量与私人部门不同,主要受公共部门劳动关系的政治性质决定。

3. 经济全球化背景下各国的劳动关系转型

近年来,学界除就各国劳动关系是否发生转型展开争论以及收集转型或未转型的证据外,相关研究还包括全球化背景下各国劳动关系转型的方向及各国劳动关系的发展趋势等。Brulin (2000) 研究了全球化背景下瑞典劳动关系的转型,他认为过去瑞典的经济是以大公司为主导,其产业关系模式是以大公司和集中化的工会为基础,工会和雇主更青睐于大规模的生产系统,旨在实现工资和工作条件的标准化。过去十年瑞典的产业关系基础发生了很大变化,许多大企业被外资企业兼并,成为国际化企业,不断出现的外包和裁员等新趋势逐渐改变了传统的生产和工作形式。他还探讨了传统的产业关系模式在新形势下是否还能继续存在的问题,提出瑞典工会必须找到一种策略以适应新的组织形式和组织规模变小的趋势,认为传统的集中化的工会要逐渐向分散化转变。他同时分析了基层、地区、国家三个层面的工会在转型过程中的作用。

Dong-one Kim and Seongsu Kim;Chen, Ko, and Lawler's;Erickson, Kuruvilla, Ofreneo, and Ortiz (2003) 研究了亚洲国家和地区产业关系的转型,认为在新的全球经济秩序、政治民主化、不断变化的产业和劳动力结构背景下,韩国、中国台湾和菲律宾三个相邻且文化相似的国家和地区的劳动关系转型体现在:修改劳动法律以适应新的环境,谈判结构发生转型,劳工运动转变为基于绩效的人力资源管理系统以及不断增加的临时劳动力。作者还对上述国家和地区的发展战略、就业和劳动政策以及经济发展阶段进行了比较研究，认为在经济全球化秩序下，各国各地区发展战略以及劳工政策、人力资源管理政策会发生相应的改变，提出这些国家和地区要开发产业和人力资源策略模型以适应越来越强烈的产业民主和高附加值经济发展的需求。上述国家和地区的产业和人力资源系统未来的发展取决于其产业关系主体是否能与快速变化的外部环境力量成功互动，以追求更加平衡的劳动力市场结果。Chang-Hee Lee（2006）通过比较中国和越南等国家在经济体制转型过程中劳动关系的转型，关注了政府的制度变革和效果。

Ruth V. Agulera and Adina Dabu（2005）研究了中欧和东欧的劳动关系转型，认为自20世纪90年代起，中欧和东欧的劳动关系系统就经历了复杂和多层次的转型过程，分析了在私有化、外商直接投资以及欧洲一体化压力下，企业、产业和国家三个层面的劳动关系转型，提出在计划经济系统下嵌入式的劳动关系系统随着时间的推移、经济的转型以及国际竞争的加剧，国家的角色在发生改变，但不同的中欧和东欧国家劳动关系的独特特点不会朝着适应西欧劳动关系的方向去靠拢。

Sylvie Contrepois, Violaine Delteil, Patrick Dieuaide and Steve Jefferys（2011）同样研究了全球化产业关系背景下中欧和东欧国家劳动关系的转型，认为随着经济的全球化，美国、英国、澳大利亚、德国、法国等外国资本利用这些中欧和东欧国家的高技能人才和低劳动力成本，进入本地劳动力场，出现外资企业和跨国公司，这些企业将先进的人力资源管理系统引入本土，导致工会的代表性减弱，工会被边缘化或企业去工会化，企业的劳资谈判完全停留在个体层面，出现了由集体向个别劳动关系的转型趋势。

（二）国内研究进展

当前我国劳动关系转型包括劳动关系市场化转型和劳动关系

集体化转型两个方面。

1. 市场化转型

国内现有的关于劳动关系转型的研究更多地集中于市场化转型。20世纪80年代末到90年代初,随着我国经济体制由计划经济向市场经济转型的深入,一些学者开始关注经济转型对劳动关系的影响,如赵履宽(1988)、董克用(1993)、姚先国(1993)。学者们开始探讨由于经济体制改革带来的劳动问题,比较有代表性的文献包括:常凯(1995)出版的《劳动关系·劳动者·劳权——当代中国的劳动问题》。作为国内第一部系统论述当代中国劳动关系和劳动问题的学术专著,对劳动关系转型问题有许多重要的论述,探讨了引起中国职工状况发生深刻变化的社会经济根源。作者以向市场经济过渡中的劳动关系的变化、现状和发展趋势的研究为基础和出发点,以劳动者在劳动关系中的身份、地位、权利为重点,以劳权为核心内容,在对上述三方面相互关系的研究中来把握中国的劳动问题,并具体分析这些问题产生的原因、现状、实质、影响以及相应的对策。李琪(2003)分析了国有企业劳动关系在劳动关系转型中的特征,并对政府在企业劳动关系中扮演的角色、国有企业劳动关系主体的定位、主体间的利益结构划分、国有企业工会的职能等问题进行了较为深入的研究。张暎硕(2004)梳理了转型前后,特别是改革开放以来各个重要阶段中国劳动制度和工会功能的变化。徐小洪(2004)对转型前后私有企业劳动关系的发展进行了系统考察。龚基云(2005)从制度经济学的视角分析了劳动关系转型的性质和特征,在对转型期中国劳动关系的性质、特征进行总体把握的基础上,阐述了劳动关系的集体调整,认为三方协商机制是劳动关系集体调整的有效机制。史新田(2010)以劳动关系系统论作为理论基础,阐述了我国劳动关系从"单位型"向"市场型"演变的历程,对劳动关系市场化过程及特征进行了系统考察。

2. 经济全球化背景下的转型

进入 21 世纪后，在全球化大背景下，有学者关注到经济全球化对劳动关系市场化转型的影响。黄河涛（2007）从具体、现实的劳动关系出发，从国外资本大量流入和农村劳动力向城市大量转移所引出的外资企业、私营企业的劳动关系现状出发，从国有企业改制、产权改革与职工大量下岗分流的现实出发，在分析中国劳动关系重建必要性和紧迫性的基础上，从政府职能、企业经营者、工会作用、经济产业政策、劳动立法、国际劳工标准、企业社会责任、伦理道德及社会文化心理等多维角度，探讨劳动关系的重建。石秀印等（2008）认为在全球化和市场化背景下，劳动关系的调整方式应发生相应的变化，应实现以下平衡：既保证较高的经济效率和国际竞争力，又要保护劳动者的利益，实现社会公平；既符合国际惯例又立足中国传统。劳动关系应由单方、双方决定向三方协商转型。

3. 集体化转型

随着劳动关系市场化的进程，我国的集体劳动争议数量开始急剧上升，大规模的罢工事件时有发生。程延园（2004）开始关注这种变化，指出我国劳动关系已经从个别劳动关系阶段发展到集体劳动关系的调整阶段，集体劳动关系是否协调已经成为劳动关系调整的关键问题。2010 年，国内爆发了以南海本田事件为代表、以新生代产业工人为抗争主体、以工资增长为主要诉求的罢工事件，劳动关系由个别向集体的转型问题才引起国内学术界的关注，其中有代表性的观点包括：常凯（2011）认为劳动关系的构成和调整由个别向集体的转变，是市场经济条件下劳动关系发展的必然趋势，而促成劳动关系由个别向集体转变的直接因素是市场经济下劳动者的集体意识的发轫和觉醒。乔健（2010）研究了中国集体协商的结构，认为中国的集体协商制度正在通过协商结构的集中化改革而逐步摆脱以往形式化的痼疾，在劳动关系协调中开始发挥更为实质的作用。但是，其作用机理与工业化国家有相当大的差别，是现阶段中国经济和政治结构的综合产物。李琪（2010）从罢工事件分析启动集体谈判的"潜机制"，他认为减少乃至消除罢工这种"潜机制"，必须要使工人们的诉求获得常规的、制度性的表达渠道，这就需要对现有的集体协商制度进行彻底的改革。熊新发（2011）对劳动关系集体化转型趋势下的雇主策略进行了较为系统的研究，探讨了劳动关系集体化转型是否能够持续、转型对雇主策略的影响以及雇主策略应该如何调整，认为体制外集体化压力是推动劳动关系向集体化转型的真正动力，工人是推动转型的主体力量，由于体制外的集体化压力将长期存在，因此中国的集体化转型是可持续的。常凯、邱捷（2011）在《中国劳动关系转型与劳动法治重点——从〈劳动合同法〉实施三周年谈起》一文中指出，《劳动合同法》的颁布实施，极大地提高了劳动者的法律意识和权利意识。2010年爆发的大规模罢工事件，标志着中国的劳动关系开始由个别调整向集体调整转变，政府、企业和工会都将面临新一轮的挑战，加快以"劳工三权"为基本内容的集体劳动关系的立法和实施，是中国劳动法治发展的基本趋势。

4. 转型的国际比较研究

一些学者还开始了劳动关系集体化转型的国际比较研究，张立富（2010）对中国和美国的劳动关系转型进行了比较研究，认为当前中国和美国劳动关系都处于转型时期，但两国的转型方向不同，美国的集体劳动关系正在弱化，而中国的集体劳动关系还未真正建立。各国有不同的转型目标、转型方式和公共政策。美国要在逐渐弱化的集体劳动关系框架内发展具有更高竞争力和柔性的个别劳动关系和非典型雇佣关系，中国则面临重建集体劳动关系、规范个别劳动关系及非典型雇佣关系的双重任务。

三 群体性劳资冲突事件研究

（一）国外研究进展

国外学者从组织行为学、制度学、产业以及社会冲突理论等不同学科或视角对群体性劳资冲突进行了富有成果的研究，形成了各具特色的劳资冲突和集体行动理论。

1. 代表性理论

Max Weber（1920）的工业资本主义理论。Max Weber 从组织行为学的角度研究了社会成员从个体行动到群体行动的转化条件。他认为，产业冲突尽管反映了投资者与劳动者之间更为广泛的冲突，但它却以劳动者与管理方之间的冲突为表现形式，并且按照一种已经被细致规划好的规则和过程来进行。而且，个人享有较高的生活水平和高度的工作保障，拥有较多的晋升机会。从这个角度讲，劳动关系系统在很大程度上肯定了经济的核心和主流。另一方面，劳动者受到大型官僚组织的雇主、工会和政府机构的统治，无法从工作中找到生活的意义和目标。

Sidney and Beatrice Webb（1947）的产业民主理论。Sidney and Beatrice Webb 夫妇认为劳工运动的真实原因在于工人阶级方面要求提高自己在工业社会中的经济和社会地位，只要这种社会还存在，劳工运动的存在就必不可少。他们认为劳资冲突不必通过阶级消灭的方式而终止，通过雇主和雇员所拥有的交涉权力的均衡就可以解决，这种集体的交涉活动应该是劳工运动的首要目标。Webb 夫妇支持以工会运动和团体协商解决劳工问题的模式。

John Rogers Commons（1970）的集体行动理论。19 世纪末到 20 世纪初期，美国成为典型的垄断资本主义国家。垄断资本的发展，造成了严重的贫富两极分化，国内阶级矛盾十分尖锐，罢工运动此起彼伏。在这种背景下，制度学派应运而生，Commons 是制度学派的代表人物之一。Commons 认为，政府和社会应该实现经济体系中对效率的追求与雇佣关系中对公平、公正的追求两个目标之间的均衡，而劳动法律制度、工会制度、集体谈判制度是实现这一均衡的最有效手段。在就业组织中员工对公平和公正待遇的关心，同管理方对效率的关心是相互矛盾的，但组织双方的共同利益是劳动关系的主要方面，冲突不是主要问题，冲突产生的根源在于组织中"效率"和"公平"目标之间存在矛盾,解决的办法是将冲突通过各种渠道转化为可控制的双方共同遵守的规则。工会和集体谈判制度有助于改善员工在劳动关系中所处的不利地位,使员工能平等面对雇主,并形成"产业民主"氛围。这些制度产生的效益,足以抵消高工资、高福利给雇主带来的成本。综上,Commons的主要观点是劳资冲突源于不同经济利益的对立,社会应该建立规则制度来缓和这种冲突,制度的实质就是"集体行动控制个体行动,最终是法律制度"。

Thomas Schelling(2005)的选择和行为理论。他以相互依存的选择和行为理论分析"个人动机很有可能会带来惊人的意想不到的集体结果"现象。"每个人都认为所有人都持有这些相同的预见,并会因此付诸行动,他们因此就会做出对未来比较极端的判断,从而确实导致一个极端的后果。"

2. 研究趋势

近年来国外学者对于群体性劳资冲突的研究通常沿着两条线索,一是对群体性劳资冲突表现最激烈的形式——罢工问题开展研究;二是对群体性劳资冲突解决机制开展研究,如集体谈判、三方协调机制建立等。

国外关于罢工的研究起步较早,积累了丰富的研究成果。研究涉及不同企业性质的罢工、引起罢工的原因、各国罢工的主要特征、工会在罢工中的作用、罢工的解决途径、罢工的发展趋势等。Dubin(1954)认为,罢工仅仅是劳资冲突形式的一种,这种形式的冲突可以起到某些有益的作用。Denenberg 和 Braverman(1999)提出,大部分暴力行为是由于雇员缺乏其他机制来应对不公正的工作待遇或与工作有关的压力而引发的。Chris King-Chi Chan(2009)对中国的罢工问题开展研究,他认为农民工是罢工的主要人群,外资企业工人罢工频率要更高,罢工的发起是以工人们的共同利益为基础的。Taylor 等(2003)认为罢工的起因是雇主侵犯了工人的利益,但是只要工人的要求得到了满足,争议就能很快得到解决。Smith & Pun（2006）通过案例研究发现中国工人罢工的基础是工人之间的同源关系。中国的"工人宿舍制度"既控制了工人，同时也为工人的罢工提供了条件。

（二）国内研究进展

近年来群体性劳资冲突事件频频发生，逐步引起社会和国内学术界的广泛关注，国内有关群体性劳资冲突事件的研究主要集中在概念界定、分类、特征、成因、阶段划分以及应对等方面。

1. 群体性劳资冲突事件的概念界定

国内学者大多从多角度对普遍意义上的群体性事件进行界定，他们通常从事件的突发性、诱因、主体、规模、方式、危害程度、处置特性等要素来定义群体性冲突事件。孟庆英（2006）从事件参与主体角度阐述，强调冲突主体是一部分群众与另一部分群众、一部分群众与领导部门、一部分群众与企事业单位；张建勇（2004）从冲突的方式角度归纳出集体上访、请愿、集会、游行甚至冲击党政机关、封桥堵路、拦截列车等方式；夏国璋（1998）、徐寅峰等（2004）从事件影响角度出发，主要指出事件对社会稳定和社会秩序的危害性；王来华（2003）从特定角度出发，从舆情角度定义群体事件；董清民（1999）、张国亮（2005）和杨连专（2008）从多角度出发，就事件的突发性、目的、方式和危害性较全面阐述了群体事件。群体事件的界定日渐完善，综合上述定义的特点，一个完整的群体事件定义应由事件的突发性、诱因、主体、规模、方式和危害程度、处置特性等要素构成。

学界专门针对群体性劳资冲突事件的界定不多，通常把其归于劳动者群体性事件，指一定数量的劳动者为改善劳动条件、实现自己经济利益而进行的停工、怠工、罢工、上访、静坐、集会、游行等通过阻碍企业正常运营进行对抗的行为，其中停工、怠工、罢工被认为是最基本的手段（常凯、乔健，2005）。

2. 群体性劳资冲突事件的分类

国内学者通常从规模、矛盾属性、发生根源、参与主体、表现形式、处置方略等维度对群体性劳资冲突事件的类型进行划分。黄光亮、许红华（2011）依据信息不对称这一属性对群体性劳资冲突进行分类界定，将其细分为资方非客观理解、劳方非客观理解和双方非客观理解三种类型。据此可以从资方调节、劳方调节和双方沟通调节三个方面展开应对机制的研究，建构信息不对称型劳资冲突的管理模型。

3. 群体性劳资冲突事件的特征

吴清军、许晓军（2010）认为，从本质上来说当前群体性劳资冲突事件是一种劳资利益博弈，是市场经济条件下正常的劳资利益冲突表现形式，而并不是破坏社会稳定的突发性恶性事件。劳资双方在利益博弈中，劳动者提出的利益诉求大多是合理合法的，劳动者追求的不再局限于实体权利，更多的是利益诉求。当前群体性劳资冲突事件有六个方面的特征，即集中爆发趋势、突发性、原因多元化、表现形式多样化、对抗程度暴力化、组织化程度不断提高。潘泰萍（2010）根据诸多劳动者群体性事件相关案例，从主要利益取向、空间范围、时间、暴力和破坏程度对我国群体性劳资冲突事件的特点进行了归纳总结。姜胜洪（2011）认为，当前职工群众性事件表现出与以往不同的特点，一是新生代农民工成为罢工主体，二是维权更为主动，三是组织化程度较高，四是集体行动有了更多的理性成分，五是事态容易扩大。劳动者合法权益没得到劳动关系平衡机制的有效保障、制度化利益表达渠道不通畅、新生代农民工维权意识增长是引发群体性劳资冲突事件的主要原因。

4. 群体性劳资冲突事件产生的根源及成因

邢成双（2009）从国有企业并购重组中的劳动者权益保护的视角分析了产生劳资冲突的根源，认为原有产权体系的逻辑混乱，即国家所有权—国家任命经营者行使经营权—国企职工行使劳动力使用权，是国企各种矛盾的根源。国有企业改革突出职业经理人的"劳动力产权"，却忽略"弱势"普通职工的"劳动力产权"。这种差异扩大并引发了一系列社会问题。国有企业职工，无论是从客观事实还是主观感受，都在演绎着由"剥夺被剥夺者"到"被剥夺者"处境的异变，因而引发群体性劳资冲突。周春梅（2010）通过分析多种所有制结构引发的主体利益多元化，尤其是非国企利益主体在目标追求上的差异即雇主在生产过程中追求利益最大化，劳动者在劳动过程追求自身价值最大化，认为这就使得劳资在具体利益的追求上发生摩擦与碰撞经常化。腾学为（2010）认为，在利益表达渠道不畅通的情况下，认为自己的利益受到损害的群众为了维护和实现自己的切身利益，以求快速解决或彻底解决问题，就会通过非制度化的方式向党政部门施加压力，这种方式通常表现为群体性事件。李娜、张华、陈丹（2009）认为随着社会转型、企业改制，原有的利益格局打破，部分劳动者利益损失得不到合理补偿或未能满足预期，以及转型期的职工的思想尚不适应市场化的要求，缺乏合理解决问题的路径，就会诱发劳动争议甚至是群体性劳动争议。刘泰洪（2011）认为，伴随着中国由计划体制向市场经济的转变，中国劳动关系发生了深刻变化，但中国工会转型却明显滞后于劳动关系的转变。近年来频发的群体性劳资冲突事件凸显了工会与基层工人的脱节，反映了工会在国家管理制度中转型滞后的困境。这些困境主要包括工会组织的行政建制悖论、工会职能的多目标冲突、基层工会的"空壳化"、工会工作人员自身素质的制约。面对今天劳动者保护的现状，中国工会必须调整传统工作模式和工作方法，积极进行自身转型。

5. 群体性劳资冲突事件的形成机制

张友仁（2010）运用博弈论方法分析了我国劳资冲突形成的机理，认为企业是一个股东和雇员的利益共同体，雇员集团和股东集团共同创造和拥有"组织租"，劳资冲突的核心是关于组织租的分配；组织租的分配由劳资双方通过谈判来实现，因而是劳资双方的一个博弈，其目标是达成纳什均衡；决定劳资双方组织租分享份额的是双方的大胆程度，当双方的大胆程度相等时，纳什均衡就得以实现，劳资冲突的矛盾也就自动化解。韦长伟（2011）用集体行动理论解释了群体性劳资冲突事件的难控性，处于群体漩涡的人们容易形成群体性思维，个人的匿名效应和"法不责众"的心理使得对抗性和暴力性增强，博弈中处于弱势地位的劳方为了维护自己的利益，往往采取"问题化"手段，导致"合理要求与不合法行为，无理要求与非法行动交织一起"。韦长伟还认为，现阶段我国的劳资冲突多以群体性事件的形式显现，呈现破坏性和暴力性倾向增强、集体行动意识和组织化意识强、劳资冲突的矛头往往指向政府三个特点，这是由于利益表达渠道不畅与权利意识增强，劳资双方信息与力量不对称，政府的事后管理模式，强制手段的过度使用和过度慎用，以及社会公众对政府的高依赖低信赖等多方原因造成的。

6. 群体性劳资冲突事件的阶段划分

现有文献仅见社会群体性事件的阶段划分研究，在群体性劳资冲突事件的研究中可以借鉴相关阶段划分模型。陈福今等（2006）提出了一个比较简要的危机管理过程模型，把其分为预警与准备、识别危机、隔离危机、管理危机以及善后处理五个阶段。薛澜等（2003）根据社会危害可能造成危害和威胁、实际危害已经发生、危害逐步减弱和恢复三个阶段，提出可将突发公共事件总体上划分为预警期、爆发期、缓解期和善后期四个阶段。余潇枫（2007）提出了危机的周期模型。

7. 群体性劳资冲突事件的应对

王金莎（2006）认为事件分布的地域与企业性质及行业类型相对集中是企业群体性事件的主要特点之一，并且提出劳动争议处理是及时公正解决劳资矛盾、消除隐患、协调与稳定劳动关系的重要手段。处理劳动争议的方法是个多样化的系统工程，包括协商、调解、仲裁和诉讼等多种形式。当前应该重点完善企业内部的调解制度,加强从立法上改革和完善劳动仲裁、民事诉讼的制度设计。邢成双(2009)认为社会补偿与集体谈判,作为一种"事后补偿"的政策选择,在一定程度上降低了社会冲突对劳动者权益造成的损害,对劳动关系重建、社会成本降低以及社会安全有十分重要的作用。李娜等(2009)认为构建群体性劳动争议应急处理机制中最重要的一环,是设立群体性劳动争议保障基金,在人民法院确定案件发生执行不能的情况下启动,完善的调整模式应由宏观调整、中观调整、微观调整三个层次构成。他们将劳动争议解决机制分成实体层面、程序层面。郭建宁(2010)提出在改革的攻坚期,矛盾的凸显期,表达不同利益诉求的群体性突发事件增多,各级领导干部首先要认真研究社会心理,因为群体利益总是首先通过群体心理折射出来,这种波动具有传播快、覆盖面大、呈网络状扩散的特点,必须充分注意;其次要建立预警机制,完善处置预案以及具体研究突发事件的特点。于岸峰(2010)分析了郑州的劳动纠纷化解制度与我国当前的劳动纠纷解决机制"一调二裁一撤二审"一致,主要依靠司法救助程序,但是这个冲突化解机制存在部门"九龙治水"、办事人员资源不足、劳动纠纷预防及调节机构不健全以及纠纷案件执行难度大等问题。腾学为(2010)提出建立完善稳定的预警机制,及时准确地把握群体性劳资冲突的矛盾与摩擦,对偏离现象和失序状态进行预警,以便决策者及时有效地预防和控制不稳定以及形成反应迅速、功能齐备高效的应急处理机制,在突发事件后迅速反应,并通过建立完备的突发事件管理制度和紧急状态法律法制进行有效行动的制度保障和指引。卢杰、赵黎黎(2011)认为软对抗(消极怠工、偷工减料)、硬对抗(罢工、游行)、非正式组织团体离职、非正式组织领导操纵等都是破坏性利益非组织形式的表现形式,必须有意识地创造条件"管理"利益性非正式组织,实现利益性非正式组织和正式组织的冲突合作统一。姜胜洪(2011)认为要预防和化解群体性劳资冲突事件：一是要建立劳资双方集体谈判制度；二是要增强对新生代农民工的人文关怀；三是要建立合理的职工利益表达诉求机制；四是要建立运转高效的工会组织。总之，不论是从管理、心理意识、劳动争议处理、社会补偿还是劳动争议的角度，进行应急管理都能够为解决劳资冲突事件提供缓冲地带，争取谈判时间，最大限度地减少社会成本，为维护社会秩序和重建劳动关系提供首层保障。

四 应急管理研究

（一）国外研究进展

应急管理是在冷战末期产生的术语，它由民防（Civil Defense）衍生而来。美国在第一次世界大战中建立了民防制度，用以避免美国公民受战争的打击。第二次世界大战后，美国政府主要集中力量于军备竞赛，忽视了对自然灾害的防范和处理，使美国遭受了巨大损失。南加州森林大火的发生对美国应急理论和实践产生了深远的影响。1979年美国联邦应急管理署（FEMA）的建立标志着美国政府正式将救灾和民防整合为应急管理。20世纪后期，美国的应急管理研究集中在自然灾害的预测预警、快速响应、灾情评估与应急救援方面，并在应急管理科学化、系统化方面取得了众多成果，如建立了统一的事故指挥系统（Incident Command System）。9·11事件后，美国应急管理的重点集中在反恐领域。目前，美国对应急管理的研究主要关注全风险的灾害管理。以德国和英国为代表的欧盟有着较为统一的应急管理机制，其主要思想是地方负责常规突发事件的处置、协调，警察、消防、医护和各社会机构完成应急响应和救援任务，中央政府则负责重大恐怖袭击和全国性的重大突发公共事件的应急处理。亚洲各国的应急管理机制大多是采用美国模式，包括模块化的应急管理系统建设，统一的工作流模型，再结合本国的国情改进应用。

国外的相关文献中对危机管理研究较多，主要集中在危机管理模型建立、过程描述和阶段划分三方面。危机管理专家 Mitroff（1994）将危机管理过程划分为五个阶段：第一阶段为信号侦测阶段，即识别新的危机发生的警示信号并采取预防措施；第二阶段为探测和预防阶段，即组织成员搜寻已知的危机风险因素并尽力减少潜在损害；第三阶段为控制损害阶段，即在危机发生阶段，组织成员努力使其不影响组织运作的其他部分或外部环境；第四阶段为恢复阶段，即尽可能快地让组织恢复正常运转；第五阶段为学习阶段，即组织成员回顾和审视所采取的危机管理措施，并加以整理，从而使之成为今后危机管理的运作基础。著名危机管理专家 Robert His（2001）提出了危机管理的 4R 模型，即危机缩减（Reduction）、危机预备（Readiness）、危机反应（Response）、危机恢复（Recovery）。他认为单位在危机情境中的生存力从根本上依赖于其管理者、主管和员工应付危机情境的能力。His 将他的有效危机管理（处理）的 4R 模型进一步发展为 5R 模型，即危机缩减（Reduction）、危机预备（Readiness）、危机反应（Response）、危机恢复（Recovery）以及危机恢复力（Resilience）。Denis Smith（2006）等提出了危机管理周期及其预防模型，包括：预防和准备；预先评估；应对预案；应对和限制损害扩大；短期或长期恢复；学习。

国外应急管理理论研究主要集中在五个方面，即应急管理体系的复杂性科学问题，应急心理与行为的科学问题，突发公共事件的信息获取及分析的科学问题，多因素风险评估和多尺度预测预警的科学问题，以及复杂条件下应急决策的科学问题。

在应急管理体系的复杂性科学问题方面的研究趋势主要是关注应急管理的多部门协调机制、应急系统的设计理论以及自组织恢复机制，代表性研究包括以标准化作业流程（SOP）为基础的、模块化的应急指挥系统（ICS）的设计，能够实现对不同突发事件的统一指挥管理；还包括一些基于行业应急系统设计的理论研究，如韩国高速公路应急管理系统，系统通过对历史和实时数据建模分析来模拟事故后高速公路的车流情况,通过仿真来辅助应急管理和车辆调度。应急心理与行为的科学问题方面的研究趋势是主要关注公众对灾害的认知心理变化和复杂环境下人员疏散的规律。突发公共事件的信息获取及分析的科学问题主要关注信息的获取、分析、表示、传播和扩散的机制机理。多因素风险评估和多尺度预测预警的科学问题主要关注政府应急能力,灾害发生概率,灾害演化过程的评估指标和评估体系建设。复杂条件下应急决策的科学问题主要关注多目标、分阶段的应急决策生成、动态调整和预警方法,以提高应急响应和应急救援的效率,相关研究包括应急预案的制定及应用理论,如应急预案启动机制研究、应急决策模型建立与评估理论、应急资源调度与分配理论。

(二) 国内研究进展

国内在应急管理领域的研究主要集中在自然灾害、人为灾害和工程系统灾害方面的应用研究,缺乏基础理论研究。随着我国经济社会的高速发展,环境与资源问题日益突出,突发事件发生概率大大增加,2003年的SARS事件、2008年的雨雪冰冻灾害和汶川地震都给我国造成了巨大损失,应急管理成为政府和研究机构关注的热点。2007年《中华人民共和国突发事件应对法》的颁布标志着我国的应急管理进入了法制化阶段,《突发事件应对法》从预防与应急准备、监测与预警、应急处置与救援、事后恢复与重建和法律责任五个角度对我国应急管理的基本原则做了规定。2009年肆虐全球的H1N1甲型流感使得应急管理研究进一步成为各国关注的热点,这一事件使学者们认识到未来发生的灾害无论从灾害的原因、传播方式还是灾害的处置方法、应急救援都是无法准确预测的,非常规突发事件频发使得从行业、地域、灾种等方面的单项研究成果不再适用于未知灾害的应急处理,基础性的全风险灾害管理机制研究较少。

近年来国内学者对应急管理的研究涉及应急组织架构设计、法制体系构建、指挥系统、信息系统、应急心理与行为、预测预警机制、应急预案体系建设等。代表性的文献及观点如下：王宏伟、董克用（2011）认为在经济转轨、社会转型的背景下，"命令型"应急社会动员模式已经出现失灵，我国应急社会动员模式应从"命令型"向"治理型"转变。应急社会动员模式的转变是一个渐变的过程，需要政府转变观念，也需要提升企业、社会组织参与应急管理的意识以及应急管理网络的构建。蒋珩、佘廉（2007）提出区域突发公共事件应急管理组织架构宜设计为网络式动态联动组织。童星等（2008）提出了由社会风险到公共危机的整合分析框架。杨连专（2008）认为防范与控制群体事件的根本途径在于法治机制的打造和完善，即建立健全一套应对各种突发性事件的预防和控制机制。刘铁民（2007）提出了事故应急指挥模型可以分为单一、区域、联合三种应急指挥类型。范文（2007）采用当前比较成熟的本体工程方法构建了应急预案本体模型，提出了面向应用的应急预案存储模型。陈涛等（2006）对应急心理与行为开展相关研究，在研究中引入相对速度对疏散人员社会心理作用力的影响，利用力学模型研究了在应急疏散中人员的撤离速度对撤离效果的影响，确定了符合我国人体特征的速度影响系数。季学伟（2008）对灾害的风险评估和预测预警机制进行了有价值的研究，从致灾强度要素、灾害损失程度、影响范围因素、时间要素、认知程度、社会影响程度、公众心理承受能力、应急管理水平等8个维度构建了预警分级的影响因素。

五 文献评述

理论界和学术界近年来对和谐社会问题给予了极大关注，形成了一些有价值的学术观点，在和谐社会提出的背景、意义，和谐社会提出的思想渊源、理论基础，和谐社会的概念及内涵，影响社会和谐发展的主要因素以及和谐社会的运行机制、构建路径与关键点等方面取得了较为丰富的研究成果，但还存在一些问题：第一，构建和谐社会是一个系统工程，涉及多门学科，从现有文献来看，社会学、政治学、经济学参与较多，但还未真正形成多学科交叉研究的态势。第二，由于研究仍处于探讨阶段，因此宏观研究较多，微观研究较少，需要加强微观层面的研究，如不同领域中"和谐"的量化标准等。第三，理论研究多，而实证研究相对不足。

关于劳动关系集体化转型问题，国外无论在理论还是实证上研究都较为丰富，研究主要集中在是否转型、转型的概念界定、转型的特征、转型的趋势等。有关经典转型理论以及西方学者对劳动关系转型的解释为研究我国劳动关系集体化转型问题提供了分析框架和理论借鉴，但由于国情不同，国外的一些研究结论不能适用于中国的劳动关系现实情况，需要借鉴相关理论但同时也要根据我国的发展阶段和具体国情开展相关研究。国内关于劳动关系转型的理论大多围绕我国劳动关系的市场化转型展开，对于劳动关系的集体化转型的研究，是随着近年来大规模罢工事件的出现才开始引起学界的关注，因此这方面的研究起步较晚，研究也相对缺乏。

关于群体性劳资冲突以及应急系统问题，国外对群体性劳资冲突以及应急管理的研究起步较早，经过上百年的发展，已经形成一批代表性的理论、规范的研究方法以及分析框架，并涌现了一大批开拓性的研究成果，为群体性劳资冲突事件的形成机理和应急管理研究奠定了坚实的理论基础和实践借鉴。但国外的相关研究通常以本国的历史和时代背景为基础，以本国的问题作为研究对象，而我国的社会背景与西方国家有诸多不同，国情的差异也使得国外一些成熟的理论和分析框架不能完全照搬来解析中国的群体性劳资冲突及其应急管理问题。

国内学者在引进、消化、吸收和推广西方劳资冲突以及应急管理理论方面做了大量工作，在上述两个领域的研究已经取得了较为丰富的成果。在群体性劳资冲突事件研究方面，对群体性劳资冲突事件诱发的原因研究比较深刻，对群体性劳资冲突事件的分类、特征、表现形式和影响程度也进行了较为深入的研究，特别值得一提的是，一些学者从社会学和管理学的角度对群体性劳资冲突事件的理论和干预机制进行了有益的探索。在应急管理研究方面，SARS事件发生之后，应急管理理论得到政府部门及各行业的认可和重视，学术界针对突发事件应急管理的理论和实践的研究也逐渐升温，但现有研究主要集中在自然灾害、人为灾害和工程系统灾害方面的应用研究，研究内容涉及应急组织架构设计、法制体系构建、指挥系统、信息系统、应急心理与行为、预测预警机制、应急预案体系建设等。近年来也有学者引进西方的应急管理基础理论并结合中国现实情况，建立符合我国国情的应急管理理论模型。但在上述两个领域，国内外现有研究还存在以下不足。

（1）现有研究大多是针对社会群体性事件开展的研究，专门针对以劳资冲突为诱因的群体性事件的研究较为少见。同时，针对群体性劳资冲突事件的研究也仅见对罢工这一类型的群体性事件开展研究，而针对集体劳动争议、怠工、停工、上访、游行等群体性劳资冲突事件开展的研究较为鲜见。

（2）对群体性劳资冲突事件的形成机理和演化规律研究不够深入，国内外学者的研究大多集中于群体性劳资冲突事件的概念、特征、分类和应对措施，对群体性劳资冲突事件形成机理、内在实质、演化规律、演化路径的动力特征等理论问题的研究还比较欠缺。

（3）现有的应急管理研究主要集中在自然灾害、人为灾害和工程系统灾害方面的应用研究，缺乏针对群体性劳资冲突这一类社会冲突问题的应急管理的基础理论和应用研究，缺乏采用科学的研究方法、以标准化作业流程为基础的标准化可推广的应急管理系统的设计和开发。

（4）缺乏系统性的应对体系研究。群体性劳资冲突事件的应对是个复杂的社会管理问题，需要多学科交叉融合研究，对群体性劳资冲突事件的形成机理、演化规律、短期应急管理以及长期应对机制的研究要形成一个体系，这样才能从真正意义上指导我国群体性劳资冲突事件处置应对的实践。

综上所述，国内外对群体性劳资冲突事件的研究多从概念、特征、成因、分类等现实的表象问题着手，很少涉及群体性劳资冲突事件内在的形成机理和演化规律。而群体性劳资冲突事件作为离散随机事件，其演化过程构成了一个复杂系统，并具有动力学的特征，只有对其演化机理和动力机制进行研究，才能针对事件本质特性和机理设计适合我国国情的群体性劳资冲突事件应急体系。同时，国内外的应急管理研究，缺乏基础理论以及应用科学的研究方法构建的标准化的规范的应急管理系统，导致建立的应急管理系统缺乏理论根基。本研究是对国内外群体性劳资冲突以及应急管理研究的补充、延伸和深化，同时，上述两个领域的研究不足为本课题的研究提供了广阔的研究空间。

第四节 研究的目标及意义

本节重点阐述本研究拟达成的目标、研究的意义以及拟解决的关键问题。

一 研究目标

通过本研究拟达成以下目标：一是明晰群体性劳资冲突事件的特点和趋势；二是深入分析群体性劳资冲突的根源及形成机理；三是探索群体性劳资冲突事件的演化规律，描述演化路径，构建演化理论模型，探究群体性劳资冲突事件演化的内在实质；四是构建企业群体性劳资冲突事件预警系统，预测群体性事件发生的可能并进行有效的劳动关系风险管理；五是采用科学的研究方法，构建群体性劳资冲突事件应急决策模型以及应对预案体系，建立标准化的、具有广泛应用价值的应急管理系统，为政府应对群体性劳资冲突事件提供管理工具、技术和手段；六是构建包括企业工作场所中群体性劳资冲突事件的预防机制、企业人性化劳动关系管理系统以及集体谈判制度在内的多元化的长期应对体系。

二 研究的意义

本书集中研究劳动关系转型背景下群体性劳资冲突事件的特点趋势、形成机理、演化规律、标准化应急管理系统建立以及长期应对体系构建，具有较强的学术价值和实际意义。

第一，对群体性劳资冲突事件的特点趋势、形成机理、演化规律、应急管理决策理论以及集体谈判理论开展研究，有利于探索群体性劳资冲突事件的本质特性和作用机理，丰富和完善了劳资冲突理论、应急管理理论和集体劳动关系理论。

第二，本研究建立的标准化应急管理系统可以为各级政府正确、快速应对群体性劳资冲突事件提供标准化、规范化的方法、手段和工具，具有广泛的应用前景，对维护社会稳定、构建和谐社会具有重大现实意义。

三 拟解决的关键问题

（一）群体性劳资冲突事件形成演化过程的准确描述

群体性劳资冲突事件系统是一个复杂的自组织系统，其演化过程是一个基于演化博弈的自组织过程。本研究拟解决的第一个关键问题是如何在典型的群体性劳资冲突事件案例分析基础上，运用自组织理论和演化博弈理论，建立群体性劳资冲突事件演化的静态模型、动态模型和综合模型，并准确描述群体性劳资冲突事件的形成机理和演化过程。

（二）群体性劳资冲突事件演化的变量确定

由于群体性劳资冲突事件系统是一个复杂的自组织系统，因而确定并详细阐明群体性劳资冲突事件演化的影响因素和关键变量较为困难。

(三) 基于计算机信息管理系统的应急系统的构建

如何建立有效的案例库、基础环境数据库、情景库以及应急预案库，并在此基础上构建包括内容模型、系统模型、计算机实现模型在内的应急计算机信息系统较为困难，应急系统各模块的实现途径和方法也是研究的难点。

第五节　研究内容及研究方法

一　研究内容

本书从逻辑结构上分为以下六个部分。

(一) 群体性劳资冲突事件的特点和趋势分析

本书在准确界定"群体性劳资冲突事件"概念的基础上，从立体视角对我国群体性劳资冲突事件开展研究。一是从横向比较的视角即静态视角，利用现有统计数据、文献、报刊资料，采取多案例分析和文献分析的方法，从全国范围内各个离散的群体性劳资冲突事件来分析、归纳和总结群体性劳资冲突事件的特征。二是从纵向比较的视角即动态视角，从群体性劳资冲突事件发生的时间维度和历史发展轨迹，分阶段地分析、归纳和总结群体性劳资冲突事件在历史变迁中的特征和趋势。三是在整体上深入分析我国群体性劳资冲突事件的特点及趋势的基础上，以课题调研和访谈的案例为基础，对我国群体性劳资冲突事件开展实证研究，进一步印证前述的分析。横向比较与纵向比较相结合、静态比较与动态比较相结合，便于更全面地把握我国当前群体性劳资冲突事件的特点和发展趋势，为后续的形成机理、演化规律、应急管理研究奠定现实基础。

(二) 群体性劳资冲突事件形成机理研究

本书采用多学科交叉融合的分析方法，分别从经济学、管理学、社会学、政治学以及劳动科学的角度较为深入地分析我国群体性劳资冲突事件的形成机制，旨在解决群体性劳资冲突事件形成的理论问题。从经济学的分析视角，采用博弈论的分析方法对群体性劳资冲突事件的形成机制进行了分析，建立"非合作博弈模型""刀锋上的博弈模型"以及"稳态合作博弈模型"三个理论模型。从管理学视角，运用自组织理论来分析群体性劳资冲突形成机制，建立群体性劳资冲突的自组织演化模型。从社会学视角，以集体行动理论作为理论基础，构建群体性劳资冲突的集体行动模型，并对集体行动的社会心理进行较为深入的分析。从政治学的视角，以政治机会结构理论为理论基础，分析我国群体性劳资冲突事件形成过程中劳方主体与政府和工会的互动过程中如何形成群体性行动的政治空间。从劳动科学的视角，以劳动关系学中的劳动关系系统理论作为理论基础，以劳动关系这一特定系统作为分析对象，从劳动关系系统的角度建立群体性劳资冲突行动形成机制的分析框架，该框架将劳动关系系统的外部资源和内部资源因素都纳入模型。最后，通过具体案例对上述形成机制进行实证解析。群体劳资冲突事件的形成机理分析是后续制定群体性劳资冲突事件预警措施和应急预案的基础。

（三）群体性劳资冲突事件的演化规律和演化模型研究

群体性劳资冲突事件系统是一种复杂的自组织系统，其演化过程是一个基于演化博弈的自组织过程。本书首先从系统的视角，运用自组织理论和演化博弈理论分析群体性劳资冲突事件的演化规律并构建静态、动态和综合演化模型。在耗散结构理论、协同学和突变论理论基础上，分析群体性劳资冲突事件的耗散结构、熵流以及自组织系统内部的协同机制。在上述分析基础上构建群体性劳资冲突事件的静态演化模型（含动力机制）和动态演化模型（演化阶段模型和演化过程模型）。最后，建立演化博弈行为主体、规则系统和时间三维构成的群体性劳资冲突事件综合演化模型。其次，采用结构方程模型，较为深入地解析了群体性劳资冲突事件的演化路径和演化规律，并进行了实证验证。最后，通过案例分析较为深入地揭示了群体性劳资冲突事件的静态演化结构、动态演化过程以及演化阶段。

（四）群体性劳资冲突事件的风险评估与风险预警系统研究

风险评估与风险预警系统是群体性劳资冲突事件应对体系中事前预警的部分，旨在预测群体性事件发生的可能并进行有效的劳动关系风险管理。在群体性劳资冲突事件演化模型分析基础上，根据研究目的和已有文献，构建群体性劳资冲突事件风险评估和预测预警理论指标体系，在两轮专家调查基础上，通过主观的德尔菲法和客观的隶属度分析法对上述理论指标体系进行筛选，建立操作指标体系。采用德尔菲法与层次分析法相结合的方法确定各指标的权重。通过调查问卷和深度访谈，在149份企业问卷以及495份员工问卷数据的基础上对指标进行实证研究，采用内部一致性分析、折半信度分析、因子分析的方法对正式调查问卷进行信效度检验；采用相关分析以及变异系数法对指标体系进行独立性和鉴别力检验。在建立量化评分标准基础上，采用极值法对各指标进行标准化并运用模糊综合预警法对149家企业进行风险评估和劳动关系状况预测。采用四区域法对预警界限进行分区，并确定每一区域的预警量化界限。根据指标实测值进行警度判别和风险评估。

（五）群体性劳资冲突事件标准化应急管理系统研究

这部分集中研究群体性劳资冲突事件应对体系构建中事后应急处置部分，主要内容包括应急系统设计、应急预案体系建立、应急干预以及标准化的应急信息系统的设计与实现。在群体性劳资冲突演化博弈过程的基础上设计的应急系统包括应急决策系统、应急预案体系、应急干预系统以及应急管理信息系统四个子系统。应急预案体系的建立，首先根据群体性劳资冲突事件的特征和典型案例，将群体性劳资冲突事件进行分类和分级，根据不同类型和级别梳理各类型各级别典型案例发生的情景和影响因素，根据每一类型、每一级别群体性劳资冲突事件的发生情景及利益博弈演化过程的特征和要求，分类、分级制定应急预案，形成包括全国范围内（行业性）群体性劳资冲突事件应急预案、区域性劳资冲突事件应急预案以及单个企业群体性劳资冲突事件应急预案在内的应急预案体系。本书对应急干预开展理论研究，通过干预变量的选择、群体性劳资冲突事件时间序列模型构建、干预效应识别以及干预模型计算方法的分析构建了应急干预理论模型，在应急干预理论分析基础上，分别提出企业、政府、工会、专家学者、社会媒体等其他第三方力量应采取的干预措施以及如何进行群体心理干预。本书提出"案例—情景—应急预案"的标准化应急管理体系构建框架，构建群体性劳资冲突事件应对预案内容模型和基于案例推理的应对预案系统实现模型，研究和分析构成模型的应对预案情景特征。本书运用情景分析方法，案例推理方法及计算机系统索引、检索、匹配方法，研究群体性劳资冲突事件应对预案体系中子模块的实现思路和途径，构建应对预案系统案例生成标准流程框架，并以近年来新发生的群体性劳资冲突事件为案例，对本研究提出的应对预案系统进行验证。

（六）群体性劳资冲突事件长期应对机制研究

本书从长期制度构建的视角，着眼于企业层面，沿着三条主线开展研究，即企业工作场所中群体性劳资冲突事件的预防机制建立、企业人性化劳动关系管理构建以及企业集体谈判制度的建立和实施。笔者认为，群体性劳资冲突问题解决的长期应对体系，应该是多元化的企业劳动关系调整体系，该体系包括预防机制、管理体系和集体谈判制度。企业工作场所中群体性劳资冲突事件的预防机制的建立旨在化解劳方个体与企业的劳资冲突和矛盾，从制度上避免群体性劳资冲突从量变到质变的演化；企业人性化劳动关系管理构建旨在通过改善企业的人力资源管理、劳动关系管理减少日常管理中劳资冲突的发生；企业集体谈判制度的构建和实施旨在平衡劳资双方的力量，通过劳资双方公平、公正的协商，达成一致，从制度层面避免劳资冲突的发生。

二 研究方法

群体性劳资冲突事件研究涉及经济学、管理学、社会学、政治学、劳动科学、复杂性系统科学及计算机科学等多个方面，具有多学科交叉的特性，研究解决该问题拟采用多学科的不同理论、模型和技术手段的综合。具体研究方法如下。

（一）问卷调查与深度访谈

本研究选取群体性劳资冲突事件发生较多的区域、城市、行业以及企业进行调研，以长三角、珠三角、京津冀、东北老工业区为重点调研区域，以出租车、餐饮、建筑等劳资矛盾较为突出的行业为重点调研行业，以改制企业、私营企业、外资企业等企业性质类型为调查重点，对劳动关系政府主管部门（人力资源与社会保障部门）、劳动争议仲裁部门以及法院等单位进行深度访谈。本研究选取政府主管部门及司法机关10家进行深度访谈，调查的企业样本量149个，员工样本量495个。调研数据和访谈主要用于群体性劳资冲突事件复杂系统构建、影响因素分析、影响因素的关联分析、结构方程模型检验、预警预测指标体系构建、仿真系统验证等。群体性劳资冲突事件的预警指标体系构建采用德尔菲法选取劳动关系领域和应急管理领域相关专家学者16人，企业相关专家5人，工会专家3人，共计24人进行访谈和问卷调查。

（二）文献与案例分析

本研究采用文献分析、案例分析方法，以网络资料为索引，通过对国家图书馆、大学图书馆的各类报纸、期刊与专著的检索与翻阅，对纸媒报道的群体性劳资冲突事件案例深入分析；采用二维分析法，横向与纵向比较相结合，对改革开放30年来各类群体性劳资冲突事件的特点进行总结和对比分析，并归纳群体性劳资冲突事件发展的趋势。

（三）情景分析法

本研究通过构造可能发生的群体性劳资冲突事件的情景环境，包括构造事件发生的基础环境情景、特定环境情景以及各个参与方及相互之间的博弈行为的情景，分析群体性劳资冲突事件情景的各个方面，为应急体系的构建提供案例和情景基础。

（四）统计分析与计量分析方法

本研究采用结构方程模型，用 EMOS17.0 对群体性劳资冲突事件演化路径和演化规律进行分析。采用层次分析法确定预警指标权重。采用内部一致性分析、折半信度分析、因子分析的方法对本研究的正式调查问卷进行信效度检验；采用相关分析以及变异系数法对预警指标体系进行独立性和鉴别力检验。在建立量化评分标准基础上，采用极值法对各指标进行标准化并运用模糊综合预警法对149家企业进行风险评估和劳动关系状况预测，采用四区域法对预警界限进行分区，并确定每一区域的预警量化界限。采用因子分析法对演化路径的可测变量进行降维处理。

（五）模拟仿真法

对研究成果进行计算机模拟仿真，验证其可行性，实现定性和定量相结合。

三 技术路线

本研究首先归纳当前群体性劳资冲突的科学问题，在文献梳理与理论分析基础上进行群体性劳资冲突事件的特点与趋势分析、形成机理研究以及演化研究，在清楚描述群体性劳资冲突事件本质规律的基础上，有针对性地建立风险评估与预测预警系统和应急管理系统，并采用经典案例对设计开发的应急管理系统进行验证，最后建立以集体协商制度为核心的长期应对机制。具体技术路线见图1-2。

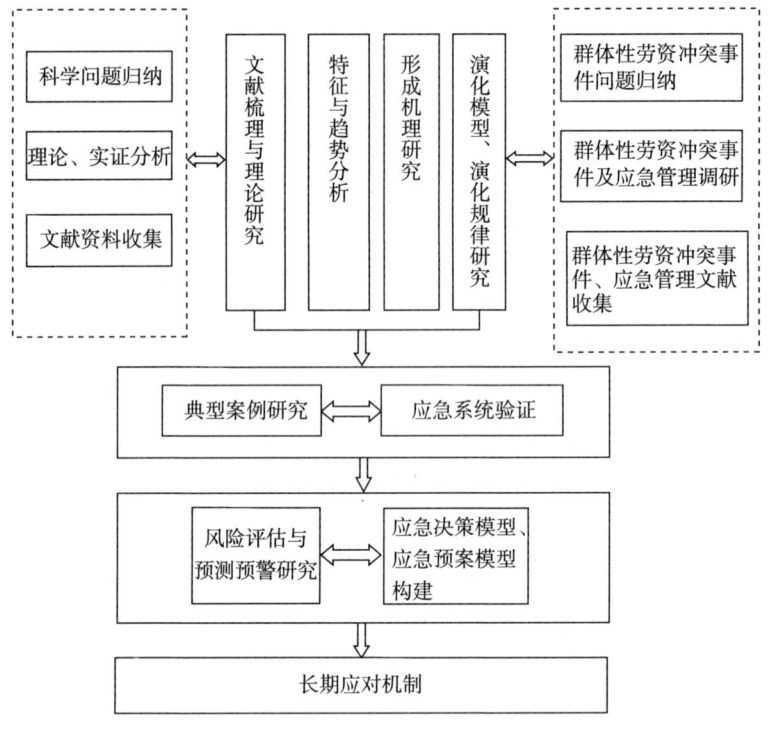

图 1-2　总体技术路线

第六节　可能的创新之处

本研究力图在理论、研究视角和应用三方面有所创新。

一　理论创新

本研究从劳动关系系统的角度建立了群体性劳资冲突行动形成机制的分析框架，该框架将劳动关系系统的外部资源和内部资源因素都纳入分析模型，厘清了群体性劳资冲突事件的形成机制。

在我国劳动关系转型背景下，本研究构建了群体性劳资冲突事件演化的动态、静态以及综合模型。静态模型从静态结构的角度分析了群体性劳资冲突事件的演化系统结构。动态模型从动态演化阶段划分的角度，研究了群体性劳资冲突事件演化的动态流程及动力学路径。在静态和动态演化模型分析的基础上，本研究选取演化博弈行为主体、规则系统和时间作为模型变量，建立了综合演化模型，以及由演化博弈行为主体、规则系统和时间构成的三维分析框架。

本研究采用结构方程模型从理论上分析了群体性劳资冲突事件演化的潜变量和可测变量，构建了群体性劳资冲突事件的理论演化路径，在现有文献中未见此类研究。

本研究通过干预变量的选择、群体性劳资冲突事件时间序列模型构建、干预效应识别以及干预模型计算方法的分析构建了应急干预理论模型。

二 研究角度的创新

采用多学科交叉融合的分析视角，分别从经济学、管理学、社会学、政治学以及劳动科学的角度较为深入地分析我国群体性劳资冲突事件的形成机制，旨在解决群体性劳资冲突事件形成的理论问题。从经济学的分析视角，采用博弈论的分析方法对群体性劳资冲突事件的形成机制进行了分析。从管理学视角，运用自组织理论来分析群体性劳资冲突形成机制，建立群体性劳资冲突的自组织演化模型。从社会学视角，以集体行动理论作为理论基础，构建群体性劳资冲突的集体行动模型，并对集体行动的社会心理进行较为深入的分析。从政治学的视角，以政治机会结构理论为理论基础，分析我国群体性劳资冲突事件形成过程中劳方主体与政府和工会的互动过程中如何形成群体性行动的政治空间。从劳动科学的视角，以劳动关系学中的劳动关系系统理论作为理论基础，以劳动关系这一特定系统作为分析对象，从劳动关系系统的角度建立群体性劳资冲突行动形成机制的分析框架。从复杂系统科学的视角，在耗散结构、熵流和协同学理论基础上分析了群体性劳资冲突事件的耗散结构，梳理了群体性劳资冲突事件的内外部正负熵流及形成原因，并在此基础上对群体性劳资冲突事件进行了协同学分析。从计算机科学的视角研究了标准化应急信息系统的设计和实现。

三 应用创新

本研究将群体性劳资冲突应急管理与现代信息网络技术相结合，建立了标准化的群体性劳资冲突事件应急管理信息系统，以提高企业的信息获取能力、快速反应能力、组织协调能力、决策指挥能力。该信息系统包括群体性劳资冲突事件发生前的预警阶段以及群体性劳资冲突事件发生后的应急响应阶段。应急管理信息系统由四个子系统构成，即预警子系统、案例库子系统、情景库子系统和预案库子系统。群体性劳资冲突事件发生前通过数据库收集企业劳动关系状态数据，由预警系统进行劳动关系预警、预报。群体性劳资冲突事件发生后，首先对新发生的群体性劳资冲突事件的特征以及发生的情景进行分析，采用案例推理法对新发生的群体性劳资冲突事件在历史案例库中进行案例检索与匹配。其次采用情景分析法对新发生的群体性劳资冲突事件进行具体情景特征描述，包括情景初始状态特征描述以及具体情景问题描述，生成新事件发生情景。在案例检索与匹配以及生成新事件发生情景的基础上，由预案库提供预案储备选择，并由预案库系统进行预案模糊匹配分析，在此基础上自动生成匹配的应急预案。标准化应急信息管理系统的建立和计算机实现，可以为各级政府、企业正确、快速应对群体性劳资冲突事件提供标准化的方法、手段和工具，具有广泛的应用前景。

第二章 群体性劳资冲突事件的特点和趋势分析

第一节 群体性劳资冲突事件的概念界定

准确界定"群体性劳资冲突事件"是明晰研究对象以及后续开展理论和实证研究的基础和前提。

随着近年来大规模罢工事件的出现,"群体性劳资冲突事件"广受社会瞩目,也引起了学界的高度关注,一些学者对"群体性劳资冲突事件"概念进行了界定,如乔健(2009)认为,"群体性劳资冲突事件"指集体争议中,劳动者不经过我国现行的劳动争议处理程序,而直接采取罢工、上访、游行、示威、静坐、请愿等集体行动,以期达到维护自己切身利益的目标。

笔者依据国家现行的劳动法律《劳动法》《劳动合同法》《劳动争议调解仲裁法》中对集体争议等的界定,在学界对"群体性劳资冲突事件"概念界定的基础上,依照规范性和可操作性的原则,将"群体性劳资冲突事件"界定为,涉及本企业人员3人以上有共同利益或共同权利诉求的劳方,在其利益或权利受到损害或不能得到满足时,为了达到共同的目标,最终采取集体争议、集体上访、怠工、静坐、集会、停工、罢工、游行等与资方对抗的行为,以争取劳方集体的利益或权利的行动。

按照上述对"群体性劳资冲突事件"的界定,群体性劳资冲突事件具有以下特征:一是群体性劳资冲突事件通常指同一企业组织内的劳方和资方（或管理方）之间；二是人数通常为3人以上；三是参加人有共同的利益或共同的权利诉求；四是劳方采取的行动，往往是通过阻碍企业正常运营来与资方（或管理方）进行对抗。

第二节　群体性劳资冲突事件的特点和趋势——横向分析视角

在准确界定"群体性劳资冲突事件"和明晰研究对象后，本节将从横向比较的视角即静态视角，利用现有统计数据、文献、报刊资料，采取多案例分析和文献分析的方法，从群体性劳资冲突事件类型的维度来分析、归纳和总结我国发生的群体性劳资冲突事件的特征。

一　群体性劳资冲突事件爆发数量 "高位化"

群体性劳资冲突事件发生的数量持续攀升。根据已有的研究统计，在17个国家和地区中，中国罢工行为的增长率是最高的。与我国每年超过500起成规模的劳动者群体性事件相比，美国在1970年当年罢工5716起，70年代成规模的罢工平均每年在100起左右，1980年中后期为40～50起，90年代下降到30起，而2003年只有14起（国际劳工组织，1977～2008）。

根据《中国劳动统计年鉴》和《年度劳动和社会保障事业发展公报》的统计数据，以"经仲裁的集体劳动争议数量"为例，从1991年到2010年的20年间，由308起增加到9000起，增加了28倍多。

根据相关统计数据，全国各类群体性事件爆发频率越来越高，1990～1994年增长了100%，1999年总数超过32000宗，2003年为60000宗，2004年为79000宗，2005年为87000宗，2006年为90000宗，2008年为120000宗，与1990年相比上升了11倍。其中，群体性劳资冲突事件占整个群体性冲突事件的近一半，由此可看出我国群体性劳资冲突事件呈高位运行的态势。

二 群体性劳资冲突事件影响范围 "扩大化"

(一) 群体性劳资冲突事件涉及的劳动者人数大幅增加

以集体争议为例,从 1991 年到 2010 年的 20 年间,经仲裁的集体争议人数由 1991 年的 8957 人,到 2010 年的 212000 人,增加了 23 倍多 (《中国劳动统计年鉴》,1998~2004)。大规模的群体性劳资冲突涉及的人数也不断增加,2002 年上半年,全国共发生 100 人以上企业职工及退休人员群体性劳资冲突事件 280 起,同比增长 53%,涉及 16.2 万人。其中 1000 人以上的群体性劳资冲突事件 39 起,是上年同期的 3.9 倍,涉及 10.2 万人。2003 年全国在岗职工、下岗职工及离退休人员等劳动者参与群体性劳资冲突事件的为 144 万人次,占全国各类群体性事件参与人次总数的 46.9%,位居各类群体性事件参与人数首位 (乔健,2009)。

(二) 群体性劳资冲突事件的规模不断扩大

出于维护社会稳定的需要,迄今为止,还未有权威部门公布群体性劳资冲突事件的准确数字与参与人数的统计数据,因此笔者只能通过对社会或媒体公开的统计资料的比较分析和案例研究,对群体性劳资冲突事件的规模作出推测和判断。但是,近几年来,大规模群体性劳资冲突事件频频发生,2008 年东航 "集体返航" 事件,2008 年 10 月以来湖南凤凰、重庆、海南三亚、广东等地相继出现大规模的出租车司机 "罢运" 事件;2009 年 4 月河北保定沿国道 "徒步进京旅游" 事件、7 月吉林 "通钢事件" 和 8 月河南 "林钢事件";2009 年富士康 "十三连跳" 事件。2010 年的罢工始于苏州工业园,1 月苏州台商联建科技有限公司 2000 多名员工因不满取消 2009 年度年终奖而举行罢工,随后苏州工业园的大金机电设备有限公司、诺基亚西门子通信 (苏州) 有限公司相继发生罢工;2 月广东成为罢工多发区,先后在广州、惠州、东莞、珠海、深圳等地发生多起罢工,其中东莞大岭山的台升家具有限公司 2000 人参与罢工;5 月开始的广东南海本田罢工事件在佛山、中山、广州、东莞等地引起连锁反应；5月郑州平棉纺织集团5000多名工人停工；6月大连开发区东芝大连有限公司的罢工拉开了开发区的罢工序幕，开发区73家企业，近7万名工人参与罢工。2012年富士康郑州工厂的工人与管理人员因工作标准过高、监督过于严格等发生集体冲突，在国庆加班的导火线引爆下发生了3000人以上的罢工；山西太原工业园区工人因不满工厂的管理方式，与保安发生"集体斗殴"事件等。2013年1月18日、19日上海神明电机有限公司1000多名工人罢工，抗议管理方制定的《新员工手册》以及重签合同将工人工龄清零等侵犯工人利益的行为，并围攻18名管理人员，包含日籍管理人员10名，中方管理人员8名，将他们"软禁"在厂房中，直到出动大批警力才救出被围困的中日方管理人员。在这些群体性劳资冲突案例中，涉及的劳动者人数大幅上升，少则几十人，多则几千人，事件的规模呈现扩大的趋势。2008年以来，特别是2010年，我国群体性劳资冲突事件较大规模地发生，并产生一定的连锁效应。

三　群体性劳资冲突事件爆发时间 "短期化"

大多数群体性劳资冲突事件表现为集中爆发、突发爆发和短期爆发。企业、工会组织和政府在毫无预防的情况下，工人自发形成"停工""罢工""堵马路"等集体行动，事前往往缺乏协商、谈判或者调解等程序；事件一旦发生，给企业的生产与管理秩序带来直接的冲击，给工会组织和政府带来巨大压力，给基层社会秩序造成不稳定与混乱。与发达市场经济国家相比较，我国启动集体谈判和罢工的程序正好相反。在发达市场经济国家，先有集体谈判，谈判破裂后由工会宣布罢工日期和罢工期限等事项，而在我国，则先发生群体性劳资冲突事件，在这种体制外的压力下，才启动集体谈判和三方协商机制。这种程序上的错乱直接给社会带来巨大的压力，政府部门和工会组织在调解与处理群体性劳资冲突事件时往往非常被动。但群体性劳资冲突事件往往持续时间较短，通常为几天，比如深圳盐田岗停运事件只持续了2天，重庆出租汽车司机停运事件也是持续了2天，广东河源农民工讨薪事件为1天。

群体性劳资冲突事件的突发性特征充分说明了目前我国政府、工会以及企业对员工意见的预知、劳动纠纷的预防、群体性劳资冲突事件的预警机制仍存不足，劳动关系预警机制、集体协商机制以及集体劳动争议处理机制在现实中都存在一定的缺陷。这同时也说明，体制内提供的劳资利益纠纷解决渠道目前仍然不够顺畅，劳动者只有在发起群体性劳资冲突事件后，在给企业、政府、工会组织以及社会形成巨大压力的情况下，才能使劳资双方坐下来协商工资、福利以及工作条件等涉及工人切身利益的实质问题。

四 群体性劳资冲突事件的引发原因 "复杂化"

近年来爆发的群体性劳资冲突事件中，引发事件的原因呈现复杂化、多元化的趋势。

（一）国企改制

因国企改制带来的职工下岗、安置、经济补偿以及历史遗留问题等，是经济体制改革以来，引发群体性劳资冲突事件的重要原因。随着市场经济改革持续深化，企业改制过程中出现的问题成为引发国有企业群体性劳资冲突重要诱因。一是破产企业的职工安置问题，特别是国企改制后的失业下岗工人要求重返原企业就业或者办理正式退休手续。近年来，一些特大型国有企业相继发生大规模群体性上访事件，主要诉求是要求回厂继续上班或办理正式退休手续，享受退休待遇。二是经济补偿问题，部分企业制定的经济补偿金标准过低引起职工强烈的不满。三是改制方案损害职工利益，一些破产企业改制方案不完善或落实难，企业资产的购买人不履行合同的规定，损害职工权益。四是企业经营者的贪污腐败问题。五是国企的经营管理人员和一线员工的收入差距较大，引起职工的不满。

政府多次强调企业改制方案需要充分听取职工意见，职工安置方案更要经过职工代表大会或者职工大会审议通过。同时，政府也颁布了一些维护国企下岗工人合法权益的政策和文件，如2005年，劳动和社会保障部发布《关于进一步做好在国有企业重组改制和关闭破产中维护职工合法权益工作有关问题的通知》，国务院发布《国务院关于进一步加强就业再就业工作的通知》；2006年，中华全国总工会、劳动和社会保障部、国务院国有资产监督管理委员会、监察部、财政部五部门联合发布《关于2006年在国有企业重组改制和关闭破产中开展维护职工合法权益工作的通知》，国家发展和改革委员会、中华全国总工会、劳动和社会保障部等19个部门联合发布《关于贯彻落实国务院进一步加强就业再就业工作通知若干问题的意见》。这些制度和政策都旨在加强对企业改制中职工合法利益的维护，为下岗职工再就业提供支持和帮助，对违法行为的监督和查处，以及对下岗职工的合理经济补偿。从另一方面来看，这一系列政策的出台说明政府不得不正视企业改制引发的国企职工的集体抗争问题。

2009年辽宁"通钢事件"和河南"林钢事件"的爆发，反映出在缺乏有效的维护职工权益的制度条件下，职工只能依靠其自发形成的力量以更加激烈的方式表达其不满，甚至会引发暴力化的倾向。常凯（2009）认为"现在的（国企）工人已不再像国企改革之初那样懵懵懂懂了。如果改革措施对国有资产保值增值和职工权益保护考虑不周，工人已经不再答应了"。

（二）劳动者经济利益受损

一些私营与外资企业拖欠工资、超时加班、工作条件差、奖金福利低、解雇与裁员等，使劳动者合法权益严重受损，也是导致群体性事件发生的重要因素。

2008年东航"集体返航"事件，究其原因主要是飞行员认为待遇低，远低于同行业同岗位的薪酬标准；工资和补贴标准没有与税收标准接轨，这些飞行员的利益诉求长期得不到解决，导致其以"集体返航"的行为与资方进行抗争。

2008年10月以来湖南凤凰、重庆、海南三亚、广东等地相继出现大规模的出租车司机"罢运"事件，究其原因，有不满垄断性出租车公司收取高额承包费和管理费、黑车泛滥影响生意、燃料供应不足等，这些问题严重影响了出租车司机的经济利益。由于出租司机的工作方式和利益结构高度一致，因此一呼百应，极为抱团，参与"罢运"的少则几百辆，多则数千辆，甚至出现了围堵政府、砸碎顶灯、赶走乘客、掀翻车辆等暴力行为，给社会稳定带来隐患。

农民工工资被拖欠、福利待遇低、不支付加班工资等是造成农民工爆发群体性劳资冲突的重要原因。如1993年3月9日至5月23日，为了提高工资，在珠海爆发了大规模的农民工自发组织的罢工事件（Leung，1998），此次参加罢工的工人共有7263人。该事件发生之后，据统计，自2002年到2005年，在珠三角地区公开报道的罢工就达70件，其中仅2005年就发生了35起罢工事件（Chan，2010）。2007年6月29日，广东河源爆发了"6·29"事件，因电站业主与施工单位之间的经济合同纠纷，建筑施工单位煽动被欠薪的农民工罢工并围攻电站，引发群体斗殴治安事件。总之，20世纪90年代以来，在东南沿海城市私营企业中的农民工成为集体维权行动的主体，他们的诉求主要集中于支付企业拖欠的工资、改善劳动条件和缩短劳动时间。

据统计，因经济诉求引发的群体性劳资冲突事件呈上升趋势。例如，广州劳动和社会保障局局长表示，2005年1月到9月，95%以上的群体事件都是由于企业拖欠员工工资而引发的（停云，2005）。又如，从2005年7月26日到10月14日，大连经济开发区18家日资企业近3万工人组织并参与了大规模的罢工（Chen，2010）。这次罢工事件主要是由于工人对工资水平过低的不满而引发的。2008年爆发的全球金融危机，引发了大量企业的破产、倒闭和大规模的裁员。欠薪、裁员等引发劳动者以集体行动的方式来反抗雇主对自己权益的侵害。2010年全国多个沿海地区，如长三角地区、珠三角地区,特别是广东省、大连开发区以及环渤海地区爆发了具有产业性、地域性的连锁性罢工事件,主要是由于工资无法支持工人在城市的生活,以及对企业内部合理分配的诉求所致。

(三)劳动者精神诉求和集体权利诉求得不到满足

随着工人,特别是新生代农民工诉求的多元化,劳动条件差、管理过于严厉、工作压力大、精神诉求无法满足、自我价值无法实现等精神诉求因素成为近年来引发群体性劳资冲突事件的不可忽视的因素。从2010年以来爆发的多起群体性劳资冲突事件可以看出这一趋势和特点。例如,2007年深圳盐田爆发了两次大规模的罢工事件,其中一个重要的内在原因是盐田国际对工人的态度和管理方式不够人性化,只是把工人作为市场充分供给条件下的雇佣劳动者,认为工人得到这份工资应该满意了。然而,盐田国际的一线工人素质较高,学历都在高中和中专以上,他们代表了中国工人阶级的一个新的阶层,虽然很珍惜现在的岗位,但并不接受管理者高高在上任意驱使,他们渴望一种体面、有尊严的劳动。工人们发出的呐喊是:我们是人,不是机器。2010年,深圳富士康员工"十三连跳"事件中,员工除了经济利益诉求之外,工作压力大、管理方式简单粗暴以及精神诉求无法得到满足成为引发多人连续自杀的突发事件的一个重要因素。再如,2012年山西工业园区富士康工厂、郑州富士康工厂相继发生集体骚乱、集体斗殴、罢工等群体性冲突事件,事发后国际劳工组织"劳工观察"对工人进行了采访,被采访的工人认为富士康把员工看成不需要学习甚至不需要思考的机器人,每天重复着各种细枝末节的工作,工人对这份工作感到绝望。富士康董事长郭台铭在2010年"十三连跳"事件后,经过反思也推出了多项措施,比如提高最低工资待遇,以及安装和加固更多安全防护网,将在更多的生产线实现工业自动化,即使用机器人代替人工操作,但这些措施很难从根本上解决富士康超级工厂模式的弊端。就本质而言,以往那种讲究整齐划一的集体主义工作和生活方式，正在遭遇步入市场经济的那些觉醒后的新生代工人们的反抗。这是因为新生代工人的诉求发生了变化，上一代农民工认为进城打工就是为了赚钱、养家糊口，而新生代农民工除了更高的待遇要求外，还有更多的诸如个人发展、自我价值实现等更高的精神诉求。

同样，在近年来爆发的群体性事件中，劳动者的集体权利诉求也逐渐体现，如2010年爆发的广州"南海本田"事件，工人除了要求缩小中日员工工资差距、增加工资以外，还要求企业方依法组建工会组织、进行集体协商、签订集体合同等，这是典型的集体权利诉求。

因此，在利益主体多元化、利益结构复杂化的今天，政府、工会组织和企业不仅要关注劳动者的经济利益，而且还要关注劳动者的精神诉求和权利诉求。无论是经济诉求，还是精神诉求以及权利诉求，劳动者的上述诉求得不到满足，都有可能引发大规模的群体性劳资冲突事件。

五　群体性劳资冲突事件的冲突形式　"多样化"

从近年来发生的群体性劳资冲突事件来看，冲突的表现形式越来越趋于多样化。在这些形式当中，不仅有传统国企工人的游行、示威、静坐、上访等集体行为，还有"停工""罢工""集体散步""罢运""集体喝茶"以及"暴力对抗"等集体行为。具体来分析，可以归纳为以下几类。

第一，最原始的反抗形式，如自杀、拘禁企业管理者、杀害雇主、殴打管理人员等集体行为。例如，2013年1月18日上海神明电机有限公司1000多名工人将18名管理人员（包含日籍管理人员10名，中方管理人员8名）"软禁"在厂房中。在这些事件当中，工人并没有通过合法的渠道来争取自身的利益，而是通过一些极端的行为表现对雇主和管理层的不满。

第二，通过停工、罢工的方式表达对资方的不满。例如，2005

年 7 月至 9 月，大连开发区共有 18 家外商投资企业相继发生员工集体罢工事件，停工总人数超过 2 万人，罢工主体为生产一线员工，其中相当一部分为劳务工。再如 2010 年 6 月爆发的广州"南海本田"停工、罢工事件，主要由于中日员工的工资差距大，以及对中国工人实行低工资政策，罢工的主体也为一线工人。虽然我国法律对待罢工的态度一直处于模糊状态，但是从近期的案例来看，此类群体性劳资冲突事件的数量却急剧上升。

第三，游行、示威、请愿、静坐、上访等形式。例如，2005 年、2006 年，广东南藤（集团）公司因国企经营不善改制后，150 多名临时工因企业解除劳动关系未能及时发放经济补偿金、未参加社会保险、未支付加班工资等问题集体到南海区劳动和社会保障局、南海区信访局和南海区联华资产经营管理有限公司上访。2007 年广州花都区教师利用互联网、腾讯 QQ、手机短信等现代信息技术迅速组织起来在政府门口静坐示威，要求政府重视教师待遇，增加工资收入和医保投入。2010 年 2 月 6 日，因不满同工不同酬，中日合资公司松下万宝（广州）电熨斗公司百名工人停工，并走上 105 国道静坐（邱永芬，2010）。这些行为是国有或城镇集体企业劳动者群体性事件的主要形式。这些企业通常面临资产和经营状况不佳，自身无力解决职工的劳动关系问题，加之国企改制决策一般由政府主管部门制定，而由此引发的争议，仲裁机构和法院或不予受理，或久拖不决，因此职工只好采取上述集体行动来表达自己的意愿和诉求。

第四，堵路、堵国道、堵桥梁。这些做法是比上述行为更激烈的行动，意味着群体性事件的升级和劳资冲突的激化。劳动者把主要力量用于威胁，以期引起政府和社会的关注，促进利益问题的解决。例如，2004 年广东省惠州的"超霸、先进电池厂职工镉增高"事件，由于一位女工被检查出"镉增高"的职业病，要求进行身体检查和给予经济补偿，先进电池厂 100 多名女工上街堵路，要求解决问题，随后工人们又多次到省上集体上访。

"林钢事件"中，林钢工人还封堵了林州至安阳的高速公路以及106国道。

第五，联合的集体行动。这是劳动者意识到自身利益一致，希望通过团结协作、壮大力量来争取自己权益的结果，也是罢工行为的高级阶段。重庆出租车司机"罢运"等事件就突出表现出这种形式的特征，这些工人在一个大的地域范围内发动大规模的抗议活动。群体性劳资冲突事件表现形式的多样化，给政府和工会的调解与处理工作带来了前所未有的压力与难度。

六　群体性劳资冲突事件对抗程度的"激烈化"

近几年来，群体性劳资冲突事件的对抗性和暴力性尤其引人注目，并且对抗的暴力化倾向越来越严重。在一些群体性劳资冲突事件中，由于劳资矛盾处理仍然不规范，并且地方政府受到群体性事件"一票否决制""零指标"的压力，事件发生后，为尽快平息事态而采取一些过激手段，最后往往升级为劳方和资方、政府工作人员甚至是警察之间的肢体冲突。在吉林"通钢事件"和河南"林钢事件"中，表现尤为明显。吉林"通钢事件"中建龙集团派驻通化钢铁股份公司总经理陈国军被殴打，不治身亡；河南"林钢事件"中濮阳国资委副主任被工人软禁约90小时；郑州富士康事件中郑州富士康工厂的一些质检员被殴打；山西工业园区集体骚乱事件中，工厂40名保安被殴打受伤，工业园出现了车间封闭、超市被砸、厂房受损等状况。从这些案例中反映出我国群体性劳资冲突事件的对抗程度越来越激烈，甚至在一些完全可以避免产生肢体冲突的案例中，最后仍然会出现高强度的对抗。因此，在一些群体性劳资冲突事件中，引发事件的原因原本是工人的合法权益诉求，但最后的结果往往演变成严重的大规模暴力事件。当工人正当的利益诉求受到压制，一些工人群体或个人就只能采用体制外的方式，有时甚至是暴力的方式来表达和发泄不满，于是导致社会矛盾更加激烈，工人与企业之间、工人与政府之间的对抗程度越来越大。

七　群体性劳资冲突事件的发生模式的"自组织化"

近期的一些群体性劳资冲突事件还表现出一个显著的特征，即劳动者的自组织性非常强，组织化程度不断提高。而作为劳动者代表的工会组织并没有鼓励和发动工人进行集体维权行为，往往在群体性劳资冲突事件中扮演调解者与协调者的角色，通过中间调停以维护基层社会的稳定。体制内的组织并不鼓励和赞同工人通过群体性事件的激烈方式进行维权，所以工人只有在体制外通过自组织的方式维护自身的权利与利益。这一特征在重庆出租车司机"罢运"事件、东航"集体返航"事件、广东南海本田"停工"事件中都表现非常明显。在这些劳资群体性事件当中，工人都是自发组织起来的，从组织动员、行动策划以及集体协商的整个过程中可以看出，工人的组织化程度都非常高。工人组织化程度之所以高，最主要的原因在于他们在同样的组织结构内工作，并且有着共同的利益诉求。在同样的组织结构内工作意味着他们的处境是一样的，有着共同的工资福利待遇，这种共同的处境造就了利益相对一致的"同质性"非常强的利益群体，这就为劳动者的集体行为的动员提供了非常好的"资源优势"，这些都充分说明工人自发组织的组织化程度已不断提高。

以上从七个方面概括了当前我国群体性劳资冲突事件的主要特征，即在数量上"高位化"，影响范围上"扩大化"，时间上"短期化"，引发原因上"复杂化"，冲突形式上"多样化"，对抗程度上"激烈化"，发生模式上"自组织化"。从群体性劳资冲突事件的目标来看，集中表现为经济利益取向的特征，而非政治意识形态主导。从实质来看，利益之争与权利之争并存，笔者与其他学者不同的观点在于，大多数学者认为近年来集中爆发的群体性劳资冲突事件其实质是利益争议引发的劳资冲突；笔者认为近年来爆发的群体性劳资冲突事件以利益争议为主，随着劳动者结构特征的变化和劳动者权利意识的觉醒，权利争议也成为引发群体性劳资冲突事件的不可忽视的因素。从空间上来看，波及面较广，涉及广东、辽宁、江苏、河南、天津、浙江、山东、山西等省市，涉及的行业包括制造业、交通运输业、仓储和邮政业、住宿和餐饮业等，但主要集中在制造业。从时间上来看，表现为集中爆发、突发爆发、短时爆发，绝大多数群体性劳资冲突事件突发性很强，往往集中爆发，但爆发持续时间较短。从企业性质上来看，群体性劳资冲突事件主要发生在国企、外企和民营企业，外资企业以日资企业为主。从爆发的方式来看，往往首先在一家企业爆发，而后波及一个相对集中的工业园区，最后可能在一个地区形成连锁效应。

第三节 群体性劳资冲突事件的特点和趋势——纵向分析视角

本节将从纵向比较的视角即动态视角，利用现有统计数据、文献、报刊资料，从群体性劳资冲突事件发生的时间维度，分阶段分析、归纳和总结我国群体性劳资冲突事件在历史变迁中的特征和趋势。

一 总体上判断群体性劳资冲突事件的发展趋势

迄今为止，我国尚未建立一套公开的群体性劳资冲突事件的统计指标体系，因此要获取群体性劳资冲突事件发生的准确数据相当困难，仅通过新闻报道或现有文献的零散事件，很难判断出我国群体性劳资冲突事件的总体发展趋势。因此，本研究采用集体争议数量的变化趋势作为判断我国群体性劳资冲突事件的重要参考，并以此来推断我国群体性劳资冲突事件的整体发展趋势。

对于集体劳动争议的相关数据，官方公布的仅有自1991年以来的相关统计数据，1991年以前的数据，笔者只能从现有的文献资料中查找。笔者根据现有文献、《中国统计年鉴》以及人力资源和社会保障部发布的《人力资源和社会保障事业发展公报》，整理出我国1987~2011年集体劳动争议及人数情况（表2-1）。

表 2-1　1987~2011 我国集体劳动争议及人数情况

年份	集体劳动争议数量	集体劳动争议年增长率（%）	劳动争议数量	集体劳动争议涉及人数	劳动争议涉及总人数	集体劳动争议涉及人数占劳动争议涉及总人数的比例（%）
1987	85	—	5606	—	—	—
1988	278	227.06	9127	—	—	—
1989	329	18.35	10326	—	—	—
1990	419	27.36	9619	13206	22837	57.83
1991	308	-26.49	7633	8957	16767	53.42
1992	548	77.92	8150	9101	17140	53.10
1993	684	24.80	12358	19468	34794	55.95
1994	1482	116.67	19098	52637	77794	67.66
1995	2588	74.63	33030	77340	122512	63.13
1996	3150	21.72	48121	92203	189120	48.75
1997	4109	30.44	71524	132647	221115	59.99
1998	6767	64.69	93649	251268	358531	70.08
1999	9043	33.63	120191	319241	473957	67.36
2000	8247	-8.80	135206	259445	422617	61.39
2001	9847	19.40	154621	287000	467000	61.46
2002	11204	13.78	184116	374956	608396	61.63
2003	10823	-3.40	226391	514573	801042	64.24
2004	19241	77.78	260000	477922	764981	62.48
2005	16217	-15.72	407000	409819	744195	55.07
2006	13977	-13.81	447000	348714	679312	51.33
2007	13000	-7.00	500000	270000	650000	41.54
2008	22000	69.23	693000	503000	1214000	41.43
2009	14000	-36.36	684400	299600	1017000	29.46
2010	9000	-35.71	601000	212000	815000	26.01
2011	7000	-22.22	589000	175000	779000	22.46

资料来源：1987~1990 年的数据来自范战江、侯宝琴《全国劳动争议部分数据统计简析》,《劳动争议处理》,第 25~26 页；1991 年、1992 年的数据来自《劳动争议处理统计数据》,http://www151.labour1.com/law/Article/551asp1 中国劳动咨询网；1993~2008 年数据来自《中国劳动统计年鉴》；2009~2011 年数据来自《人力资源和社会保障事业发展统计公报》,经整理计算而成。

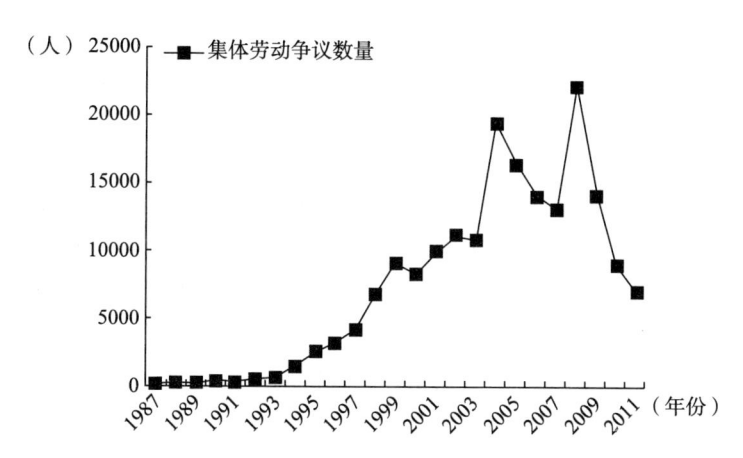

图 2-1　1987~2011 年我国集体劳动争议数量变化趋势

资料来源：根据表 2-1 绘制而成。

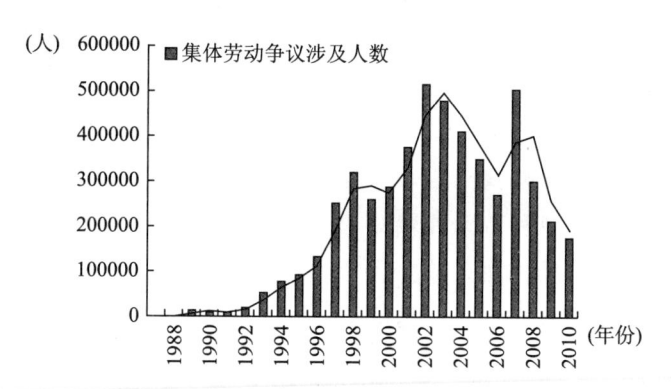

图 2-2　1987~2011 年我国集体劳动争议涉及的人数变化趋势

资料来源：根据表 2-1 绘制而成。

（一）总体呈上升趋势

从整体上看，1987 年至 2011 年的 25 年间，集体劳动争议数量整体呈上升趋势，由 1987 年的 85 起上升到 2011 年的 7000 起，增加了 81 倍。集体劳动争议涉及人数占劳动争议涉及总人数的比例也由 1.52% 上升到 22.46%，上升了 21 个百分点。集体劳动争议涉及的人数由 1990 年的 13206 人，上升到 2011 年的 175000 人，上升了 12 倍。

（二）局部呈现波动状态

从图 2-1、图 2-2 可以看出 1991 年、2005~2007 年、2009~2011 年三段时间，集体劳动争议数量以及涉及的人数有所回落，2004~2011 年呈现"鞍马状"的趋势图，这表明我国集体劳动争议数量及人数局部有波动，究其原因主要有以下几方面。

第一，对 1991 年的回落作如下分析。1987 年国务院发布《国营企业劳动争议处理暂行规定》，各级劳动争议仲裁委员会开始受理劳动争议案件，同时，随着对该规定的宣传，劳动关系双方的法制观念受到了激发，致使 1987~1990 年的集体劳动争议数量不断增加。但随着劳动仲裁工作的起步和不断完善，预防劳动争议的措施也逐步得到完善和加强，其中成效显著的有两项措施，一是 1989 年开始在全国范围内推广劳动合同鉴证的做法，据山东等十个省不完全统计，通过鉴证纠正违法、无效劳动合同 641480 份，督促劳资双方补签劳动合同 16099 份，制止招用童工 423304 人，起到了预防劳动争议的作用（范战江、侯宝琴，1991）；二是 1989 年以来各级劳动仲裁机构采取各种方式，利用各种渠道大力宣传劳动政策、法规和劳动仲裁知识，对提高劳资双方的法制观念起到了较大的推动作用，减少了劳动争议。因此，在上述两项措施下，1990 年集体劳动争议数量及人数较前四年有所下降。

第二，对 2005~2007 年的回落，作如下解释。自 1993 年开始国企深化改革，减少和消除企业冗余人员，导致大量国企职工下岗，国企下岗职工数量从 1993 年到 2000 年持续增加。随着国企改革攻坚阶段的完成、再就业工程的实施以及社会保障的不断完善，下岗职工数量不断减少，2005 年降到较低水平，2005~2007 年三年间基本完成国有企业下岗职工基本生活保障制度向失业保险制度的并轨，这标志着国企深化改革带来的职工下岗问题基本得到解决，下岗职工与企业的劳资冲突也降到较低水平。

第三，2009~2011 年集体劳动争议数量及人数的回落主要是由于 2008 年国家颁布和实施了三项重要的劳动法律，即《劳动合同法》《劳动争议调解仲裁法》和《就业促进法》。这三部法律的出台和实施，使劳动者的劳动权利和权益更多地得到制度上的保障，同时也极大地提高了劳动者的法律意识和权利意识，加之国际金融危机造成的叠加效应，导致 2008 年的集体劳动争议数量呈井喷状态，但随着劳资双方法律意识的增强，以及劳动监察制度的完善，使劳动关系逐步走入法制化、规范化轨道，集体劳动争议数量有一定回落。

综上，这三段回落的共同特征是，在回落前国家均有重要的劳动法律或法规出台，呈现出来的规律为：新的法律或法规刚出台时会引起集体劳动争议数量和人数的大幅增加，但随着法律执行的不断规范以及配套措施的完善，随后会出现一段时间的回落。整体上随着劳动法律体系的不断完善，劳动关系会得到一定程度的规范，但随着新问题的出现，又需要催生新的法律制度以进一步促进劳动关系的规范化和法制化，这是法制不断完善、社会不断进步的表现。

从上述分析可以看出，我国集体劳动争议数量及人数整体呈上升趋势但局部有波动，由此推断我国群体性劳资冲突事件数量整体呈上升趋势，但局部会随着经济、政治、社会环境的变化以及劳动法律法规的颁布和实施出现波动状态。

二 分阶段解析群体性劳资冲突事件的特征

为了梳理我国群体性劳资冲突事件的历史发展脉络，厘清群体性劳资冲突事件随社会、经济、政治背景变迁的各阶段特征变化，本研究将现有文献中学者普遍认同的我国劳动关系发展阶段划分作为解析群体性劳资冲突事件特征的划分阶段。

（一）劳动关系行政化阶段：以权利诉求为主

1978～1991 年为劳动关系行政化阶段。1978 年召开了十一届三中全会，拉开了我国改革开放的大幕。中央将发展经济提高人民生活水平作为首要任务。城市方面，实行以改革现有国营企业为重点的战略，不断扩大企业经营自主权，不断加快国企改革的步伐；同时在保持国有经济主体地位的前提下，开始发展非公经济和乡镇企业。农村方面，实行家庭联产承包制，激活农村经济。从 1978 年到 80 年代中期出现"知青返城潮"以及"民工潮"。总之，在这个阶段，经济上实行计划经济和市场经济并存的双轨制，但以计划经济为主，市场调节为辅。在这个阶段市场化的劳动关系还没有形成，劳动关系处于行政化阶段，在这种双轨制下，劳资冲突越来越显性化，一方面，国有企业未摆脱计划经济体制的影响，仍属于"利益一致型"，但企业经营管理者自主权的扩大滋生的腐败引起群体性劳资冲突；另一方面，非公经济的发展又催生了劳动关系的发展，但在缺乏有效的法律约束下的发展又埋下了劳资冲突的隐患（常凯，1995）。

此阶段群体性劳资冲突事件的特征表现为：一是返城知青的群体性劳资冲突事件是构成此阶段群体性劳资冲突事件的主体。随着 1978 年到 80 年代中期的知青返城潮，要求返城的呼声越来越强烈，返城后的就业安置、工龄计算等劳动关系问题也进一步凸显，云南、新疆、黑龙江等知青上访、游行、请愿、示威、罢工以及冲击政府机关等事件相继发生。二是"国企工人抵制腐败"的群体性劳资冲突事件成为这一阶段的重点内容。随着国有企业改革的深入，企业的自主权逐渐扩大，其实质是扩大了企业经营管理者的职权，造成经营管理者与职工力量和权力的严重不平衡，因而滋生了大量腐败现象。国企工人就抵制腐败采取了大量的集体行动，如上海、天津、重庆、武汉、太原等地发生了罢工、怠工，发生罢工、怠工的主要原因是领导干部的腐败等不正之风、官僚主义，工会干部在升级、职工住宅分配等涉及职工利益的问题上的不公正（中共中央书记处研究室理论组，1983）。三是随着非公有制经济的发展，非公企业，特别是三资企业的劳资矛盾尤为突出。劳动力市场的劳动力总体供大于求以及资本的私有化性质决定了劳方的弱势地位，在非公企业中引发群体性劳资冲突事件的主要原因是劳动者的劳动权利和人身权利受到损害。

总之，在劳动关系行政化阶段的群体性劳资冲突事件，从类型来看，有返城知青的集体上访潮、国企职工的反腐罢工、非公企业的权利之争三大类型；从爆发的原因来看，有历史遗留问题、国有企业的腐败问题以及劳动者权利侵害等；从表现形式来看，有集体上访、游行、请愿、示威、怠工、罢工等多种形式；从诉求来看，在"利益一体化"劳动关系的总体框架下，劳动者以权利诉求为主。

（二）劳动关系市场化阶段：以利益诉求为主

1992~2007年为劳动关系市场化阶段。总体来看，我国处于经济高速发展阶段，GDP以平均10%以上的速度增长，经济改革也进入较为稳定的时期，市场化改革成为经济改革的主要方向。党的十四大明确提出要不断完善社会主义市场经济，充分发挥市场在资源配置中的基础作用。经济的市场化客观上要求劳动关系的市场化，随着市场化改革的推进，劳动关系市场化改革越来越深入。市场化阶段的劳动关系主要以个别劳动关系的形态为主。

这一阶段，国企自1993年开始进行深入改革，减少和消除企业冗余人员，导致大量国企职工下岗，国企下岗职工数量持续增加，由于职工下岗带来的失业、再就业、社会保险、生活保障等问题成为突出的劳资矛盾。据统计，2002年上半年，全国共发生百人以上企业职工及退休人员群体性劳资冲突事件280起，同比增长53%，涉及16.2万人。其中，1000人以上的群体性劳资冲突事件39起，是上年同期的3.9倍，涉及10.2万人。2003年，全国在岗职工、下岗职工及离退休人员参与群体性事件的为140多万人次，占全国各类群体性事件参与人次总数的46.9%，位居第一（乔健，2010）。

这一阶段，非公有制经济迅猛发展，地位稳步提升，非公经济成为解决就业的主渠道。随着非公有制经济的发展，原有的"利益一体化"的劳动关系变得复杂化和多样化，劳资双方的利益开始分化，劳资双方力量失衡越来越严重。劳动者合法权益受损严重，"黑砖窑""血汗工厂"等不断曝光，随意打骂工人、克扣拖欠工资、任意延长工时、劳动环境恶劣、没有劳动保护、职业安全和职业病频发等问题时有发生。在这种背景下，群体性劳资冲突事件频频发生。相关统计数据显示，1990~1993年四年间，年均罢工次数为87275起，年均罢工人数为27.78万人（中华全国总工会研究室，1998）。

这一阶段我国推行对外开放政策，发展外向型经济。随着2001年我国加入WTO，国际市场竞争加剧，部分行业和企业的劳动条件进一步恶化，就业岗位稳定性下降，劳动者风险上升。国际劳务发展迅速，跨国劳动者权益保护问题凸显。

这一阶段农村劳动力大规模转移，但农民工进入城市后在就业机会、工资待遇、工作条件、社会保障等方面受到不公正的待遇，特别是发生的欠薪等问题，引发了以农民工为主体，以农民工经济利益为诉求的群体性劳资冲突事件，尤其是东南沿海城市。如2005年大连经济开发区18家日资企业近3万工人由于对工资待遇过低的不满等原因组织并参与了大规模的罢工事件（Chen，2010）。

总之，随着经济的高速发展以及经济社会的转型，由于利益分化、利益矛盾、利益冲突和利益重组引发的群体性劳资冲突事件日渐增多。从类型上看，有国企下岗职工罢工、以农民工为主体的产业工人罢工、国际劳务派遣工的权益保护三大类型；从引发群体性劳资冲突事件的原因来看，有部分改革措施不配套、政策不落实造成部分群众利益受损或生活水平下降，收入差距过大引起的社会不满情绪，党政机关的官僚主义和腐败现象等；从表现形式来看，除了集体上访、游行、请愿、示威、怠工、罢工等外，还表现为封堵公路、铁路等影响公共秩序，甚至带有暴力的形式；从诉求来看，在"利益分化"的现实背景下，劳动者以利益诉求为主。

(三) 劳动关系集体化阶段：权利诉求与利益诉求并存

2008年至今为劳动关系集体化阶段。在上一阶段劳动关系市场化形成的基础上，随着2008年《劳动合同法》《劳动争议调解仲裁法》《就业促进法》等的颁布和实施，完善了我国的劳动法律体系，也进一步规范了个别劳动关系，使得劳动者的权利有了更多的制度保障。在不断规范的个别劳动关系以及劳动关系市场化的基础上，随着劳动者权利意识、组织意识和集体意识的发轫，2010年以来爆发了以南海本田罢工为代表的一系列罢工事件，标志着我国劳动关系进入集体化阶段。

这一阶段市场经济体制已经建立并逐步得到完善，但改革中不断出现深层次的问题和矛盾，如效率与公平的矛盾，经济发展与人民共享成果的矛盾等。劳动力市场中出现结构性的供给不足，部分地区和行业出现"民工荒"，当劳动力市场供给不足时，劳动者的议价能力则明显增强，也容易发生集体行动。同时，2008年爆发的全球金融危机，使不少企业，特别是出口导向型企业受到严重影响，出现经营困难，一些企业出现大量裁员、减薪和拖欠社会保险，导致劳动者的不满，引发群体性劳资冲突事件。这一阶段的劳动力结构发生了较大的变化，新生代农民工成为产业工人的主体，这些新生代农民工的诉求表现出多元化，既有权利诉求也有利益诉求，既有经济诉求也有精神诉求；同时，这些新生代产业工人的劳工意识不断增强，行动能力也不断提高。

总之，随着劳动者权利意识、组织意识和集体意识的发轫，群体性劳资冲突事件集中爆发。从类型上来看，主要是以新生代农民工为主体的产业工人的罢工以及股份制改制引发的国企工人罢工；从引发群体性劳资冲突事件的原因来看，既有经济利益方面的对低工资、高生活成本的不满，对同工不同酬的怨恨以及对改制后职工利益受损的不满，也有对管理方式、个人发展不满的精神诉求，还有对个人劳动权利和集体行动权利无法实现的权利诉求；从表现形式来看，从非理性的甚至暴力的手段向更加理性化、法制化的形式转变，如有秩序的停工、罢工、谈判等；从诉求来看，在"利益协调型"劳动关系的现实背景下，劳动者的诉求更加多元化，权利诉求与利益诉求、经济利益与精神利益共存。

第四节 群体性劳资冲突事件的特点和趋势——基于课题调研

上两节通过横向和纵向两个分析视角，分别从静态和动态两方面，以现有文献为基础，从整体上较为深入地分析了我国群体性劳资冲突事件的特点及趋势，本节以课题调研和访谈的案例为基础，对我国群体性劳资冲突事件开展实证研究，分析其特点和趋势。

本课题选取 6 家企业进行深度访谈，访谈从 2012 年 6 月至 10 月展开，访谈对象包括参与群体性劳资冲突事件的一线工人（25 人）、企业的人力资源管理层（5 人）、企业工会干部（5 人）、街道（社区）工会干部（6 人）、地方法院工作人员（2 人）等。

一 案例样本分布情况

（一）分布区域

案例样本涉及珠三角（3 家）、西部（1 家）、东北部（1 家）、首都（1 家）四个区域，选取这四个区域的理由如下：珠三角是近年来群体性劳资冲突事件爆发较为集中的区域，通过调研了解和掌握该地区群体性劳资冲突事件的特点和发展趋势。近年来随着西部大开发战略的实施，西部经济有了较大的增长，通过调研掌握西部地区群体性劳资冲突事件的特点。东北部选取大连开发区是由于近年来该开发区连续发生罢工事件，通过调研了解该区域群体性劳资冲突事件的特点和趋势。首都是我国的维稳中心，了解和掌握首都群体性劳资冲突的特点和性质对维护首都社会稳定具有重要作用。

（二）企业性质

案例样本中涉及国有企业 1 家、私营企业 2 家、外商投资企业 1 家、港澳台投资企业 1 家、合资企业 1 家。涉及的企业类型较为全面，有一定代表性。

（三）行业分布

案例样本分别分布在制造业、服务业、交通运输与仓储业、房地产业等群体性劳资冲突事件较为频繁的行业。

二 特点和趋势分析

（一）采取压制手段干预

1. A 企业

A 企业为深圳的一家中日合资企业，位于宝安区科发工业园，拥有员工 3000 人，是生产复印机及零部件、办公机械、器具、照相机和摄像机快门配件的生产制造企业。

该企业 2011 年发生劳资冲突事件 2 起，近三年平均每年发生群体性劳资冲突事件 2～3 起，三年累计发生 9 起；参与的人数均在 100 人以上，参加罢工和集体劳动争议的主体是一线工人；群体性劳资冲突事件的表现形式主要是罢工和集体争议。

引发群体性劳资冲突事件的原因：一是经济层面的，工人认为工资低、福利不好、分配不均。例如工人认为企业盈利后应该与员工共享，应该适当增加工人的薪酬和福利，而企业将大部分盈利用于投资，如 A 企业发了一个通告说企业今年盈利多少，多少用于投资了。企业管理方希望工人理解企业的投资行为，而工人则认为企业在找不给工人增加工资的理由和借口，双方产生较为尖锐的矛盾。再如，深圳规定企业为员工缴纳住房公积金的比例是按上一年月平均工资的 5%～21%，而 A 企业只按最低的 5% 给员工缴纳住房公积金，员工认为 5% 的标准是政府指导小微企业的标准，像 A 公司这样的具有一定规模的企业也按最低标准执行显然不合理，再加上深圳的房价很高，普通工人购买自己的住房几乎成为奢望，工人因此对 A 企业实行的住房公积金缴纳标准不满。二是精神层面的，由于企业属于中日合资企业，由日资企业控股 90%，中国企业仅控股 10%，因此中高级管理层大多为日本籍员工，特别是高层管理者，基本为日本籍，他们大部分时间基本不在中国，与一线员工基本没有交流和沟通，员工感觉没有认同感和归属感，也觉得企业不信任员工。三是侵害员工的民主参与权。按照《劳动合同法》规定，企业在制定规章制度时必须经过职工代表大会讨论通过，而员工认为 A 企业在制定规章制度时以自己的想法为主，不与员工进行商讨，也不提交职工代表大会讨论。员工认为上述原因中待遇低、对员工小气是激化劳资矛盾的导火线。

通过调查了解到，当发生群体性劳资冲突事件时，A 企业的解决办法，一是找"带头挑事"的骨干单独谈话。二是贴公告表示企业对员工罢工的态度，警告工人罢工属于违法，可以随时辞退罢工工人。告示这样写道："如果工人要罢工需要先通过街道办和工会同意，否则属于违法罢工，企业有权随时辞退。"三是通过社区、街道办来进行协调，劝说工人不要采取过激行动和集体行动。

总之，A 企业发生的群体性劳资冲突事件涉及人数较多，基本在 100 人以上，在表现形式上是以集体劳动争议和罢工为主的抗争形式；在引发原因上以经济诉求为主，同时也有精神诉求和权利诉求。在解决方式上，资方或管理方以压制为主，在压制失效的情况下通过社会和街道等进行简单协调，企业工会和地方工会没能发挥作用，这样的解决机制未能真正解决劳资冲突的根源和实质问题。

2. E 企业

E 企业为深圳的一家私营企业，位于宝安区，拥有员工近 100 人，是从事房屋买卖与租赁的房地产服务企业。

近三年发生群体性劳资冲突事件 3 起，每起涉及 5~10 人，参与人员主要为业务员。冲突的表现形式主要是上访。引发群体性劳资冲突的原因主要为经济诉求，员工的诉求主要有企业不与员工签订劳动合同；企业未按规定给员工缴纳社会保险；员工被企业辞退没有按规定进行经济补偿；企业没有按深圳最低工资标准执行，例如一些访谈对象谈道，"深圳政府规定的最低工资标准是1500元，而公司只支付员工1000元"。

E企业在发生群体性劳资冲突事件后，资方（管理方）采取压制的方式，一些访谈对象谈道，企业采取威胁的方式告诫员工不要上访，如果不听劝告继续上访将被辞退且不发相应的劳动报酬。员工认为企业应尊重员工，经常给予员工鼓励，要让员工有归属感，要有和谐的工作氛围，这样可以增加员工的满意度，避免群体性劳资冲突事件的发生。

总之，E企业发生的群体性劳资冲突事件在表现形式上以上访为主；在引发原因上主要为经济诉求；在解决方式上，资方或管理方以压制和威胁为主。

（二）采取放任的方式

B企业为成都的一家国有企业，位于金牛区，拥有员工约20000人，是从事铁路交通运输的大型企业。

近三年发生群体性劳资冲突事件10起，每起涉及20~30人或更多，参与人员主要有基层干部和工人。冲突的表现形式主要有怠工、停工和游行。引发群体性劳资冲突的原因主要是经济诉求，一是工资标准没有按国家规定执行，例如，在访谈中，被访谈对象认为，B企业在基本工资、加班工资及退休工资方面没有实行国家的相关规定，基本工资与国家规定的基数不一致。二是节假日加班没有按国家规定的加班工资标准支付加班费，在节假日加班后单位采取调休或其他方式代替，使职工无法拿到应得的加班费。不按国家相关规定制定工资标准以及不支付加班工资成为B企业发生群体性劳资冲突事件的导火线。

B企业解决群体性劳资冲突事件的方式是，如果是小群体事件，B企业通常放任不管。如果冲突加剧或参与的人数增加，B企业通常向员工解释自己无法解决，并表示将及时向上级领导反映问题。如果情况较为严重，参与的人员众多，可能引起交通拥堵现象时，B企业的领导会先补发部分工资，同时给员工发放相关的解释文件，并加强政策的宣传。B企业相关管理人员认为，由于领导的不重视，导致了只要一有劳资矛盾，职工就组织集体抗议与管理方对抗。

在调查B企业时，被采访对象大多认为企业应通过多与员工进行沟通，不断完善企业的管理制度，根据实际情况尽量满足员工的合理需求，减少和规避群体性劳资冲突事件的发生。

总之，B企业由于是大型国有企业，管理体制较为官僚和僵化，对企业发生的群体性劳资冲突事件管理方重视不够，采取放任、拖延、推脱责任的方式，进一步激化矛盾，造成职工一有劳资矛盾就通过集体行动的方式来与管理方对抗。

（三）地方政府主导协调

C企业为广州的一家港澳台投资企业，位于永和开发区，拥有员工200人，是专业生产设计及销售各类建筑装饰材料的建筑制造企业。

C企业三年来共发生群体性劳资冲突事件10起，参与的人数从几人、几十人到上百人不等，参与群体性劳资冲突事件以员工为主体。冲突的表现形式有上访、游行、停工和罢工。引发群体性劳资冲突事件的原因主要是员工的经济诉求，其一，因企业亏损，拖欠员工工资，对员工的承诺在员工完成任务后不予以兑现。其二，企业迁厂时在劳动合同解除、经济补偿金及员工社保问题上未能与员工达成共识。没有按要求兑现给予员工的承诺是引发群体性劳资冲突事件的导火线。

C企业在2012年连续发生两起大规模的群体性劳资冲突事件，其解决途径都是先由员工向地方政府投诉，地方政府出面干预和协调化解劳资冲突。2012年3月，C企业辖地的广州永和街道综治信访维稳中心接到该公司员工电话投诉，称该公司"拖欠员工工资"，街道综治信访维稳中心与街道劳动监察中队介入处理这起劳资纠纷，在查实 C 公司从 2012 年 2 月起就未发放员工工资的情况属实后，责令 C 公司立即整改，C 公司在 2012 年 4 月底将拖欠的员工工资全部发放完毕。2012 年 5 月，C 企业为了改变亏损的经营现状，准备迁厂，C 企业现有的员工可以按其意愿，转签至新厂或发放经济补偿金解除劳动合同。就上述情况 C 公司连续贴出三份公告，但均在劳动合同解除、经济补偿金及员工社保问题上未能与员工达成共识。员工因此多次聚集在工厂门口，言辞激烈，表示"如果拿不到经济补偿金，就马上拉横幅堵马路，并报'今日一线'记者到场采访"。2012 年 5 月 21 日至 30 日，永和区劳动监察大队、区总工会以及永和街道出面协调，一方面反复做员工思想工作，另一方面积极与资方协调，最后促成资方与员工达成协议：资方付清全体员工 5 月前的工资；5 月 30 日，付清 108 名车间员工的经济补偿金，约计 180 万元人民币；6 月 5 日，付清 16 名文员主管的经济补偿金，约计 64 万元人民币。剩余 19 名员工的 60 万余元的经济补偿金于 10 月 31 日前支付完毕。至此，C 企业发生的群体性劳资冲突事件在地方政府和工会的协调下得到解决。

总之，C 企业发生的群体性劳资冲突事件主要是由于企业经营危机导致的，近年来发生频率较高。在表现形式上多样化，有上访、游行、停工和罢工等；在引发原因上为经济诉求，要求支付拖欠工资、进行经济补偿等；在解决方式上，以地方政府为主导，由地方政府出面组织相关部门如地方劳动监察大队、地方工会等协调劳资矛盾，最终劳资双方达成一致。

（四）通过法律程序解决

D 企业为北京的一家私营企业，位于海淀区，拥有员工 450 人，是从事餐饮服务的企业。

近三年仅发生 1 起群体性劳资冲突事件，涉及 10 人，参与人为企业职员，冲突表现形式为集体劳动争议，引起集体争议的原因主要是权利层面的，涉及员工的休息权。调查中 D 企业员工认为该企业不遵守《劳动合同法》的规定，工作时间超出法律规定的时间，侵害了员工的休息权。一位员工谈道，"我们每天不是 8 小时工作时间，通常是在 10 小时以上，节假日工作时间也不固定，虽然企业给我们发了 3 倍工资，但我们还是希望有休息休假的权利。"工作时间长、节假日工作时间不固定是 D 企业发生群体性劳资冲突事件的导火线。

这起集体争议是通过劳动仲裁委员会仲裁解决的。D 企业表示将来要严格按劳动法律制度执行，合理安排员工的工作时间，进一步规范企业内部的规章制度并加强与员工的沟通。

总之，D 企业的群体性劳资冲突事件发生频率较低，表现形式为集体劳动争议，引起集体争议的主要原因是权利之争，解决途径是在法律框架下通过仲裁程序得到解决。

（五）采取合作策略

F 企业为大连的一家日本独资企业，位于大连开发区，拥有员工 1200 多人，主要生产高精密生产零部件，企业有较好的发展势头。

F 企业近三年发生过 1 起群体性劳资冲突事件，冲突的表现形式是罢工，引起罢工的主要原因是：一是员工对工资的涨幅不满；二是不满企业为了降低用工成本，实行劳务派遣用工制度，对劳务派遣工同工不同酬。由于企业平时有较好的员工关系以及罢工后企业积极与工人代表进行协商，罢工只持续了一天，第二天就全面复工了。

F 企业在 1994 年、2005 年大连开发区发生两次大规模罢工事件的情况下，未发生过群体性劳资冲突事件。通过调查，发现 F 企业对工会采取合作的策略，工会在协调劳资冲突方面发挥了重要作用。F 企业是大连开发区最早成立工会、设立专职工会主席和最早开展工资集体协商的企业之一。F 企业工会积极履行员工代表的职责，维护员工合法权益、关爱员工，企业工会既得到资方的认可，也得到员工的信任与承认。F企业的产品和生产过程对工人的技能要求相对较高，F企业提供给员工的薪酬待遇也是整个大连开发区最高的，F企业为员工提供了有竞争力的薪酬福利。除此之外，F企业还给予员工较多的关怀，让员工有认同感和归属感，如为员工统一定制皮鞋；发起为女职工购买头巾，在食堂安装热水器方便女职工用水等关爱女职工的行动；设立困难职工补贴等。为了让员工充分发表意见，企业制定了三项对话制度，即"工会与总经理对话制度""职工代表与总经理对话制度""职工与总经理对话制度"，这三项制度为劳资双方搭建了沟通平台。F企业还开展"金点子大王"的评比活动，收集和处理员工的合理化建议。然而工会代表职责的履行，对员工的关爱，良好的沟通并没有完全化解员工的集体诉求，2010年在大连开发区发生第三次大规模罢工事件时，F企业也发生了罢工，但由于有较好的员工关系以及工会在沟通协调中发挥了重要的作用，劳资双方很快协商一致，罢工停止。

总之，F企业劳动关系较为和谐，2010年发生的1次短暂罢工，权利诉求与利益诉求并存，企业在处理方式上采取了合作的态度，积极与工人对话沟通并充分发挥工会的作用，再加上企业建立了良好的劳资合作机制，如三项对话制度、集体协商制度等，劳资矛盾及时得到沟通和化解。

综上，通过采用深度访谈的方法，对调查的6个典型案例进行了较为深入的分析，可以看出，近年来各种企业性质企业的群体性劳资冲突事件数量上呈上升趋势，表现形式上以罢工为主，其他包括上访、静坐等多种形式。引发原因主要为经济利益之争，也存在精神层面的不满。从冲突的本质来看，当前各类群体性冲突事件表现出权利之争和利益之争并存，但有权利之争减少、利益之争增多的趋势。从冲突的解决方式来看，有采取压制手段干预、采取放任的方式、政府主导协调、通过法律途径解决以及采取合作策略等解决类型。

第五节 小结

本章在准确界定"群体性劳资冲突事件"概念的基础上,从立体视角对我国群体性劳资冲突事件开展研究。一是从横向比较的视角即静态视角,利用现有统计数据、文献、报刊资料,采取多案例分析和文献分析的方法,从全国范围内各个离散的群体性劳资冲突事件来分析、归纳和总结群体性劳资冲突事件的特征。二是从纵向比较的视角即动态视角,利用现有统计数据、文献、报刊资料,从群体性劳资冲突事件发生的时间维度和历史发展轨迹,分阶段地分析、归纳和总结群体性劳资冲突事件在历史变迁中的特征和趋势。三是通过横向和纵向两个分析视角,分别从静态和动态两方面,以现有文献为基础,从整体上深入分析我国群体性劳资冲突事件的特点及趋势,通过课题调研和访谈的案例,对我国群体性劳资冲突事件开展实证研究,进一步印证前述的分析。

我国群体性劳资冲突事件呈现以下静态特征,即数量上"高位化",影响范围上"扩大化",时间上"短期化",引发原因上"复杂化",冲突形式上"多样化",对抗程度上"激烈化",发生模式上"自组织化"。从动态发展趋势来看,数量上呈波动的上升趋势;从冲突的本质上看,权利之争和利益之争并存,但有权利之争逐渐减少、利益之争逐渐增多的趋向。从解决方式来看,企业方的策略有从压制到避免再到合作的发展趋势;劳方的解决方式有从非理性的对抗到理性、合法对抗的转变趋势。

第三章　群体性劳资冲突事件形成机制研究

本章在前文深入分析我国群体性劳资冲突事件特征和趋势的基础上，采用多学科交叉的视角，分别从经济学、管理学、社会学、政治学以及劳动科学的角度较为深入地分析我国群体性劳资冲突事件的形成机制，旨在解决群体性劳资冲突事件形成的理论问题。

第一节　从经济学视角——基于博弈理论的形成机制

出现群体性劳资冲突现象是社会发展过程中的必然现象，也是社会矛盾的自我释放和纠正，其冲突的本质无非是各方之间博弈未能以合作形式存在，因此博弈论的发展为理解群体性劳资冲突提供了一种新的视角。劳资冲突一方的行动策略是以对方的行动或其预期为依据，而博弈论正是描述这种互动关系的一个有力工具。

劳资双方的冲突关系可以用博弈论语言进行概括。一是冲突主体在博弈论中通常称作局中人（Player），其各自目的是通过行动的选择（Action）以达到自身效用水平的最大化，即支付（Payoff）；二是冲突各方均有影响所有其他方支付的战略集（Strategy），也叫行动规则，有时策略是混合型的；三是局中人对博弈中其他局中人的行为特征的知识,即信息(Information);最后,达到一个最优战略组合,即均衡(Equilibrium)。

一 "非合作"博弈模型

博弈论仍坚持主流经济学中关于经济人的假设,由于经济人天然具有以自身利益最大化为目标的思想,因此劳资双方由于最大化利益之间的冲突而导致劳资关系上的冲突与摩擦。因此,本研究认为劳资冲突具有天然性,可借助博弈论中的囚徒困境模型来解释。假设不受外部环境影响,劳资双方的博弈可由表 3-1 中的双变量矩阵模型来阐述。

表 3-1 "非合作"博弈模型

		资方 K	
		合作 S'_k	非合作 S''_k
劳方 L	合作 S'_l	(10, 10)	(2, 12)
	非合作 S''_l	(12, 2)	(4, 4)

在上述劳资双方的博弈过程中,局中人集合为(K, L),S_i(S'_i, S''_i)表示可行策略集,括号内数字用 Y_i(Y_L, Y_K)表示,即参与人的收益函数。劳方的策略是,第一种情况,如果资方采取"合作"行为,则劳方如果同样采取"合作",此时劳方收益函数 Y_L 为 10 个单位;而如果采取"非合作"策略,则劳方收益 Y_L 为 12 个单位,因此对劳方来说,采取"非合作"的选择成为其追求利润最大化的最佳策略。第二种情况,如果资方采取"非合作"行为,劳方采取"合作"的收益 Y_L 为 2,而采取"非合作"时,劳方收益 Y_L 为 4。因此无论资方采取何种策略,对劳方来说,"非合作"是其占优策略。其结果只能导致该博弈模型的均衡解为(非合作,非合作),收益函数为(4,4)。在现实经济生活中,非合作发展到一定程度就会产生劳资冲突。如果是发生于大多数员

工与雇主之间,则可能会发生群体性劳资冲突事件。

二 "刀锋上的合作"博弈模型

但实际上,劳资双方并不是经常表现为冲突这种严重对立局面,而是建立在约束机制上的稳态。博弈的劳资双方都能意识到不合作将最终导致两败俱伤,对谁都没有好处。虽然有众多不尽如人意的地方,但仍能维持基本的合作关系。同样假设不受外部环境影响,此时劳资双方博弈可由表3-2中的矩阵来描述。

表3-2 "刀锋上的合作"博弈模型

		资方 K	
		合作 S'_k	非合作 S''_k
劳方 L	合作 S'_l	(12, 12)	(2, 10)
	非合作 S''_l	(10, 4)	(2, 4)

此时,双方博弈过程为,先看资方"合作"时的情况,劳方选择合作;再看资方选择"不合作"时,劳方有两种选择,收益都一样。由于劳方选择"合作"时收益函数有可能更大(发生于当资方选择"合作"时,模型中存在这样的概率事件),因而此时劳方倾向于"合作"。同样逻辑也可运用于对资方的分析。因此,此时模型产生双方"合作"的倾向。但这种倾向似乎很脆弱,如果劳方未能等到资方"合作"概率的出现就率先发难,那就有可能导致资方也采取"非合作"策略。此模型未能得出均衡解,合作的出现只能依靠劳资双方不断试探才能实现,在现实中实现难度比较大,因此称之为"刀锋上的合作"。

三 "稳态合作"博弈模型

还存在一种理想博弈模型,其中存在一个有利于双方的稳态均衡解,则此时劳资双方都选择合作。此时的博弈情况可由以下矩阵来表示。劳资双方形成新的纳什均衡，模型有解，双方都选择"合作"。

表3-3 "稳态合作"的博弈模型

		资方K 合作 S'_k	非合作 S''_k
劳方L	合作 S'_l	(12, 12)	(5, 10)
	非合作 S''_l	(10, 8)	(2, 4)

从以上三种情况的讨论可以发现，导致劳资博弈双方冲突的最根本原因还是模型的收益函数。如果将上述三个模型的顺序依次颠倒就可发现收益函数的冲突最终导致劳资双方的冲突。如图3-1所示，"稳态合作"受外力作用可能转化为"刀锋上的合作"，并进而滑落至"非合作"，由虚线所标。反向亦然，"非合作"博弈也可能因为环境的转变而上升至"刀锋上的合作"，并进一步到达"稳态合作"，由实线所示。在现实社会中的群体性劳资冲突、罢工等现象背后，说到底还是收入过低或分配不公。正是由于对利益的最大化预期未能实现，导致劳资双方存在冲突隐患。

图3-1 三个博弈模型的关系

四 结合实际的理论解释

根据前述论证，劳资冲突经历了三个博弈过程，呈现逐渐演化的态势，而且三个博弈之间的转化需要一些条件才能完成。而最重要的是研究如何让稳态合作博弈成为可能。其实这在博弈论理论框架内也能找到解决途径,就是重复博弈。上述三个博弈均为静态的,而如果博弈是长期的或动态的,不是止于第一期,则根据重复博弈理论,如果将来能看到希望,或有明确的诺言及威胁,即使在有限重复博弈中也可能产生合作的占优策略。因此在长期中劳资双方可以保持合作关系。现在的问题是如何让劳资关系保持长期性。在现实世界里,无限重复博弈并不存在,但如果一项制度能让劳资双方着眼于长期而不是仅限于一次性合作,则必然能增加劳资双方合作的概率。

现实世界里股权激励是一种存在重复博弈功效的制度安排,其通过有形的规则使劳资双方的博弈周期拉长,形成重复博弈,而且若在可预见的未来能收获比较大的利益,劳方将选择合作,而资方也必将选择合作,因为在长期博弈中资方一旦选择非合作,此时收益将大大小于合作时的所得。另外,雇员终身制(如日本)也是能促使劳资双方形成合作博弈的制度安排。由于终身制使得劳资双方博弈长期化,且单方不合作的代价或惩罚相当大,因此博弈能产生合作解。

由于社会性质、经济结构及人力资本等方面因素导致大量用工以短期形式存在,尤其是大批农民工或工厂一线普通工人流动性相当大,年际变换率较高。根据以上理论,不难理解发生于经济大省广东的影响较大的几次群体性劳资冲突集中于此类性质的工人。由于劳资双方只存在短期关系,相当于一次性博弈,因此结果往往得到囚徒困境中的纳什均衡,发展到激烈程度,从而引起群体性劳资冲突事件的发生。

综上,通过运用博弈论对群体性劳资冲突的分析得出,决定博弈双方产生冲突动机最根本的是收益函数的大小。由于在一次性博弈中,劳资双方容易出现囚徒困境式的决策选择,发展到一定程度就爆发群体性冲突。但如果将博弈延展至长期,以及可观未来收益或惩罚,即使在有限重复博弈中双方仍能选择合作。因此在现实操作中,应鼓励劳资双方在公平基础上签订长期合同,倡导企业加强长期激励机制的建设，在有条件的企业里，设置符合自身情况的长效激励制度并以公司法规形式公布。归根结底，为预防和避免群体性劳资冲突事件的发生，要以建立长期稳定的劳资合作为目标。

第二节　从管理学视角——基于自组织理论的形成机制

由于群体性劳资冲突事件表现出一定的组织特征，从发生的大规模劳资冲突事件来看，通常是因为绝对利益与相对利益的不平等待遇，员工们产生了相同诉求及感情认可，因而有时集体罢工并不一定需要外部指令，而是员工个体之间的默契，因此容易出现个别带头人一呼百应的现象，羊群效应在此处得到很好的发挥。近年来的群体性劳资冲突事件中，有一个重要特点就是冲突事件均是自发的，既没有工会在其中领导农民工与资方进行斗争，也没有个别农民工在其中充当领导者，他们多是偶发性地集合在一起（杨正喜，2008）。

这种在没有外界施加特定作用和影响，系统可以依靠自身内部的相互作用趋于稳定，或相互默契的某种规则，各尽其责又协调自动地形成有序结构的，就叫自组织（蒋同明、刘世庆，2011）。根据普利高津的耗散结构理论，自组织系统通常具有灵活性、可扩展性、容错性和自适应性等特征（蒋同明、刘世庆，2011）。

一　自组织模型的建立

群体性劳资冲突事件的发生类似于自然界中种群的增长，即在一定时空下冲突的劳方数量逐渐增加的过程。因此，可以用Logistic方程来形容并得出重要结论。1938年，荷兰生物学家弗胡斯特（P. F. Verhulst）提出了马尔萨斯（Malthus）关于自然增长的模型（龚军辉，2008）：

$$\frac{dN}{dt} = rN\left(1 - \frac{N}{K}\right) \tag{1}$$

这就是描述自然增长率的 Logistic 方程，其中 K 为环境容纳量，N 为集体中参与人的个数，t 为时间，r 为个数的增长率。展开后的第二项为约束项 $r\frac{N^2}{K}$，可能由于观念及条件不同，导致参与人数不可能无限制增加。（1）式可转化成其积分形式：

$$N_{(t)} = \frac{K}{1 + ae^{-rt}} \tag{2}$$

通过简单替换，可以得到：$a = \frac{K}{N_{(O)}} - 1$，将其代入公式（2），则得：

$$N_{(t)} = \frac{K}{1 + \left(\frac{K}{N_{(O)}} - 1\right)e^{-rt}} \tag{3}$$

之所以转化成（2）式，是为了说明如果不采取协调措施，自组织的规模可能会达到最大，因为在模型（2）中，当 $t \to \infty$ 时，$N \to K$。而且当 $0 < N_{(O)} < K$ 时，$d\frac{N_{(t)}}{t} > 0$，此时 $N_{(t)}$ 曲线为单调递增。为了更精确地描述 $N_{(t)}$ 曲线，对（1）式再次求导，得：

$$\frac{d^2N}{dt^2} = r^2 N\left(1 - \frac{N}{K}\right)\left(1 - \frac{2N}{K}\right) \tag{4}$$

因此，当 $N < \frac{K}{2}$ 时，$\frac{d^2N}{dt^2} > 0$，曲线 $N_{(t)}$ 呈下凸趋势；当 $N > \frac{K}{2}$ 时，$\frac{d^2N}{dt^2} < 0$，曲线 $N_{(t)}$ 呈上凸趋势。

根据以上对曲线 $N_{(t)}$ 的证明，可大致画出其图形（见图 3-2）。

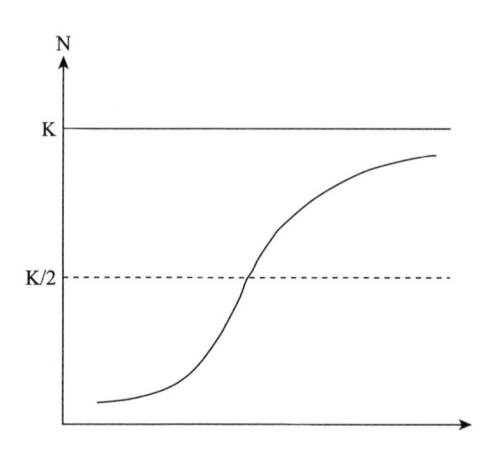

图 3-2 群体性劳资冲突自组织发展演化趋势

二 模型对群体性劳资冲突事件形成机制的解释

从上面对自组织方程的分析并结合演化曲线可知，在不加干涉的前提下，劳资冲突规模将随时间的推移呈现曲线增长趋势。当时间趋向于无穷时，冲突中个体数量将接近于极限值。从整个曲线的发展轨迹来看，整个冲突过程可划分为初始期、扩张期及成熟期。

在初始期，由于存在引致冲突的客观性因素，当潜在不合作情绪发展到一定程度，在偶然事件的刺激下劳方员工容易采取集体冲突行为。在此阶段，许多参与人都是受到他们影响而自愿加入群体行为。这种集体性行为究竟在何时、何地，及以什么方式发生，都带有一定的偶然性。"停工""罢工""游行""静坐""上访""破坏财物"及"堵马路"等集体行为都曾发生过。由于突发性较强，初始期参与人数有限。因此，曲线刚开始表现平缓上升趋势。

在扩张期，在缺乏有效协调机制的外力干预下，初始期的偶然性集体行为规模逐渐扩大。冲突成员自身也逐渐成长起来，个体之间的合作与默契更加深入。在这个阶段，或是出于周边个体的无形压力，或是觉察到集体行为的巨大力量，或是发现事件的社会影响功能，导致冲突一方期待增多，其数量也急剧增加，因此往往表现出失控性、狂热性和失范性。此外，这种扩张性不仅表现于某一事件中，还有可能发生于一系列行动中。比如，2011年11月3日重庆出租司机集体停运，直接引起同月8日湖北荆州数百名出租车因加气难停运，同月10日海南三亚200多名出租车司机聚集行为，及同一天的甘肃永登县280辆出租车中的160辆罢工，还有后续的云南大理、广东汕头及黑龙江牡丹江等出租车司机停运事件。

在成熟期，冲突一方规模接近于全体。与前两期不同的是，此阶段个体成员表现出参与自主性和"专业性"。这一时期工人的自组织性特征表现较强，组织化程度不断提高。绝大多数工人加深了自身共同特质及利益诉求的认知，因此对冲突的支持也由他人影响转为自觉参与。

三 基于自组织理论的启示

自组织理论研究的是复杂系统，其关注复杂系统演化所表现出来的多样性和复杂性背后的基本科学问题（许立达，2011）。具体到本研究中，若需缓解群体性劳资冲突现象的发生态势，必须减少某些关键性偶然事件的发生。现实中，有些群体性冲突缘于某一阶层员工的当月工资比上月有一定幅度的减少，又缺乏合理解释与说明，最终导致冲突的发生。作为资方应该合理处理问题。另外，在冲突发生之后，应有一种公正及公信力比较强的组织进入协调，可以避免事态的进一步扩大。作为社会治理者的代表——政府理应转变思路，采取多种途径进行救急，而不是一味地管制。正如图3-2曲线所示，如果处理及时得当，冲突有可能终止于初始期的规模，而达不到极值。

综上所述，在运用自组织理论对群体性劳资冲突进行研究后发现，自组织性普遍存在于中国的群体性劳资冲突事件中，而且通常是由一些偶然性事件开始引发大规模的冲突。如果得不到恰当处理,将循着不断扩张及成熟的线路发展下去。因此,解决群体性劳资冲突需要避免一些偶然事件的发生,并在该事件发生之时做好相应工作。一方面,要构建有效的劳资双方沟通对话机制或平台。由于信息不完全等客观不利情况的存在,导致劳资双方不信任危机的加深,但相当一部分积怨完全可以通过沟通对话平台化解。其中关键一条还是要加强职工工会的协调职责,加强工会组织独立性建设及工会在员工中的信任度,使工人形成"有事找工会"的心理反射。另一方面,要加强政府在劳资纠纷预防及处理中的作用。政府是由民众推选产生处理社会关系的最后中间人,具有公平公正地对待及处理劳资双方的义务。但实际上,许多群体性劳资冲突事件正是民众在与资方交涉无果且向政府求助无门的情况下,而采取了以极端的冲突寻求解决方案的形式。因此,政府应加强《劳动保障监察条例》的执行力度以做好预防,以及慎用国家公检法之利器以理性心态处理人民内部矛盾问题。

第三节 从社会学视角——基于集体行动理论的形成机制

群体性劳资冲突是一种始于雇佣关系但随后产生激烈矛盾的集体行为。劳资双方是以稳态的合作关系为正常现象,而稳态的瓦解直接导致两者效用的损失和成本的增加,因而对于理性的劳资双方来说,都不愿意出现鱼死网破的规模性冲突。近几年来劳动者一方之所以发起众多群体性劳资冲突,说明打破稳态成为他们的占优决策。除了博弈论外,奥尔森的集体行动理论也比较完整地解释了群体行为的产生机制。本研究参考了李政军(2010)对集体行动理论的模型化阐述。如果把群体性劳资冲突事件后的收益看成一种公共产品,那么个体行为就有产生"搭便车"的冲动,导致规模扩大。

一 集体行动模型构建

集体（公共）物品的生产满足一般成本理论，所获集体物品的水平或比率（T）是成本（C）的函数。从集体物品中获得的集团总收益（V_g）取决于T与集团的规模（S_g），因此$V_g = S_g T$。集团中的个人从公共物品获得的收益同样取决"个人成员的规模（S_i）"，即他从一定水平的集体物品中的获益程度，以及集体物品水平（T），可表示为$V_i = S_i T$。根据集体物品的集团收益与个人收益函数，可以得出：

$$V_g = \sum_{i=1}^{n} V_i = \sum_{i=1}^{n} S_i T = T \sum_{i=1}^{n} S_i = S_g T \quad (1)$$

令$F_i = \dfrac{V_i}{V_g}$代表个人收益占集团收益之比，则$\sum_{i=1}^{n} F_i = 1$，因此，集体中的个人i从集体物品获得的收益V_i可进一步表示为：

$$V_i = F_i S_g T = F_i V_g \quad (2)$$

集团作为一个整体，集体物品的数量达到最优的条件为集团边际收益与边际成本相等，即$\dfrac{dV_g}{dT} = \dfrac{dC}{dT}$。任意个人$i$从一定数量的集体物品中获得的效益$A_i$等于个人收益$V_i$减去成本$C$，可表述为：

$$A_i = V_i - C \quad (3)$$

则个人提供集体物品的最优条件为：

$$\frac{dA_i}{dT} = \frac{dV_i}{dT} - \frac{dC}{dT} = 0 \quad (4)$$

将（2）式代入（4）式，得：

$$F_i \frac{dV_g}{dT} = \frac{dC}{dT}，\text{或者}\ \frac{dV_g/dT}{dC/dT} = \frac{1}{F_i} \quad (5)$$

方程式（5）说明，当集团边际收益率乘以个人份额等于边际成本时，个人得到的集体物品数量达到最优。或集团收益增加率 $\dfrac{dV_g}{dT}$ 必须超过成本增加率 $\dfrac{dC}{dT}$ 的 $\dfrac{1}{F_i}$ 倍，即 $\dfrac{1}{F_i} = \dfrac{V_g}{V_i}$。

从收益角度来看，小集体更能有效地形成一致行动以增进共同利益，此理论有时也称为小集团理论。将个人收益函数和（1）式代入 F_i 的定义公式，可得到：

$$F_i = \dfrac{V_i}{\sum\limits_{i=1}^{n} V_i} = \dfrac{S_i T}{\sum\limits_{i=1}^{n} S_i T} = \dfrac{S_i}{\sum\limits_{i=1}^{n} S_i} \tag{6}$$

根据（6）式结果可见，影响 F_i 的因素有两个，一个是个体成员的规模 S_i，另一个是集团规模，即成员总数 n。在个体收益相等的情况下，（6）式呈现特殊形式，$F_i = \dfrac{1}{n}$。将其代入（5）式，则有：

$$\dfrac{1}{n} \cdot \dfrac{dV_g}{dT} = \dfrac{dC}{dT} \tag{7}$$

从（7）式中可以看出，集体规模越大，S_i 就越小，个人从群体提供的公共物品得到的收益$\left(\dfrac{1}{n} \cdot \dfrac{dV_g}{dT}\text{代表个人收益}\right)$就越少，因此其对公共物品的贡献$\left(\dfrac{dC}{dT}\text{代表个人成本，即贡献}\right)$就越少。当 n 趋于无穷大时，个人从公共物品中只能得到零收益，因此导致个人对其的贡献也为零，从而说明集体行动不可能存在。

奥尔森认为，囚徒困境中由两个罪犯组成的小集团之所以选择不采取合作行为，不提供"公共物品"，是因为两个囚徒被警察隔离开了，不能相互沟通，这时的警察可以理解为一种额外的特殊环境。他还进一步指出，小集团可以生产集体行动的逻辑适用于任何相关方能进行相互沟通并达成执行协议的情况。奥尔森还认为，小集团中可能会出现不成功的协调，从而导致小集团无法提供集体性公共物品。但从长期来看，小集团中的所有成员不可能永远犯类似的错误。针对"三个和尚没水喝"谚语，该理论的解释是，三个和尚暂时没水喝，可经过长期沟通商讨、相互妥协，也能达成一致的行为协议构架。

二 群体性劳资冲突事件形成机理分析

"一个处在社会急剧变动、社会体制转轨的现代之中的社会，往往充满着各种社会冲突和动荡"（萨缪尔·亨廷顿，2008）。当前中国发生的群体性劳资冲突在很大程度上是一种民间性质的劳动群体性抗争行动。工人们的自组织性非常强，集体行动的组织化程度不断提高，如东航"集体返航"事件、广东南海"本田停工"事件。中国的群体性劳资冲突不同于西方社会中时常发生的有组织的罢工，之所以表现出较大的组织性，最主要的原因是因为他们处于同一组织结构，形成一个小集团，人数有限，规模相对较小，共同的利益诉求比较清晰。根据小集团理论，此类条件较容易形成群体性行动来争取公共物品的收益。另外，在某一地区内某一行业集体内的员工由于其所处社会地位及面临的经济状况高度一致，类似规模有限的小集团，因此具有较强的共同利益诉求，如重庆出租车司机罢运事件，及此后各地（如杭州、吉安）发生的出租车罢工事件。在各行业中，出租车行业率先形成集体性行动，也与出租车司机的自由性较强有很大关系，他们容易形成大范围的信息交流和一致想法。这种特殊的工作性质不仅容易形成自组织，而且模仿功能比较强，这也就解释了重庆出租车司机罢运之后，各地出租车司机群起而效之的原因。再者，企业或其中部分有共同利益的员工形成"小集团"，目前发生群体性劳资冲突的国企可能在处理某一部分职工群体的利益时存在严重不合理，从而导致该小集团形成群体性行为。身处同一个企业内的员工具有天然的联系纽带，其中同一层级的职工具有更强的组织性。因此，无论是吉林"通钢"事件还是河南"林钢"事件，抑或是广东南海"本田停工"事件，都是发生于单一企业内。目前各地所发较大规模的群体性劳资冲突并未出现企业之间串联的情形。因此，可以总结，近期中国各地发生的群体性劳资冲突事件系属小集团性质的集体行动，由于缺少西方社会式工会组织，多地区、多企业的大面积群体性劳资冲突还不可能出现。

朱力（2009）认为，群体性事件大致遵循"冲突源—主体利益受损—主体挫折感产生（主体心理不满意感产生）—否定性言语产生（牢骚、怪诞、气话）—否定性行动产生（对其他个体、群体或政府的反抗）"的逻辑。据观察，大量群体性劳资冲突事件也基本上按上述逻辑发展。根据集体行为理论，$\frac{dV_g}{dT}$ 大于成本增加率 $\frac{dC}{dT}$ 的 $\frac{1}{F_i}$ 倍时，个人获得公共物品的数量才达到最优，从而集体也能获得最优的公共物品。因此，任何一项群体性劳资冲突必始于行动方收益的受损，但具有利益关系的劳资双方并不一定以群体性冲突为必然结果，两者之间是充分但不必要的关系。之所以客观上发生了如此多数量的群体性劳资冲突是因为在事件发展过程中存在多种变量以及不合理处置。

小集团是导致群体性劳资冲突的规模上的因素，另外两个指标——时间与无序在群体性劳资冲突事件中发挥着重要作用。在小集团构架内，从成本角度来看，$c_i = f(C_s, T, t)$，其中 c_i 为冲突被成功解决所需成本，C_s 为社会成本，T 为集体物品水平，t 为时间。因而得到：

$$\frac{dc}{dt} = \frac{df}{dC_s} \cdot \frac{dC_s}{dt} + \frac{df}{dT} \cdot \frac{dT}{dt} + \frac{df}{dt} \tag{8}$$

其中，集体物品水平 T 与时间 t 无关，因此，(8) 式可以简化为：

$$\frac{dc_i}{dt} = \frac{df}{dC_s} \cdot \frac{dC_s}{dt} + \frac{df}{dt} \tag{9}$$

(9) 式说明了成员个体成本 c_i 与社会成本 C_s 及持续时间 t 有关。又根据系统熵理论，当系统与外界缺乏有效信息交流时，无法产生规则有序的"负熵"，从而导致其内部的"正熵"，即无序性，将逐渐累积。因此，$c_i = c_0 + AC_s^\theta t^\rho$ （$1 < \theta, \rho < \infty$），具体如图 3-3 所示特征。在无序不断扩大的过程中，建立规则有序的社会成本逐渐增大，从而导致解决成本成倍增加。

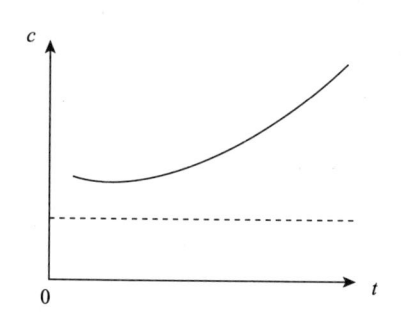

图 3-3 集体行动理论中冲突成本函数

据财经网记者调查，在吉林"通钢"事件中，自 2005 年 10 月民营企业建龙集团正式介入通钢重组到 2009 年 7 月，两方一直未能就股权问题达成一致（邓益辉，2009）。其间还经历了建龙集团短暂退出后又重新获得控股的曲折历程。这次政府主导的国企改制引入了民营资本，造成通钢员工集体普遍性心理恐慌，而且政府部门与企业都未能提供一个公开的明确说法。事实上，建龙集团在对通钢集团的增资扩股承诺书中指出"通钢集团注册地、纳税地永久不变，员工不裁员、不减薪，增加员工收入并逐年提供内退职工待遇"。根据热力学第二定律的结论，在实际发生过程中孤立系统的熵值增大，当缺少外界力量作用的情况下，系统内的"正熵"——无序性就不断扩张。"通钢"事件的发生很大一部分原因就是当事人之间缺乏透明的信息交流机制，将受损主体抛掷一边，任由系统的熵值持续累积。

三　集体行动的社会心理分析

在一些特殊情境中，公众会产生一些不受通常的行为规范约束的、自发的、难以预测的群体行为方式。社会心理学认为，实施集群行为的当时的心态称为集群心理，由于其具有不可预测性，因而比较容易走向极端化。集群心理是一种相当奇妙的事物，在事物向好的方面发展时，它往往表现出缓慢成长机制；而在滑向消极时，它具有极大的自我膨胀功能。因此，这种集群心理在群体性事件中起到催化剂的作用，增加了群体性事件发生重大恶性后果的可能。群体性中的弱势群体在社会心理的潜在影响下，可能对一些资源受损、分配不公产生严重的相对剥夺感。只有体验到不公平时，社会才比较有可能导致不满情绪。因此，在任何一个社会集体里，每一个成员都要面对不同形式的资源剥夺，但并不一定就能导致群体性社会事件。在"个体—集体—事件"逐步升级的过程中，社会条件起到相当关键的作用。

中国的改革开放为社会民众带来了丰富的物质生活，人民的生存条件有了很大改善，改变了长期以来的短缺经济。但在这一以增长为中心的重大历程中，由于改革政策的不当或政策的忽视也造成大量社会不公平现象的产生，众多弱势群体未能享受到应得的改革成果。由于体制内的原因造成的贫富差距对社会心理的刺激已经相当强烈。在缺少民主问责的环境下，权钱勾结已严重造成社会普遍性的"仇富、仇官"的恶性心理。近几年发生的众多食品危机案例又一次将缺乏商业道德的资方罪恶重新提及。在这一系列负面事件的暗自引导下，社会集群心理对正义的认知已经十分脆弱，容易将事件笼统化，从而失去理性辨别好坏的心态。这对于那些通过合理途径或方式诚实工作取得收益的一部分社会成员造成潜在威胁。

公平的足球比赛中，输的一方即使多么不情愿也会无条件接受失利结果，此时不可能发生群体性事件，因为没有合法冲突源。

但如果是因为裁判的不公,或有人打假球,有了冲突源,就可能会造成一方公众的不满情绪。而如果当时受损群体中有一人遇到被打、污辱等类似情况,社会心理立刻变得有利于群体一致作为。现实中会发生足球流氓冲突或遭报复等事情。因此除了冲突源,还有社会心理条件在作用。整个社会也是如此,当冲突源在社会不满心理基础的催化下,事态极有可能扩大。社会心理条件在群体性事件中提供了一种供其发生的社会条件。社会消极心理一旦形成,一些微小冲突源也可能酿成较大的群体性事件。

四 集体行动理论的启示

我国当前面临产业结构调整及经济发展不平衡等问题,在此过程中所发生的群体性劳资冲突实质上是一种弱势集体争取自身权益的行为。政府在推行企业改制中呈现的冒进思维也应为群体性劳资冲突事件的发生负一定的责任。在集体行动理论构架下,本研究发现,众多群体性劳资冲突事件所发生的范围有限,是一种小集团式的行为方式,并没有形成多地区多企业之间的联合行动。小集团由于人数有限、沟通顺畅且具有相当一致性的利益诉求,因而比较容易采取有利于群体的共同集体行动。当然,任何群体性劳资冲突事件的产生都始于利益冲突源,当经济及民生利益受到威胁时,群体才有可能被激发。但社会心理条件是促成群体性事件最终得以爆发的关键外部力量。当社会心理普遍怀有不信任状态时,社会所指对象的不当行为极有可能被看做一种挑衅。

从上述研究结论,得到以下启示:首先,政府在推行国企改制过程中应建立公开制度,尤其是面对恐慌的弱势群体时,应将事件的整个发展过程进行告知。只有得到群体员工的支持,改制才更有可能顺利进行。否则员工被"无知之幕"所笼罩,系统的无序性更容易累积。因此,政府应改变过去不注重群众知情权的执政思维,改变不注意群体声音的做法,真正做到以人为本。企业改制事关员工的基本生活问题,稍有不慎可能会导致不满情绪。

政府部门应在人性化理论的指导下,加强当事人之间的协调与沟通。其次,重视小集团的利益。以往的改制往往会牺牲一些局部群众的利益,改制的思维往往是大局面前小部分人的利益容易被忽视。但根据小集团理论,它更容易引发集体行动,因此在处理利益问题时,不应只关注大局,还应照顾到这些小集体的利益诉求。而且多个小集团就意味着整体,处理好各个小集团的利益问题有利于改制的成功。最后,防止群体性劳资冲突事件是一项社会工程。正因为社会心理的催化,冲突源的出现更易导致群体性劳资冲突事件。因此医治社会心理是解决社会上群体性劳资冲突事件的长远之计。当前培养良好的社会心理,应从解决体制性贫富收入差距入手,建立机会面前人人平等的社会风气。社会心理中的"公愤"思维与政府行政过程有直接关系,因此政府部门更应加强自身公信力及执政能力建设。

第四节 从政治学视角——基于抗争主体与政府、工会互动的形成机制

前几节分别从经济学、管理学以及社会学的角度阐释了群体性劳资冲突的形成机制,然而群体性劳资冲突事件毕竟是在一种政治情境中发生的,是一种可以引发另一方介入,从而在冲突行动者与诉求对象之间产生并发展的互动关系,而不是某种独立的实体(Tarrow,1996;McAdam et al.,2001)。在群体性劳资冲突发生过程中,政府是非常重要的一方,在群体性劳资冲突事件的形成和发展过程中具有非常重要的作用[①]。因此,从政治学的视角,从宏观层面解构国家或政府与劳动者群体性冲突行动的互动关系是一个非常重要的视角。

---

① 采用政治视角分析群体性劳资冲突事件形成机制时,把群体性劳资冲突事件看成一种社会运动。

一 政治机会结构理论

何明修（2003）认为政治机会结构是指"一群以国家组织为中心的变量组合，对于集体行动者形成一定程度限制与可能性，并提高或降低了动员所需要花费的成本"。根据政治机会结构理论，抗争不太可能发生于极端封闭即压制的体制或极端开放即有回应的体制，只有在封闭和开放的元素适度共存的情况下，抗争行为才会产生（Eisinger，1973）。政治机会结构的出现使得某种社会运动得以延续或获得合法性的政治空间（McCathy & McPhail，1998）。政治机会结构包含稳定的政治机会结构因素和不稳定的政治机会结构因素。稳定的政治机会结构是指一系列深刻地嵌入政治制度体系和政治文化的因素，这类因素的改变需要几十年甚至上百年时间，或者受到了革命性的冲击。不稳定的或动态变化的政治机会结构，这类结构会随着政策、事件或政治人物的变化而变化。并且，有时这类政治机会与群体行动或社会运动的直接关系并不是很明显。其开放性闭合性与行动策略之间的互动往往会影响最终的动员结果（Gmason & Meyer，1996）。因此，本节主要从微观的角度探索抗争者与被抗争者的互动过程中可能形成的某种具有因果联系的机制，从而导致群体行动的产生。

二 政治机会结构理论对群体性劳资冲突事件形成的解释

一般来讲，群体性劳资冲突行动最初只针对雇主或管理方，而行动一旦发起，政府和工会都会参与到解决群体性冲突的过程中。政府对待群体性劳资冲突的态度通常可以归为两类，一类是通过强力手段，控制抗争者，限制群体性行动发生。另一类是采取包容的态度，通过主导使工会介入调解，推动劳资双方的集体协商，以满足抗争主体的诉求，推动群体性行动政治空间出现的可能性。

首先分析政府在群体性劳资冲突行动中的角色。Gallagher（2011）认为中央政府一直致力于在经济发展的竞争力、维护社会公正以及政治控制之间找到一种平衡，主要表现在近几年出台的一系列劳动法律。政府一方面继续鼓励资本在中国的扩张，如加大招商引资力度，出台优惠政策鼓励富士康等制造业巨头，在中国许多省份与城市开设工厂，并得到地方政府的积极支持。另一方面，中央政府也在近几年出台了一系列劳动法律，如1994年出台的《劳动法》，2008年出台的《劳动合同法》《劳动争议调解仲裁法》《就业促进法》等，在政治话语上多次强调维护工人的合法权益，从而希望能够通过完善劳动制度来减少由于资本扩张所带来的劳资矛盾。然而，国家对于工人组织问题的制度安排始终未变，对于大量工人罢工权及谈判权的问题也没有极为明确和充分的立法。反而，政府更加着力积极构建、完善个别劳动关系治理和社会保障体系的相关政策与法律法规。陈峰认为中国的特殊政体衍生了国家与工人更为独特的关系，即一种国家先入为主控制工人运动的模式（陈峰，2009）。这些"先入为主"的制度安排，实际上都在一定程度避免、降低甚至瓦解了工人集体行动发生的可能性。但是，国家对工人形成结社力量不断控制，并没有遏制工人的结社力量不断地通过集体行动被展现出来。从2010年大规模罢工事件中劳方抗争主体与政府互动的行为中可以看出，这些控制性制度在国家改变应对策略的时候，为劳方团结力量的形成和在一定时间内持续提供了必要的政治空间。例如，F企业，在F企业工人发起罢工到通过集体谈判的方式成功增长工资的这个过程中，广东省地方政府的态度经历了由一开始的观望到之后干预的转变过程。最初，广东省政府对于M镇工会殴打Z科罢工工人的行为并没有公开发表任何意见，而之后，地方政府的态度却大为转变，一方面督促工会写道歉信对工人加以安抚，另一方面敦促区劳动局积极推进以劳资集体谈判的方法来平息罢工，并在最终的谈判中同意了工人罢工免责、重组工会的诉求。另外，由于F

企业罢工是广东省汽车零部件制造业代工厂的首例罢工,因此,通过处理 F 企业罢工事件积累的经验,广东省政府已经明确制定了一套有效的应对策略。广东省下属镇政府、区劳动局、区工会都参与了促成集体谈判的过程,并最终促成劳资双方通过谈判达成合意,同时不追究罢工工人的法律责任。

政府对劳方抗争主体集体行动的容忍以及对其集体诉求的满足说明劳方抗争主体集体行动的政治空间已经出现。如前所述,这种政治空间的出现取决于劳动行动主体群体行动所处的政治机会结构,政治机会结构包含稳定的政治机会结构因素和不稳定的政治机会结构因素(Gmason & Meyer, 1996)。稳定的政治机会结构是指国家在劳方集体行动相关领域已经制定了法律和政策。不稳定的政治机会结构是指地方政府在经济和政治层面的发展策略不断变化。不同地区、不同发展阶段的发展策略也不相同。以 2010 年发生罢工事件的两个典型地区广州和大连来看,广东省在 2008 年经济危机之后,开始实施以产业升级为目标的经济发展方式的转变,并且,在履行中央一再强调的各地区政府必须履行的"维稳"义务的同时,开始加强地方政府"社会治理"的功能,而恰恰是这种发展原则的转变为劳方抗争主体的群体行动的形成创造了政治机会。又如大连政府一方面强调确保建立良好的投资环境以促进经济发展,另一方面也开始强调社会稳定的重要性,在维护稳定的基础上,为了不激化劳资双方的矛盾升级,政府的策略主要依靠双向施压,推进谈判,而这也就构成了群体行动的政治机会结构。总之,在这种不稳定的政治机会结构,即不断变化的经济和政治发展策略中,为劳方抗争主体的群体行动提供了政治空间。

其次,分析工会在群体性劳资冲突行动中的角色。由于中国特殊的政治体制,工会成为政府体系中的一部分,正如陈峰(2009)指出工会的目标、策略和行为都被限制在了政府既定的界限之内,而非独立的劳动者的代表,定位于"调解者"的角色。在这样的特殊角色下,工会在群体性劳资冲突行动中的功能通常有两个，一是促进劳资双方劳动关系的和谐稳定，二是使劳资双方的集体谈判处于可控的状态；同时，劳方抗争主体的群体行为得以通过集体协商的方式，避免了群体冲突持续发展。本研究调研发现，在发生群体性劳资冲突的案例中，工会的角色基本上是在政府制定的基本原则下，以调解者的身份在劳资双方间斡旋，并促使双方通过谈判的手段来平息罢工、停工等群体性劳资冲突行为。这一角色在劳方抗争主体群体行动之初成为能够持续行动的政治机会，从而在工会与劳方行动主体、雇主的互动中产生了劳方行动主体争取权益的政治空间。而在群体行动之后，工会除了继续完善集体协商机制之外，通过加强沟通和参与能够实现对劳方抗争主体群体行动的有效预防。综上，群体性劳资冲突发生前，由于工会的"非劳方代表"的性质，使得劳资双方力量失衡，是劳资冲突无法通过制度自动调整的根本原因，这种特殊情形形成了劳方抗争主体采取群体行动的政治空间。群体性劳资冲突发生后，工会以"调解者"角色介入劳资双方集体谈判机制的建立，避免了群体性劳资冲突的扩大，又缩小了劳方抗争主体群体行动的政治空间。

总之，劳方抗争主体与政府、工会在劳资冲突调解、集体协商过程中的互动形成了劳方抗争主体诉求实现的政治空间，形成机制如图 3-4 所示。政府在与劳方抗争主体的互动过程中充当了"规则制定者"的角色，其在群体性劳资冲突行动中提供的政治机会结构分为稳定性政治机会结构和非稳定性政治机会结构。中央政府通过建立劳动法律体系对集体劳动关系进行规制，赋予集体行动权利，形成稳定的政治机会结构，为劳方抗争主体的群体行动提供了政治空间。地方政府由于在经济和政治层面采取不同的、有所变化的策略，形成不稳定的政治机会结构，近年来"维稳""和谐"的策略为劳方抗争主体的群体行动提供了政治空间。工会在与劳方抗争主体的互动过程中充当了"调解者"的角色，其在政治体制中的附属地位以及在群体性劳资冲突行动中的维稳和可控功能，使其构建的政治空间成为不稳定的政治机会结构空间。

这种稳定与不稳定并存的政治机会结构导致了政府对待和处理劳方抗争主体的群体行动的态度和方法兼具开放性和封闭性。政府既希望能够用非强力性而更具包容性的手段来解决群体行动并在一定程度上满足劳方抗争主体的需求，又试图通过合法性的方式，即主导工会介入调解，将劳方抗争主体的集体行动限制在稳定和可控的范围内。

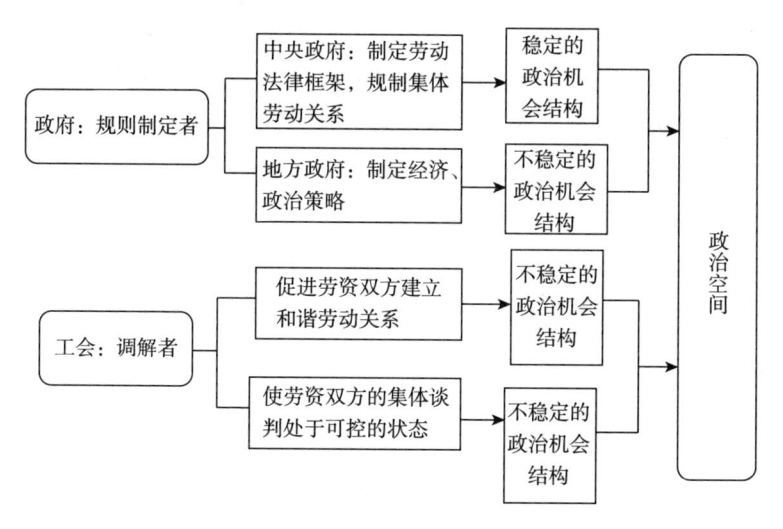

图 3-4 群体性劳资冲突政治空间的形成机制

第五节 从劳动关系学视角——基于劳动关系系统理论的形成机制

劳动关系是一个由劳动关系主体和外部环境构成的互动系统，本节从劳动科学的视角，以劳动关系学中经典的劳动关系系统理论作为理论基础，以劳动关系这一特定系统作为分析对象，研究劳动关系系统中群体性劳资冲突事件的形成机制。

一 修正后的劳动关系系统模型

本研究以邓洛普的劳动关系系统论（Dulop，1958）作为系统分析框架，并结合中国劳动关系的现实对劳动系统分析框架进行修正。邓洛普的劳动关系系统由三方主体构成，即工会代表的劳方、资方和政府。劳动关系外部环境由政治、经济、社会环境构成，在意识形态等的作用下，劳动关系主体互动，并在外部环境的影响下，经过谈判、调解、仲裁、立法等劳动关系运行过程，最终产出规则网，并形成周而复始的循环过程。而在中国劳动关系现实中，中国工会具有双重身份，一方面工会是执政党的附属组织，另一方面工会又是我国法律规定的中国劳动者的唯一合法代表，但在现实中，中国工会更像一个中立组织，代表性发挥不足（常凯，2005）。基于这一观点，泰勒、常凯等学者提出了分析中国劳动关系的本土化主体互动框架，即"三方四主体"框架。也就是说，劳方中的工人游离于国家、工会与雇主之外，成为一个独立的主体（Taylor et. al.，2003）。修正后的劳动关系系统模型如图3-5所示。

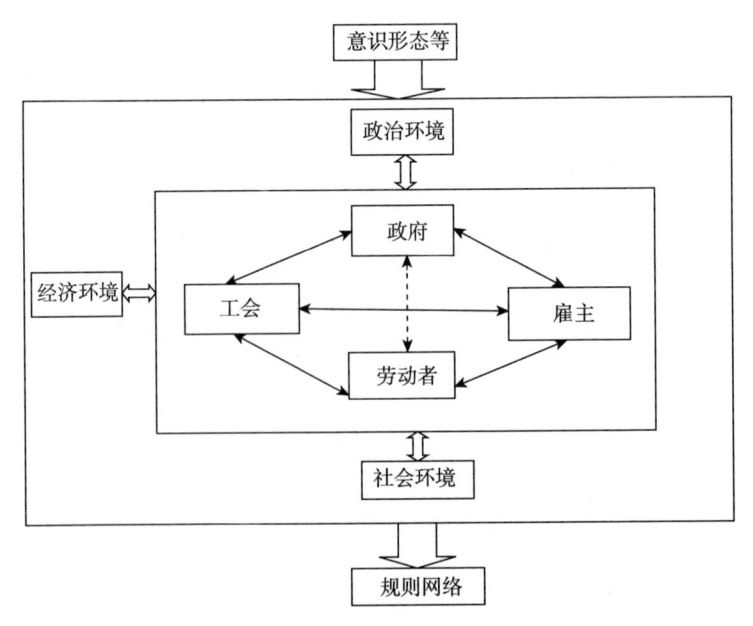

图3-5 劳动关系系统模型

二 群体性劳资冲突在系统中的形成过程与形成机制

通过理论分析和案例解析,群体性劳资冲突形成的过程如图 3-6 所示。劳动关系运行系统中劳资双方产生利益矛盾和冲突,在劳方形成集体效用结构性力量的基础上,劳方在劳动关系系统中迅速建立起包含正式组织结构、非正式组织、社会媒体、专家

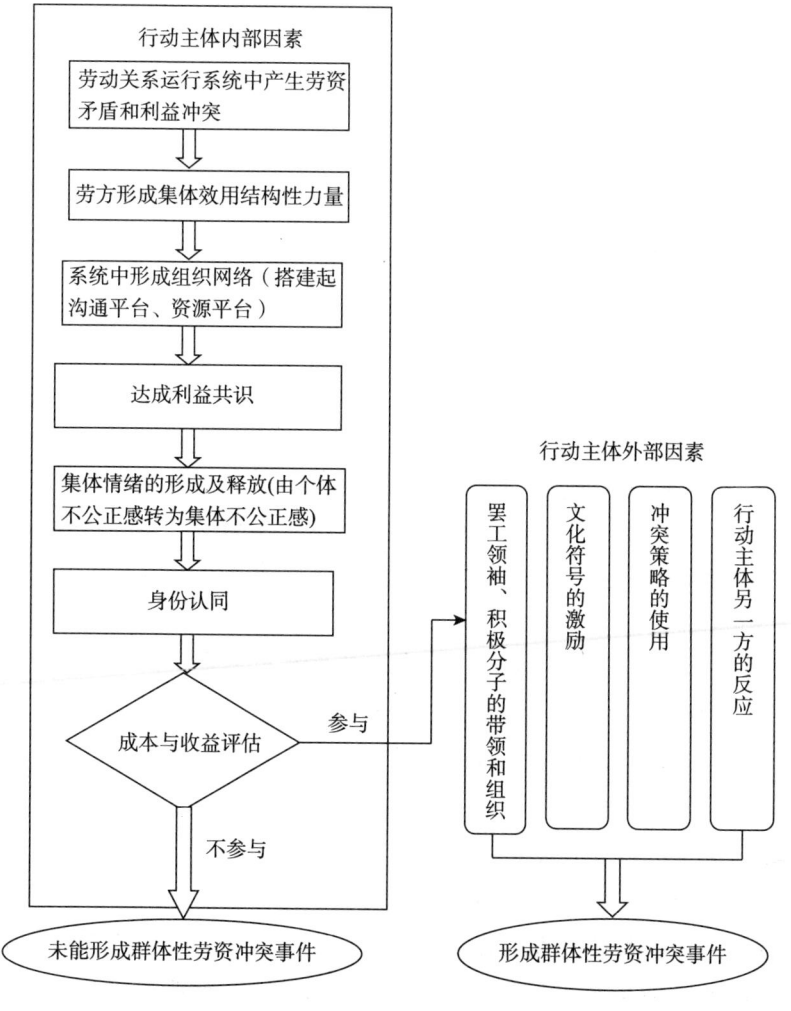

图 3-6 群体性劳资冲突事件形成的过程与机制

学者、信息技术平台在内的组织网络,劳方通过组织网络进行沟通交流,达成利益共识,并对长期积累的不公正感、抱怨和愤怒进行集体情绪释放,在达成利益共识以及集体情绪释放的基础上形成身份认同。与此同时,行动个体也会对个人得失、采取行动的成本与收益进行评估,如果收益大于风险则参与群体行动,否则退出。上述过程是行动主体的内部因素。行动主体决定参与群体行动后,在罢工领袖或积极分子的带领和组织下,通过文化符号的激励和冲突策略的使用,形成群体性劳资冲突事件。行动主体的另一方雇主或政府如果采取压制、威胁或其他激烈的对抗性行动,则会加剧群体性劳资冲突的程度。罢工领袖或积极分子的作用、文化符号的激励、冲突行动策略的使用以及行动主体另一方的反应是行动主体的外部因素,在行动主体内部和外部因素组合下,形成群体性劳资冲突行动。

(一)产生劳资矛盾和利益冲突

在市场经济条件下,劳动关系实质是劳动和资本的结合。利润最大化是资本的直接追求,而工资最大化则是劳动的直接追求,劳动关系的矛盾和冲突即由此产生。劳资双方各作为一种独立的权利主体和社会行动主体,劳资关系和谐稳定的条件是通过一种有效的劳资关系协调机制,使得劳资双方的利益关系能够达到一个平衡点。但如果劳资关系的力量或利益对比失衡,便会出现劳资冲突。劳资冲突体现为劳动者的生存权和资本的财产权的冲突(常凯,2006)。市场经济条件下,资本居于社会经济关系中的主导和核心的地位,而劳动居于从属和被动的地位。从第二章的案例分析中可看出,劳资冲突产生的一般原因,都是劳动者一方的利益或权利被侵害或其合理要求未能实现。造成劳资冲突的直接原因,一般均由劳动条件和劳动标准的争议而引发,即劳动者的劳动权益被侵害或劳动待遇过低而又得不到改善而造成。形成这种冲突通常是由于雇主在工资、工时、劳动保护、社会保险等方面未能切实执行国家劳动标准或集体合同及劳动合同约定的劳动条件，致使劳动者的权利受到侵害。劳动关系系统中出现劳资矛盾和利益冲突，单个劳动者在劳资双方利益博弈中处于不利状态，劳动者产生不公平感，成为群体性劳资冲突形成的基本前提。

（二）形成集体效用结构性力量

产生群体性劳资冲突最重要的行动主体是劳方和资方，因此要首先分析劳方与雇主在群体性冲突中的互动过程。从本质上讲，群体性劳资冲突的产生是劳资双方在成本与收益问题上的一场博弈。劳动者意识到如果雇主为了节省人工成本而拒绝增长工资，那么，劳动者就会以停工、怠工、罢工等手段让雇主蒙受更大的经济损失。这是因为劳动者在经济社会中自身掌握了越来越多的可以动用的资源。麦卡锡和扎尔德（McCathy & Zald, 1973; 1977）提出了资源动员理论，他们认为美国社会的集体行动数量在20世纪60年代蓬勃发展的根本原因是参与集体行动者可以利用的社会资源大大增加了，集体行动的开展不仅有赖于众多人员的参与，还要有效动员足够的资源。从第二章分析的大量案例可以看出，参与群体性劳资冲突的劳动者可以利用的资源主要有两方面，一方面是自身在生产或服务过程中有不可或缺的价值创造作用，另一方面是参与人数众多，导致产生无可替代性。

笔者分别对劳方拥有的上述资源进行分析，首先劳方拥有的最为普遍也是最为关键的资源就是自身在生产或服务过程中创造价值的作用，即其在维持整个生产链运行或提供整个服务中的重要作用。从前面的分析可看出，大多群体性劳资冲突事件都发生在制造业中，传统的劳动密集型的生产模式造成产品价值的创造要依靠资本与劳动力紧密的结合，一旦某一个重要的生产环节受阻，整个生产链将面临断裂的危机。一些劳动者清楚地认识到只要参与罢工的工人能够在一定时间里坚持罢工，那么不仅全厂要停产，甚至整个公司，乃至全球的生产都将难以为继。例如，2010年6月，在广东省的某日资汽车零部件制造厂，因工资偏低、对食宿条件不满等原因 400 多人参与罢工，虽然罢工人数仅占全厂的 1/3 左右，但是其停止生产的作用也非常明显，六个一级汽车配件企业停工，引起其生产链上级企业丰田公司关闭了两条装配线，一天就导致 3600 台汽车无法生产（孟泉，2012）。其次，参与群体性劳资冲突事件的劳动者自身拥有的重要资源就是参与罢工的人数众多。如果只是个别或少量的工人采取罢工等抗争形式，雇主可以轻易再招聘新的工人替代。然而，一旦采取罢工等抗争形式的人数众多，形成规模，雇主很难在短时间内找到具备罢工员工同等或相近素质的大批替代工人，即使可以，企业仍需要耗费更长的时间，通过培训等方式恢复与以往同等水平的生产效率。

综上，劳方随着自身拥有资源的增多，形成集体效用结构性力量①，在劳资双方这种成本与收益的博弈下形成议价能力，最终，劳方将逼迫雇主在面对更为巨大的成本损失面前做出妥协。

（三）产生组织网络

在劳动关系系统中，由于工会在中国的性质和特点，导致其无法真正成为劳动者的代表，组织劳动者开展集体行动。在这种情况下，劳动者只能依靠自己的力量，有效调动内、外部环境资源，在劳动关系系统中迅速自发形成组织网络。劳方形成的组织网络一般包括内部正式组织结构、非正式组织、专家学者、社会媒体以及信息技术平台五大组成部分，见图 3-7。

1. 正式组织结构

已经形成集体效用结构性力量的劳方利用组织内正式组织结构，如利益和诉求相同的同一班组、车间、部门等正式组织结构，进行集体行动前的沟通以及发布消息。课题调研中发现，群体性劳资冲突事件参加的人员主要为同一个工种的工友以及利益和诉求相同但工种不同的工友。

---

① 根据希尔弗对工人力量来源的分类，工人在生产过程中的位置属于工作场所中的谈判力量，而在劳动力市场上的优势位置属于其市场谈判力量。

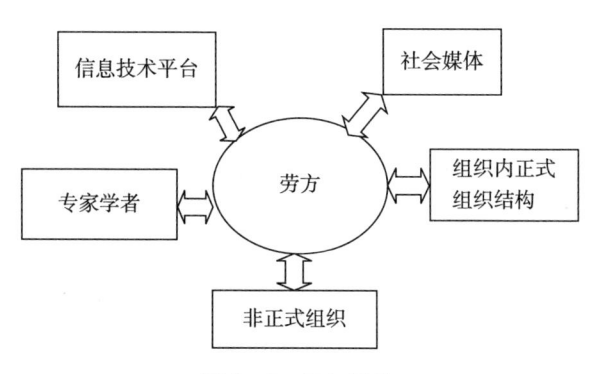

图 3-7 组织网络

2. 非正式组织

区域或企业内部的非正式组织，如同乡、同学、亲戚、朋友、舍友等也成为集体行动组织网络中的重要结构。在前文分析的 2010 年广州和大连发生的罢工案例中发现，员工都生活在同一个工业区，甚至住在相邻的宿舍。同时，有相当数量的工人在这个开发区中的几个工厂都工作过，这种经历使他们在整个工业区中建立了非常多的友缘关系。再加上，很多工人在来此工作之前就已经具备了乡缘、学缘以及亲缘的关系，使得这种非正式的人际关系网络得以迅速建立。这种非正式组织除了上述形态外，还有一些劳工 NGO 组织的参与，如 2012 年 10 月的郑州富士康工人的"集体斗殴"和罢工事件，就有国际劳动组织"劳工观察"的参与和介入。

3. 社会媒体

在该组织网络中，社会媒体也是其中一个重要的结构。从群体性劳资冲突事件案例中可以看出，媒体成为劳方争取社会舆论和社会援助支持的最重要的平台。参与群体性劳资冲突的劳方群体需要吸引社会媒体的关注和支持，这种关注和支持在某种程度上会给资方以及政府和工会造成一定压力，一方面敦促企业积极面对劳方的集体诉求，另一方面促使政府以及工会出面参与协调。同时，社会媒体的舆论导向以及对群体性行动的反馈，往往会影响群体性劳资冲突事件的发展方向和发展态势。例如，南海本田案例的罢工行动中，由于其群体行动受到了海内外多家媒体的全程关注，一方面给政府和企业方增加了压力，促使政府和地方工会出面协调，也迫使企业方坐下来与工人进行谈判；另一方面，也得到媒体的支持，为工人推荐了劳动法方面的专家和学者，帮助劳方理性、合法地化解冲突。

4. 专家学者

专家学者也成为组织网络中的重要组成部分，如一些劳动法律工作者、劳动关系专家、劳动法专家等。例如在多起农民工集体讨薪事件中，均有劳动法律专家无偿对农民工进行法律援助。又如，南海本田案例的罢工事件中劳动关系专家的介入，推动了罢工的理性解决。当南海本田汽车配件厂工人的罢工行动被资方法律顾问以违法相要挟的时候，工人通过媒体联系到某知名教授，希望能够得到他在法律方面的援助。某教授介入该企业的劳资集体谈判的过程，引导劳资双方依法、平等开展集体谈判，最终促成劳资双方在工资增长的问题上达成一致，工人复工。

5. 信息技术平台

信息技术平台成为网络组织重要的沟通结构。学者邱林川提出随着中国逐步成为全球网络社会的核心成员之一，也在孕育着有中国特色的网络劳工（Network Labor）（邱林川，2009）。群体性劳资冲突事件的迅速发起和动员极大地依赖这些现代信息技术手段，如手机短信、QQ群、微博、BBS平台、电子邮件等。现代信息技术手段已经成为劳动者表达诉求、开展集体行动动员的重要平台。例如，南海本田罢工事件中，从员工在罢工之前的动员过程来看，他们在网络上建立了QQ群，通过QQ群进行沟通和交流，很多罢工策略都是在QQ群中商定的。同时，互联网也成为他们向社会发出声音的渠道。南海本田企业16名罢工领袖联署的"公开信"就是通过网络得到了广泛的传播，使他们的罢工争取到了社会的理解、关注和支持。再如，在大连开发区某厂的罢工中，罢工工人将手机作为迅速沟通交流的手段，促进了罢工领袖与参与罢工工人的互动交流。综上，现代信息技术手段成为群体性劳资冲突行动中获取信息和传播信息的平台。

（四）达成利益共识

形成的组织网络要发挥作用，还需要劳方构建身份认同，达成利益共识。这个过程的形成通常是由于雇主违反了现有的规定导致个体（工人）的不满（Mc. Adam，1988），但工人先是长期隐忍这种不满，然后有单个或少数员工公开表达这种不满或抱怨，接着通过在工作场所或利用现代信息技术平台，如 QQ 群、电子邮件、手机短信、微博等进行交流沟通，引起更多人的共鸣，迅速达成利益共识，形成身份认同。如南海本田的罢工，先是一些罢工积极分子在 QQ 群中写下了可以表达工人对当前低工资、生活窘迫的不满的诗歌和话语，这些表达的分享迅速得到了 QQ 群中广泛的共鸣与反响。这说明低工资以及难以承受的生活压力是工人普遍面临的问题，涨工资成为工人的普遍诉求，因此通过 QQ 群中的互动交流迅速达成了利益共识。

（五）产生并释放集体情绪

由劳动关系运行系统中的劳资矛盾引发了劳资力量博弈，劳方行动主体在利益矛盾中产生集体诉求，这种利益矛盾和集体诉求形成了集体情绪的基础。Mc. Adam（1988）认为，工人通过组织网络相互沟通，在沟通的过程中，彼此之间产生了身份认同与集体情绪的释放。Collins（1990）认为，情绪在冲突中是团结的黏合剂，情绪的宣泄成为增进劳方彼此认同和力量凝聚的催化剂。愤怒、抱怨成为集体情绪宣泄的主要形式。在沟通过程中这种愤怒和抱怨的情绪相互感染，使得这种不满的情绪不断加强，到达一个燃点，一旦有人提出反抗的意见，就立刻达成一致，用较为激烈的形式与资方或管理方进行抗争。例如，某企业工人通过 QQ 群抱怨工资低、生活成本高、工作付出和回报不对等、日方管理层与普通员工工资差距大等，在 QQ 群表达对雇主和管理层的不满，甚至谩骂日方老板、中方和日方的管理层以表达愤怒。这种抱怨和愤怒的情绪用工人自己的话说就是"不满已经很久了，点一把火就着"（孟泉，2011）。

（六）形成认同身份

劳方在达成利益共识并在情绪上相互感染的过程中实现了彼此身份的认同。塔罗（2005）提出集体行动得以实现的重要基础就是参与者对共同利益的承认，并且能够在某种情境下激发起参与者的团结感和身份认同。这种身份认同形成的基础包括两方面，一是由于相似的经历而使彼此之间产生相似的不公正感，二是劳方都会把造成这种不公正感的直接原因归结到他们反抗的对象——雇主及管理层的身上。Mc. Adam（1982）认为，集体行动出现前，参与者必定把他们的境遇集体地定义为受到了不公正的对待。利益共识是对这种不公正感的理性认识，也就是参与的劳动者找到了不公正的共同认知，情绪的宣泄加强了对这种不公正感的认同，进而由个体的不公正感转化为集体的不公正感，并找到彼此的相似点以及共同的对立面，进而形成了身份认同。

然而，这种彼此间的身份认同并非只是依靠在短时期内的沟通形成，其背后的形成基础是共同的生活经历和工作经历。这从制造业的罢工主体新生代农民工的身份认同中可以看出。新生代农民工亦工亦农的身份非常尴尬，一方面他们已经不愿回到农村继续其农民的身份；另一方面，在城市中他们又属于被边缘化的群体，尽管追求城市的生活，却没有足够的资源去支撑这种生活，于是，新生代农民工在城市就容易产生失落感。这种失落感在他们的生产过程中又不断被加强。这主要是由于他们在生产过程中需要承受高强度的劳动、严格的管理规则约束以及管理层轻蔑的态度，而企业给予他们的回报如工资、福利待遇，以及生产环境、劳动条件等都无法令他们在生产过程和生活中找到平衡，反而使他们的失落感通过在一定情境下的沟通转化为了一种主观认同的不公正感，这种共同的生活和工作经历使他们很容易形成身份认同。从改制的国企工人身上也可以看出，他们过往都是企业的主人，突然被抛向社会，成为下岗工人，过去优越稳定的工作、旱涝保收的待遇突然间都失去了，再加之在改制过程中出现的侵吞国有资产等腐败现象的催化作用，以及对国企工人安置、经济补偿等问题导致工人不满，这种共同的经历使他们迅速形成身份认同。随着群体性劳资冲突中参与的劳方对彼此身份的认同，组织网络开始发挥作用。

（七）领袖或积极分子的带领和组织

基于利益共识、集体情绪宣泄形成的身份认同是劳方形成团结意识和参与行动决心的基础，但光有团结意识和参与的决心及想法，还无法引发群体行动，从调研的情况以及现有的群体性冲突案例来看，领袖或具有一定威望的积极分子对群体性劳资冲突事件的形成具有重要作用，需要出现领袖或积极分子激发参与者的认同感、事先进行行动策划以及在群体行动过程中进行有效的组织。

群体行动中领袖或积极分子的作用体现在，一是整合参与者的需求，激发参与者的认同感，以公开信、倡议书等形式帮助参与者明确大家共同的利益所在，实现身份认同以及说服他们采取行动。二是事先进行详细的筹划，分析群体行动的风险、自我优势所在，寻找能够最大限度降低罢工风险并同时可以提高罢工成功率的策略和方案。三是持续与参与者和潜在参与者进行沟通，鼓舞士气。例如，F企业的群体行动领袖运用互联网上能够找到的相关罢工信息来鼓舞大家的士气。在QQ群交流的时候，有的员工会提出罢工行动是否违法的问题，行动领袖从网上找来相关的法条解释和大家分享，并从网上找到媒体公开的一些罢工的案例分享，来说服潜在的参与者，让他们降低对于罢工违法的担心。四是有效动员外部资源，加强群体行动的影响力和持续性。F企业的罢工领袖搜集一些媒体的联系方式，以及通过在厂区外驻守报道的媒体，试图将他们的行动和资方的反应都公之于众，以求得到社会舆论的支持和重视。罢工领袖还通过媒体找到有关专家学者，旨在得到专业化的帮助和支持。五是在群体行动过程中通过语言的鼓动或号召，不断鼓舞参与人的士气，增加参与人团结的信心，提高凝聚力。

从我国2013年以来发生的群体性冲突事件的情况来看，由于劳方缺乏长期稳定的组织，因而较少出现领袖，调研的案例中主要以积极分子为主，有的是个别有威望的积极分子，有的是小规模的团队——由几人或十几人组成的积极分子团队。这些领袖或积极分子大多是临时产生的，缺乏西方集体行动罢工领袖的素质和能力。

（八）文化符号的激励

Snow等（1986）认为从理论上讲，集体行动中话语体系的作用可以概括为一种文化层面的"框架整合"，即"一种能够帮助人们理解、认知、标记周围发生事物的解读范式"。领袖或积极分子需要将一些相近的意识形态、价值目标与个体的不满联系起来，进行"框架整合"，形成具有煽动和激发作用的话语符号。当参与者的怨恨和愤怒的集体情绪与这些话语符号工具形成相互支撑的关系时，就形成了"情绪文化"（Hochschild，1990）。这种"情绪文化"是群体性行动得以延续的重要影响因素。

在中国的群体性劳资冲突事件中，参与群体行动的劳方通常在领袖或积极分子的组织下通过呼喊口号等文化符号来表达不满、宣泄情绪，通过集体唱歌等文化符号来鼓舞士气，营造团结的声势和"人多势众"的氛围。例如，F企业的工人在罢工的过程中，"反日"的民族情绪与工人团结的歌曲——《国歌》和《团结就是力量》成为他们宣泄不满、鼓舞士气的主要表达方式。A企业罢工中集体高呼"增加工资，提高待遇"来表达共同诉求，同时这种共同的抗争话语也起到了巩固和增强工人之间凝聚力的作用。

（九）有效冲突策略的使用

是否能够形成群体性劳资冲突的集体行动，有效的冲突策略的使用具有重要作用，使用有效冲突策略的目的是找到一个能够最大限度降低群体行动风险并同时可以提高群体行动成功率的策略。在第二章的案例分析中发现，一些企业参与群体性冲突的员工为了降低风险，没有选择游行、示威、堵路、静坐等策略，而是选择了在厂区内"散步式"或"静候式"的罢工策略。使用这样的策略能够降低罢工的违法风险。如 F 厂罢工工人基本都采用了在厂区散步的方式。他们觉得散步的方式形式上相对温和，可以规避罢工行为的违法风险。又如 A 厂工人在罢工中一直坚持有序罢工、沉默静候的策略。采取的策略还包括动员外部资源，如新闻媒体、专家学者等以提高群体性行动的关注度和影响力，争取外部资源的支持等。

综上，本研究从系统的角度建立了群体性劳资冲突行动形成机制的分析框架，该框架将劳动关系系统的外部资源和内部资源因素都纳入模型。首先，劳动关系运行系统中出现劳资矛盾和利益冲突且单个劳动者在劳资双方的利益博弈中处于不利地位，在这个基本前提下，工人自身的结构性力量的形成、人数众多的参与者以及具有沟通和资源动员平台功能的组织网络的构建，是劳方行动主体团结力量构建的基础，也是劳方行动主体对群体性劳资冲突的风险和收益理性预估的依据。劳方行动主体通过互联网、手机、QQ 群和电子邮件等现代信息技术平台以及构建的人际关系网络创造了更加自由并具有一定私密性的沟通平台，在沟通的过程中，达成了理性的利益共识，并在感性层面释放了不满的情绪，这些都为劳方行动主体能够最终实现身份的认同创造了条件。而劳方行动主体真正采取行动并能让行动持续进行还要依靠有效的罢工策略，其功能在于能够通过动员资源让劳方行动主体从理性上确信参与罢工所带来的收益大于成本，并通过文化性符号从感性上激发劳方行动主体参与群体性行动的决心以及提高其在罢工中的凝聚力。此外，罢工领袖或积极分子在群体行动形成过程中起到策划方案、组织行动、提高凝聚力的作用。

从上面的分析可以看出，群体性劳资冲突行动的形成机制分为两部分，即团结力量的形成以及由团结到行动的过程。在劳资双方产生利益矛盾，劳方单个行动主体在劳资双方的博弈中处于弱势地位的前提下，团结力量形成的最重要的基础是劳方行动主体达成利益共识，产生集体诉求并在集体情绪宣泄条件下形成的身份认同。而团结构成了行动的基础，当潜在的参与者对领袖或积极分子制定的有效策略认可后，劳方行动主体的情绪也能够产生一触即发的效果，维护并争取集体利益的行动就会出现，这种群体行动的形成同时受到理性和感性因素的双重影响。

第六节 小结

本章在深入分析我国群体性劳资冲突特征和趋势的基础上，采用多学科交叉融合的分析视角，深入地分析我国群体性劳资冲突事件的形成机制。

一是从经济学的分析视角，采用博弈论的分析方法对群体性劳资冲突事件的形成机制进行了分析，建立了"非合作"博弈模型、"刀锋上的合作"博弈模型以及"稳态合作"博弈模型三个理论模型，通过分析得出，决定博弈双方产生冲突动机最根本的是收益函数的大小。由于在一次性博弈中，劳资双方容易出现囚徒困境式的决策选择，发展到一定程度就会爆发群体性劳资冲突。但如果将博弈延展至长期，以及可观未来收益或惩罚，即使在有限重复博弈中双方仍能选择合作。

二是从管理学视角，运用自组织理论来分析群体性劳资冲突形成机制，建立了群体性劳资冲突的自组织演化模型。研究发现，自组织性普遍存在于中国式的群体性劳资冲突事件中，而且通常是由一些偶然事件开始，引发的群体性冲突。如果得不到恰当处理，将循着不断扩张及成熟的线路发展下去。因此解决群体性劳资冲突需要避免一些偶然事件的发生，并在该事件发生时做好相应工作。

三是从社会学视角，以集体行动理论作为理论基础，构建了群体性劳资冲突的集体行动模型，并对集体行动的社会心理进行了较为深入的分析。研究表明我国群体性劳资冲突事件所发生的范围有限，是一种小集团式的行为方式，并没有形成多地区多企业之间的联合行动。小集团由于人数有限、沟通顺畅且具有相当一致性的利益诉求，因而比较容易采取有利于群体的共同集体行动。而任何群体性劳资冲突事件的产生都始于利益冲突源，当经济及民生利益受到威胁时，群体才有可能被激发。而社会心理条件是促成群体性劳资冲突事件最终得以爆发的关键外部力量。当社会心理普遍怀有不信任状态时，社会所指对象的不当行为极容易被看做一种挑衅。

四是从政治学的视角，以政治机会结构理论为理论基础，分析了我国群体性劳资冲突事件形成过程中劳方主体与在政府和工会的互动过程中如何形成群体性行动的政治空间。

五是从劳动科学的视角，以劳动关系学中的劳动关系系统理论作为理论基础，以劳动关系这一特定系统作为分析对象，从劳动关系系统的角度建立了群体性劳资冲突行动形成机制的分析框架，该框架将劳动关系系统的外部资源和内部资源因素都纳入了模型中。

综合不同学科视角对群体性劳资冲突事件的形成机理开展研究，笔者认为，群体性劳资冲突事件系统是一种复杂的自组织系统，其形成机制从本质上看是一个基于利益演化博弈的自组织过程。

第四章 群体性劳资冲突事件的演化模型构建及实证研究

从第三章的研究得出群体性劳资冲突事件系统是一种复杂的自组织系统，其演化过程是一个基于利益演化博弈的自组织过程。本章将从复杂系统科学的视角，以耗散结构、熵流、协同学以及演化博弈理论为基础，研究群体性劳资冲突事件系统的静态演化结构、动态演化路径、演化过程、演化阶段，并结合动静态模型，构建群体性劳资冲突事件的综合演化模型。

第一节 群体性劳资冲突事件的耗散结构、熵流及协同机制研究

群体性劳资冲突事件系统是一个复杂的自组织系统，运用复杂自组织演化系统理论旨在研究群体性劳资冲突事件产生的条件、动力学、临界状态、渐变、突变等重要问题，从宏观层面解释群体性劳资冲突事件的演化过程和演化规律。群体性劳资冲突复杂自组织系统主要由三部分组成，即耗散结构理论、协同学、突变论。吴彤（2001）对自组织概念给出了解释，他认为："自组织过程包含着三类过程，第一，由非组织到组织的过程演化；第二，由组织程度低到组织程度高的过程演化；第三，在相同组织层次上由简单到复杂的过程演化。"

一 相关理论基础

(一) 耗散结构理论

耗散结构理论，又称非平衡的自组织理论，它指出一个远离平衡态的开放系统，当外界条件或系统的某个参量变化到一定的临界值时，通过涨落发生突变，即非平衡相变，就有可能从原来的混沌无序状态转变成为一种时间、空间或功能有序的新状态。这种在远离平衡非线性区形成的宏观有序结构，需要不断地与外界交换物质和能量，形成（或维持）新的稳定结构，普利高津（1987）把这种需要耗散物质和能量的有序结构称为耗散结构，将系统在一定条件下能自发产生的组织性和相干性称为自组织现象。

耗散结构理论主要研究系统与环境之间的物质与能量交换关系及其对自组织系统的影响等问题。建立在与环境发生物质、能量交换关系基础上的结构即为耗散结构。远离平衡态、系统的开放性、系统内不同要素间存在非线性机制是耗散结构出现的三个条件。

(二) 熵流

耗散结构理论中一个非常重要的概念就是"熵"。"熵"是用来描述系统有序度和不确定性的概念。系统的每一个状态对应一个熵值，它是系统的状态函数。熵值高意味着系统无序程度的增加，熵值低则对应着系统有序程度的增加。一般而言，一个系统的熵值由两部分组成，一部分是系统本身由于不可逆过程而产生的正熵值，另一部分是由系统与外界环境交换物质、能量与信息而产生的，这一部分的熵值可以是正值，也可以是负值，还有可能为零。

(三) 协同学

协同学主要研究系统内部各要素之间的协同机制，该理论认为系统各要素之间的协同是自组织过程的基础，系统内各序参量之间的竞争和协同作用是系统产生新结构的直接根源。由于系统要素的独立运动或在局部产生的各种协同运动以及环境因素的随机干扰，系统的实际状态值总会偏离平均值，这种偏离波动大小的幅度就叫涨落。当系统处在由一种稳态向另一种稳态跃迁，系统要素间的独立运动和协同运动进入均势阶段时，任意微小的涨落都会迅速被放大为波及整个系统的巨涨落，推动系统进入有序状态。

在一个自组织的体系内系统依据竞争、协同、支配以及序参量等概念原理来维持自组织的形成和演化。竞争是系统演化的最基本动力。从系统演化角度来看，这种竞争一方面造就了系统远离平衡态的自组织演化条件，另一方面推动了系统向有序结构的演化。协同论中关于复杂系统动力组织理论认为，系统演化的动力是系统内部各个子系统之间的竞争和协同。系统内部各个子系统通过竞争而协同，从而使竞争中的一种或几种趋势优势化，自组织科学理论称之为形成"序参量"的过程，并因此支配整个系统从无序走向有序，即自组织起来。

二 群体性劳资冲突事件的耗散结构分析

耗散结构与稳定的平衡结构的区别在于它随时与外界交换能量、物质与信息，是一种动态的稳定有序结构，是一种充满生命力的"活"结构；而稳定的平衡结构是一种静止平衡状态，不与外界交换能量，是一种永远不变的"死"结构。按照耗散结构的特点，群体性劳资冲突事件系统必须满足四个条件，即开放性、远离平衡态、非线性作用及涨落。

（一）开放性

群体性劳资冲突事件系统具有系统的开放性与局部的封闭性。系统的开放性体现在劳动关系内部系统，即三方四主体，劳方、资方、政府和工会与劳动关系外部环境，即政治、经济、社会环境之间形成互动，发生物质和能量的交换。从整体来看，随着网络和信息技术的发展，系统具有越来越强的开放性，群体性劳资冲突事件系统与外界之间存在信息和物质的交换。如当群体性劳资冲突事件发生时，劳方迅速动员社会媒体、专家学者、非正式组织等外部资源支持和帮助其采取集体行动。从局部来看，群体性劳资冲突事件系统之间存在局部的相互封闭。一般来说，劳方与政府之间存在沟通渠道的不畅，劳方的利益诉求信息不能及时准确地向政府流动；出现问题，某些政府部门不是积极解决，向公众通报情况，而是刻意隐瞒事实。同样，由于一些企业的资方或管理方不重视与劳方的沟通，未建立沟通渠道，劳方的诉求无法通过正式的渠道被了解和满足，这也是常见的主体封闭情况。此外，中国的工会具有特殊性，与劳方之间的物质和信息交换具有一定的封闭性。

（二）远离平衡态

远离平衡态，指系统内部各个区域的物质和能量分布是极不平衡的，差距很大。改革开放以来，我国在经济增长的同时，贫富差距逐步拉大，综合各类居民收入来看，基尼系数越过警戒线已是不争的事实。1978年，我国的基尼系数为0.31，2008年则升至0.466，已越过0.4的警戒线。当前，我国正处于经济转轨、社会转型的特殊历史时期，工业化、城镇化加快推进，经济基础和社会结构剧烈变动，利益关系和利益格局深刻调整，影响社会稳定的不确定因素明显增多。同时，在当前市场化条件下，我国劳动关系体现出"强资本弱劳工"的特点，劳资双方力量悬殊，在劳资双方的利益竞争与合作中，资方处于优势、主动地位，劳动者一方处于劣势、被动地位，因而产生劳资矛盾和冲突不可避免，劳动关系系统则远离系统的平衡态。

综上所述，我国的社会系统整体还处于远离平衡的状态，同时劳动关系子系统中由于劳资力量悬殊，导致内部激励、竞争等机制尚未形成，使得引入子系统的负熵流不足，难以打破输入该结构的线性关系，使子系统处于混沌无序的近平衡状态。

（三）非线性

群体性劳资冲突事件具有系统的非线性和局部的线性机制。群体性劳资冲突事件的复杂系统具有非线性机制的作用，事件的演化会因为次生事件的产生或扰动因素的作用导致非线性升级或突变。劳动关系系统中的主体即"三方四主体"之间的互动是复杂的非线性关系，会因为一些突发事件、次生事件或扰动因素使这种非线性升级或突变。如2012年10月发生在郑州工业园区的富士康工厂"群体斗殴"及"罢工"事件中，产品质量提高，工人很难达到管理方的质量标准以及国庆节国家法定节假日加班两个扰动因素成为劳资冲突升级和突然爆发的导火线，导致一线工人集体殴打质检部门员工以及发生3000人参加的罢工，由次生事件或扰动因素构成的导火线引爆了劳方对资方的长期不满和怨恨情绪，使劳资冲突发生非线性升级和突变。

（四）涨落

群体性劳资冲突事件按照涨落引起的原因分为内涨落和外涨落。内涨落是群体性劳资冲突事件内部参与方的随机运动造成的内部涨落。外部涨落是指由于群体性劳资冲突事件环境的随机变化引起的涨落。群体性劳资冲突事件参与方内部、参与方之间的协同能力引起的内部涨落和群体性劳资冲突事件环境变化引起的涨落是系统从原来的平衡状态演化到耗散结构的最原始驱动力。

虽然群体性劳资冲突事件具有一定破坏性或者会引起一定的经济损失，但是从宏观上来看，它是劳动关系系统中劳资双方的力量和利益出现不均衡时所表现出来的一种系统恢复性的行动，要认识到群体性劳资冲突事件带来的冲突不一定是消极的，系统在可控范围内的涨落有一定的积极作用，即通过群体性劳资冲突事件去发现劳动者的利益诉求，并通过各种途径去改善劳资力量的不平衡以及利益分配的不公平现象，实现劳动关系系统的自修复。

但是，群体性劳资冲突事件如果应对和控制不力，造成系统的涨落过大，可能造成极为严重的社会安全损失和恶劣的社会影响。对此，要考验政府子系统的应急管理能力，如何控制群体性劳资冲突事件系统的涨落，使其在较短时间内达到新的自组织稳态，这部分内容将放在第六章中研究。

综上，群体性劳资冲突事件的复杂自组织系统满足耗散结构出现的四个条件。

三 群体性劳资冲突事件的熵流分析

熵是群体性劳资冲突事件系统的状态函数，是用来度量系统不确定性大小和无序程度的量。群体性劳资冲突事件系统的不确定性越小或无序程度越小，熵的数值就越小，反之越大。

群体性劳资冲突事件系统在系统本身不可逆过程中产生正熵值，系统与外界环境交换物质、能量与信息，产生的熵值组成群体性劳资冲突事件总的熵值。在群体性劳资冲突事件系统中，生成正熵与负熵的因素有很多种，可以分为内部因素和外部因素，分别对应内部正负熵流以及外部正负熵流。

（一）内部正熵流

劳动关系系统运行过程中冲突和合作是劳动关系的两种状态，那么也就意味着劳资冲突是劳动关系内部系统的一种常态，即产生正熵值。劳动关系系统中劳方利益严重受损，如拖欠工资，实行低工资、低福利待遇，同工不同酬，不支付加班费，劳动条件差，工资分配制度等管理制度不公平等，都是内部正熵流形成的重要原因。

（二）外部正熵流

政府和工会的不当介入，社会媒体及网络媒体的失实报道，外界偏激的舆论、谣言的传播，具有目的性的组织加入煽动等都是外部正熵流形成的原因。

(三) 内部负熵流

劳动关系系统中，劳资双方主体良好的利益沟通机制、顺畅的诉求表达机制、完善的民主参与机制，政府的主导干预和规制制定，地方工会和企业工会的积极调解等都是内部负熵流形成的原因。

(四) 外部负熵流

政府、工会的积极协理，学者等社会力量的积极协理，是外部负熵流形成的主要原因。同时，劳动法律和政策的广泛宣传，社会媒体的积极协理，社会媒体为群体性劳资冲突事件参与主体搭建的沟通平台的作用，真实信息的公开透明等都是外部负熵流形成的原因。因此，要减弱群体性劳资冲突事件系统的无序状态和不确定性，就要增加内外部的负熵值，减少内外部的正熵值。

四 群体性劳资冲突事件系统的协同学分析

群体性劳资冲突事件系统是一个复杂适应性系统，作为一个社会系统的子系统，其自组织过程是通过人来实现的。群体性劳资冲突事件演化系统是通过内部各要素之间的协同机制实现的。群体性劳资冲突事件积累爆发的阶段是直接利益相关群体之间以及直接利益相关群体和其他聚集群体之间协同的过程，群体性劳资冲突事件应对阶段和恢复阶段是劳方、资方、政府、工会之间竞争和协同的过程。劳方的策略通常包括对抗或合作，当发生劳方集体对抗时，如果资方选择压制和威胁、政府选择听之任之、工会选择不作为，则系统内的涨落幅度将会加大；如果资方选择谈判、政府选择制定规制和促成谈判、工会选择促进谈判则劳方选择合作，系统内的涨落幅度将会减小。

群体性劳资冲突事件演化系统是从一个稳态向另一个稳态跃迁，在这个过程中系统的序参量和控制参量产生涨落，任意一个微小的涨落都会迅速被放大为波及整个系统的巨涨落，推动系统进入无序状态。当前的群体性劳资冲突事件演化系统还存在他组织的现象，因为系统内部各参与方还不能够按照彼此的相干性、协同性或者某种默契而形成特定结构与功能，需要上级的指令和政策输入。这是由于在我国劳资双方力量悬殊，导致推动劳资双方劳动关系系统自动均衡的动力和调解机制缺乏，决定了现阶段以及今后较长时期内我国劳动关系运行系统仍然是以政府为主导。要实现系统的相对稳定，需要政府制定一定的规制，如三方协商机制、集体协商机制、集体谈判机制等，并不断健全劳动法律体系，逐渐平衡劳资双方的力量和利益，才能推动系统进入有序状态。

第二节 群体性劳资冲突事件的静态演化模型构建

一 群体性劳资冲突事件的静态演化模型构建

群体性劳资冲突事件是一个复杂的自组织系统，任何单一角度或某一时点的分析，都不能客观把握群体性劳资冲突事件的本质。本节首先从系统结构提出群体性劳资冲突事件的演化模型，试图从一个静态的切面去分析群体性劳资冲突事件的演化系统结构。上节分析的基础上构建的静态演化模型如图4-1所示。

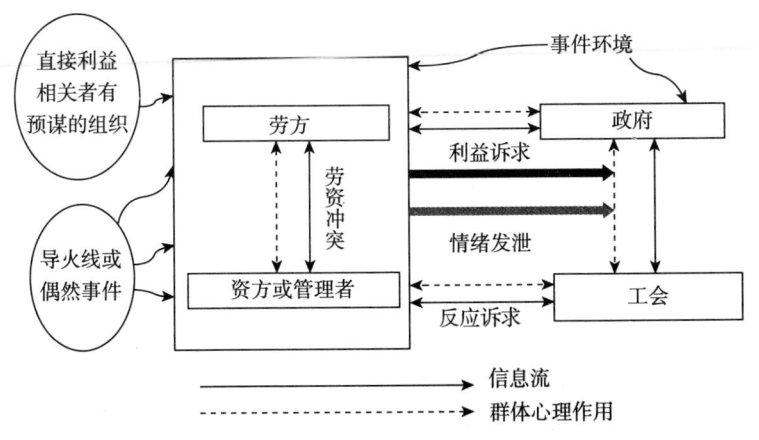

图4-1 群体性劳资冲突事件静态演化模型

群体性劳资冲突事件演化系统是一个耗散结构,具有开放性、远离平衡态、非线性和涨落的特性,系统内部主体是劳方、资方、工会和政府(三方四主体),下面分别阐述演化系统中各个组成结构的形成。

(一)劳动关系紧张造成系统远离平衡态

首先是由于劳动关系紧张,劳动关系状态不和谐,劳资矛盾和利益冲突严重,造成系统远离平衡态,即处于非均衡的状态。下面分析劳动关系远离平衡态的形成过程。劳动关系系统运行中是合作还是冲突取决于劳资双方各自的利益需求及其相互关系,第三方的协调力量在这两种力量的相互对抗和适应过程中发展起来,在调整劳资双方力量和利益需求的平衡方面发挥着越来越重要的作用。

1. 劳方的利益需求分析

劳动者愿意与资方以契约或非契约的形式达成劳动协议,形成劳动关系,根本上是出于对自己利益的需求。根据马斯洛的五层次需求理论,将人的需求从低到高分为生理需求、安全需求、社会需求、尊重需求和自我实现需求,这五种需求按层次逐级递升,某层次的需要相对满足了,就会向高一层次发展,追求更高层次的需要就成为驱使行为的动力。随着我国经济社会的发展以及科技水平的发展,劳动者受教育的程度显著提高,劳动力素质得到较大提升,劳动者的需求结构发生变化。以农民工为例,第一代农民工受教育程度低,缺乏一技之长,因此生存需求是他们的主导需求,随着80后、90后农民工逐渐成为农民工群体中的主体,他们受教育的程度较父辈有较大提高,权利意识更强,除了基本的生存需求外还有更高层次的社会需求、尊重需求和自我实现需求。富士康跳楼事件[①]也说明当前即使是处于较低层次的劳动

[①] 自2010年1月23日富士康员工第一跳起至2010年11月5日,富士康深圳厂区陆续发生13起员工跳楼事件,造成10死3伤,引起政府及社会各界的广泛关注。

者，除了生存需求外，也有改善需求和发展的精神需求。

根据当前我国劳动者的特点，本研究将劳动者的需求层次分为以下依次递进的三个层次（见图4-2）：第一层次是生存需求，对应马斯洛需求层次中的生存需求，劳动者需要满足自身及家庭的生存需求。劳动者通过出卖自己的劳动力，获得一定的工资收入，维持自身及家庭的生存。第二层次是改善需求，对应马斯洛需求层次中的安全需求，希望实现职业保障和工作生活条件的不断改善。第三层是精神需求，对应马斯洛需求层次中的社会需求、尊重需求、自我实现需求。在满足生存需求和安全需求的基础上，劳动者希望在心理上有归属感并获得认可和尊重，同时希望实现个人理想、抱负，发挥个人的能力，获得能够持续地满足前两种需求的能力。

图4-2 劳方利益需求层次

劳方利益需求的三个层次间具有严格的层层递进和层层包含的特点，劳方低层次利益需求的满足是追求高层次的利益需求的前提，高层次利益需求的满足必然同时满足其低层次的利益需求，同时更高一层的利益需求必然包含低层次的利益需求。

2. 资方或管理者的利益需求分析

根据马克思对资本的分析以及现实情况，本研究将处于主导地位的资方或管理者的利益需求也分为依次递进的三个层次（见

图 4-3）：第一层次是利润需求，即资方或管理方是以盈利或生存作为其基本目标，只有盈利才有生存的基础，与劳方利益需求的第一层次相对应。第二层次是资本的价值需求。马克思和恩格斯在《德意志意识形态》里对资本的含义作了阐述，马克思指出："资本只有一种生活本能，这就是增殖自身，获取剩余价值，用自己的不变部分即生产资料吮吸尽可能多的剩余劳动。"马克思揭示了资本的生活本能在于力求增殖自身的价值，追求利润最大化，以求获得最大化的财富。第三层次是精神需求，与劳方利益需求的第三层次相对应。随着经济、社会、科技的进步，企业所有者或管理者开始提出企业的价值追求，即企业精神和企业文化，形成企业共同的价值观和精神追求。

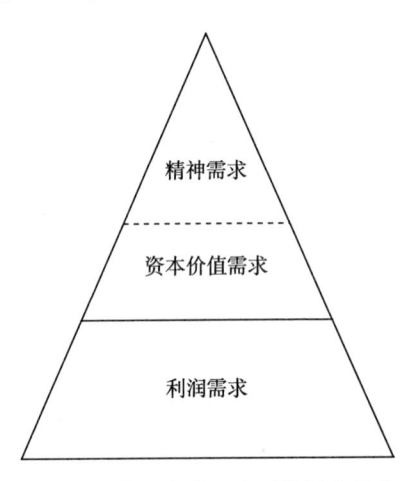

图 4-3 资方或管理者利益需求层次

类似于劳方三层次利益需求关系，资方三个层次的利益需求也有递进和包含的特点，与劳方三层次利益需求不同的是资方或管理者第二层没有严格的递进关系，表现在第三层次和第二层次的利益需求在市场经济中同时并存，没有严格的递进关系（用虚线表示），第一层的利益需求有可能直接向第三层次需求转变，第二层次的利益需求不是第三层次利益需求的必要条件。

3. 第三方协调力量

在国际工人运动兴起、资本主义国家民主制度发展以及政府扩大经济管理职能的背景下，西方发达市场经济国家引入国际力量、国家力量和社会力量等第三方力量进行劳动关系的调整，劳动关系逐渐由对抗走向缓和。而中国在由计划经济向市场经济转型中劳动关系发生着深刻的变化。在我国计划经济时期是以行政化的方式来维持劳动关系的运行，劳动关系呈现显性合作、隐性冲突的特点。而在我国的社会经济转型和市场经济初期，社会经济的核心是利益关系，利益是市场经济的基本驱动力和主要目标。劳动关系作为一种最直接、最本质、最具体的社会经济关系，其核心或基本出发点更是利益，特别是经济利益。在转型过程中，获得独立主体地位的劳方和资方在市场机制下以利益为主要动力和目标展开合作。在合作的同时，双方也以各自所掌握的力量进行博弈，为各自争取最大利益。但由于历史和现实的原因，我国的劳动者与资方相比，在经济实力和政治影响力等诸多方面都存在较大差距，处于弱势地位。在这样的背景下，劳资之间的冲突逐渐显化，成为劳动关系的主要表现形式，并体现出"资强劳弱"的典型特征，这就迫切需要第三方协调力量来平衡劳资主体双方的利益关系，使劳资关系从"零和冲突"转向"正和交换"。

第三方力量包括政府、法律、社会等对劳动关系的调整。随着社会的进步，一些非政府组织（NGO）、民间机构或社区等也参与到劳动关系的协调和调整中。第三方协调力量的作用有不断增强的趋势，调整范围不断扩大、调整深度不断增加、调整力度也不断变强，已成为调整和稳定劳动关系不可或缺的重要力量。

4. 三方利益需求关系分析

劳资双方的利益需求、利益冲突与合作状态密切相关。劳方的三层次需求存在严格的层层递进关系，低层次的需求满足是追求高层次利益的前提，高层次利益需求包含低层次利益需求。资方的三层次需求也存在递进关系，但没有劳方严格，第一层次需求满足后可能直接追求第三层次的需求。劳资双方利益需求层次存在非严格的对应关系，即劳方的第一、第二、第三层次分别与资方的第一、第二、第三层次对应。劳资双方相应的各层次之间的利益需求还有一定的兼容性，即资方或管理者第二和第三层次的利益需求能够包容和满足劳方更低层次的需求。

由于总体上劳动力市场供过于求的现实以及劳资双方各自所拥有的资源和条件的限制，劳动关系双方的地位在劳动关系的建立和运行时存在差别，资方或管理方处于主导和支配地位，劳方处于从属和被支配地位。处于主导地位的资方在很大程度上可以主动选择追求和实现哪一层次的利益诉求，而处于被动地位的劳方只能逐步获得与自身原有状况相比，逐渐改善的、层次递进的利益需求的满足。因此，从这个角度讲，劳动关系双方对立的利益需求的冲突程度，由短板方，即处于弱势地位的劳方的利益需求的满足程度决定，劳动关系的演变过程也是劳方利益需求层层递进的满足程度的演变过程。

劳资双方各自的利益需求及其相互关系是决定劳动关系运行状态，即合作与冲突的主要方面，第三方的协调力量在这两种力量的相互对抗和适应过程中发展起来，在调整劳资双方力量和利益需求的平衡方面发挥着越来越重要的作用。第三方力量除了参与和协调劳动关系的运作，同时也传导和反馈着劳动关系与经济社会运行的相互影响。劳方、资方以及第三方协调力量在劳资均衡框架下的相互关系见图4-4。

（二）直接利益相关者有预谋的组织

当劳动关系状态紧张到一定程度，有两种情况会引发群体性劳资冲突行动，一是劳方群体预先有组织、有策略，二是有导火线或偶发事件发生。如2010年6月21日，在广东省某日资汽车零部件制造厂，400多名员工因工资偏低、对食宿条件不满等原因在公司门前发起罢工。开始先由14名车间组长和2名班长通过非正式的聚会商量如何组织罢工来表达自己的不满，希望能够以此迫

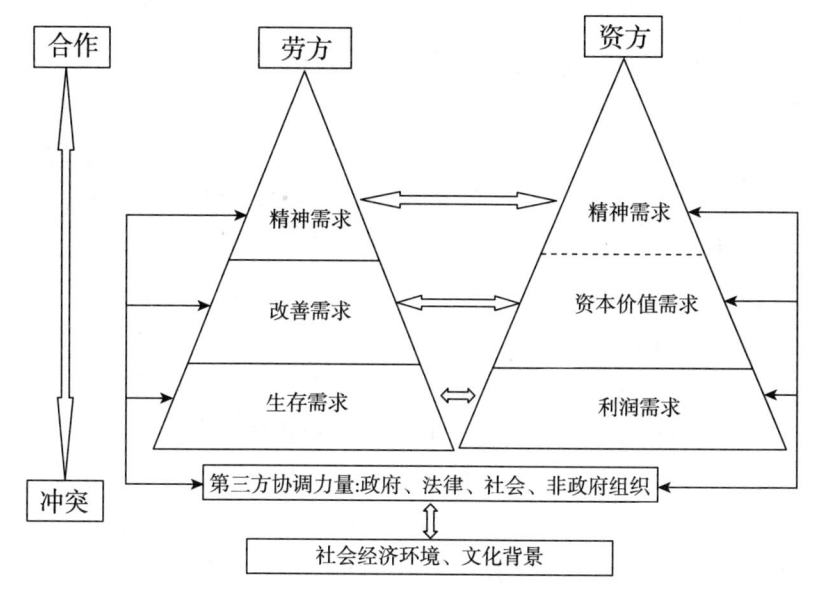

第四章 群体性劳资冲突事件的演化模型构建及实证研究

图 4-4 劳动关系冲突模型

使雇主提高工资；在确定了初步的策略之后，16 名来自湖南、江西、广东韶关、河北、四川的积极分子开始联络其他班组长以及一线员工，动员约 400 名员工参加了罢工。

（三）导火线或偶然事件的发生

当劳动关系状态紧张到一定程度，在劳动关系中处于从属和被支配地位的劳方对资方产生不满，甚至怨恨情绪，这种情绪积累到一定程度，同时劳方群体达成利益共识，产生集体情绪和彼此的身份认同，当出现导火线或一些偶然事件时，劳方群体的集体情绪迅速点燃，很容易由集体情绪转化成群体性劳资冲突行动。从现有文献以及本研究调研的案例来看，以下方面是引发群体性劳资冲突事件的导火线。第一是领袖或积极分子的出现，他们对群体性劳资冲突由情绪转化为行动起到"推波助澜"的作用。第二是出现共同的对立面，如某一特定的管理方群体或个人。在南海本田事件中由于中日员工工资差距过大，劳方群体对日方管理层不满，日方管理层与一线工人形成对立面，引发罢工；富士康郑州工厂"集体群殴"和"罢工"事件中，由于不满质检部门"过高"的质量检查标准，质检部门的管理人员成为劳方一线工人的对立面。第三是劳方集体诉求与管理方沟通未果，如广东省某日资汽车零部件制造厂，工人向工会提出了8条诉求，主要包括增加工资100元，给员工宿舍安装空调以及在加班时间加一顿餐等，而这些诉求在工会与日方管理层沟通未果后引发罢工。第四是行业内或区域内形成罢工，如2010年广州汽车零部件行业由于个别企业首先罢工引发的行业罢工；2005年、2010年大连开发区个别企业罢工引发的整个开发区的罢工。第五，突然大规模裁员，如2012年8月摩托罗拉公司员工在公司门口集体抗议，原因是公司大规模突击裁员，一次性裁员20%。参加集体抗议的员工认为企业工会并没有帮助员工讨要权益，被裁员工通过聚集在厂门口集体抗议希望引起各界的关注，维护自己的利益。

群体性劳资冲突事件不管是偶然因素诱发还是直接利益相关者有预谋的组织，都是在利益诉求不畅、劳资矛盾累积的基础上发生的，系统都是远离平衡态的。

（四）开放系统的信息交换

群体性劳资冲突事件演化系统中劳方参与群体与资方（或管理方）、政府、工会以及外部环境中的社会媒体、非正式组织等进行广泛的信息交换。劳方与资方进行的是集体诉求、情绪发泄与雇主策略（压制或满足诉求的行动）之间的交换；劳方与工会进行的是集体诉求、情绪发泄与政府应对策略（压制或制定规制主动干预）之间的交换；劳方与工会进行的是集体诉求、情绪发泄与工会策略（不作为或积极调解）的交换。同时，劳方参与群体还与外部环境存在信息交换，如与社会媒体、专家学者、非正式组织等的集体诉求及社会支持帮助的信息交换。

（五）系统内各主体的非线性互动

如前文所述，劳资双方各自的利益需求及其相互关系是决定劳动关系运行状态，即合作与冲突的主要方面，第三方的协调力

第四章 群体性劳资冲突事件的演化模型构建及实证研究

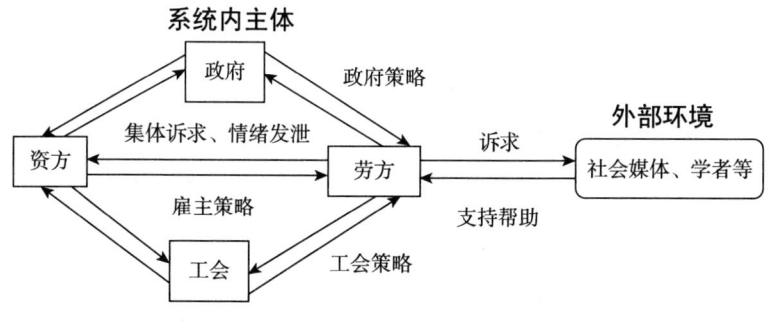

图4-5 群体性劳资冲突系统中的信息交换

量在这两种力量的相互对抗和适应过程中发展起来，在调整劳资双方力量和利益需求的平衡方面发挥着越来越重要的作用。第三方力量除了参与和协调劳动关系的运作，同时也传导和反馈着劳动关系与经济社会运行的相互影响。因此，劳方、资方、包括政府在内的第三方之间呈非线性互动关系。此外，群体性劳资冲突事件的演化会因为次生事件的产生或扰动因素的作用出现非线性升级或突变，如一些偶然或突发事件的影响使系统出现非线性的升级或突变。例如，南海本田罢工事件中，本来部分工人已经复工，但由于当地S镇工会殴打一直坚持在罢工一线的M科工人，S镇工会的行为成为了整个事件的转折点，S镇工会采取的压制手段并未奏效，反而进一步激怒了大部分工人，并导致已经复工的工人再次加入了罢工的队伍，导致事态进一步升级。S企业是一家位于大连开发区的木材家具制造企业，由于物价上涨，导致该企业工人收入水平相对下降，并造成生活困难。于是这种集体的不满首先在"厕所文化"中体现出来。很多工人都在厕所的墙壁或其他地方写下诸如对日本人的民族怨恨、工资太低、需要罢工等文字，从而宣泄内心郁积的愤懑，然而这种现象并没有得到足够的重视。2010年7月19日，靠近车间大门处的生产线的员工突然站在生产线的工位上停止工作。继而，这种现象就像传染病一样迅速传遍整个厂区，几乎所有生产线上的工人都停止了工作，企业进入罢工状态。这就是由于部分工人停止工作引发的系统升级——集体大罢工出现。

(六) 系统内外的涨落

演化系统中各参与方的策略行为引起系统的内部涨落,外界对事件的协理作用(积极协理和消极协理)造成系统的外部涨落。如果政府没有及时的回应,则劳方群体把政府系统视为对立系统,劳方群体和政府之间呈竞争关系。劳方群体为了自己的利益诉求,与相关政府部门产生冲突对抗。社会媒体因为政府的管制,如果集体失声,就会加深劳方群体对社会媒体的不信任,同时网络、手机媒体缺乏管控,谣言、不实报道迅速传播,进一步造成更大的影响和更加难以控制的局面,使得群体性劳资冲突事件自组织演化系统涨落的幅度加大,这将群体性劳资冲突事件系统推向越发不稳定的状态,造成更加严重的社会安全损失和影响。当发生群体性劳资冲突事件后,如果政府把群体性劳资冲突事件近看成劳资双方的经济利益之争,而不上升到政治的层面,积极引导,促成地方工会和企业工会介入劳资双方的集体谈判,同时社会媒体和其他非正式组织支持和传播正向的舆论,则能使群体性劳资冲突事件自组织演化系统涨落的幅度减小,这将推动群体性劳资冲突事件系统向稳定状态演化和发展。

二 群体性劳资冲突事件演化系统的协同机制

(一) 协同是群体系统形成的动力机制

群体性劳资冲突事件演化过程是群体系统内部自组织的过程。通常情形,在群体性劳资冲突事件系统中聚集的群体是通过信息交流和群体心理交互凝聚到一起的,这是一个自组织过程,并且越来越具有组织性的特点。群体性劳资冲突事件系统的协同主要通过群体心理和信息流动产生作用。其群体心理主要表现为以下几个方面:一是借机发泄心理;二是逆反心理;三是盲目从众的心理;四是法不责众的心理。其背后的实质是诉求长期得不到满足以及不满情绪早已经积累到一定程度。而信息流在整个群体性劳资冲突事件演化结构中通过集体诉求、集体情绪和文化符号的传播和反馈产生作用：负面的集体情绪是事件源和次生事件耦合的融合剂，是聚集群体规模和结构的影响因素，是群体心理传染的负载物。而真实信息的传播与反馈能够为事件源和次生事件解耦，减小聚集群体的规模，瓦解聚集群体的结构，提高政府应急管理的效力，同时在聚集群体中传播积极信息，使群体趋于理性。

（二）协同是政府和社会媒体应对群体性劳资冲突事件的动力机制

政府在应对群体性劳资冲突事件中起主导作用，工会作为政府系统的重要组成部分，社会媒体是政府的协理系统。群体性劳资冲突事件爆发后，政府系统和工会内部的预警、决策指挥、执行、保障子系统，以及媒体系统内部的主流新闻媒体、网络媒体、手机媒体等子系统各自和相互间的协同是应对群体性劳资冲突事件的动力机制，促使群体性劳资冲突事件自组织演化系统朝尽快平息、损失最小的稳态发展。

（三）协同是群体性劳资冲突事件自组织演化系统恢复稳定的动力机制

群体性劳资冲突事件自组织系统的涨落是劳资矛盾和利益冲突积累到一定量之后的突变，涨落的状态并不是稳定状态，系统最终要达到一个新的稳态，这个稳态具有多种可能性。

三 群体性劳资冲突事件演化系统的序参量

群体性劳资冲突事件的本质原因是劳资矛盾的累积和劳资双方利益博弈的非制度化表示。群体性劳资冲突事件自组织演化系统的宏观有序度是群体系统、政府（工会）系统和媒体系统的协同能力，表现为三方利益表达一致性的能力，这也是群体性劳资冲突事件自组织演化系统的序参量。

社会协同能力是参与方在系统演化过程中集体运动的产物，在系统演化过程中从无到有地发展变化。在事件预警阶段和发生阶段，群体系统和政府（工会）系统甚至媒体系统处于竞争对立状态，随着政府（工会）系统的应急处置和媒体的积极协理——政府部门启动应急管理，并通过媒体发布权威真相；媒体作为中介，倾听并向政府反映群众诉求和实际舆情，同时向劳方群体传达政府态度——竞争对立状态将逐渐转变为协同状态。社会协同能力的形成来自群体性劳资冲突事件自组织演化系统内部，由各个参与方通过协同作用产生，并决定系统的功能行为和结构有序。劳方、资方、政府（工会）和媒体受社会协同能力的支配。社会协同能力的形成过程就是群体性劳资冲突事件系统的自组织过程。

第三节　群体性劳资冲突事件的动态演化模型构建

本节将从群体性劳资冲突事件动态演化阶段的角度，研究群体性劳资冲突事件演化的动态流程及动力学路径。

一　群体性劳资冲突事件演化路径分析

群体性劳资冲突事件由劳资矛盾和劳资冲突引发，发生的规模、形式、损失等都有差异，但是根据其发生的规律，可以划分为几个重要的演化阶段。研究群体性劳资冲突事件演化的动态流程，需要分析其动力学路径，控制引起其耦合和扩散的变量，使群体性劳资冲突事件系统得以控制，回归到稳定态，也就是正常的均衡状态。群体性劳资冲突事件经过矛盾积累、诱因产生、次生事件产生、冲突爆发、冲突应对、恢复，最终到达新的稳定状态，在该路径中出现群体心理的扩散与传染以及信息的传播与反馈两条动力学路径，如图4-6所示。

第四章 群体性劳资冲突事件的演化模型构建及实证研究

群体心理扩散与传染 →

稳态一 → 矛盾积累 → 诱因产生 → 次生事件产生 → 冲突爆发 → 冲突应对 → 恢复 → 稳态二

信息的传播与反馈 →

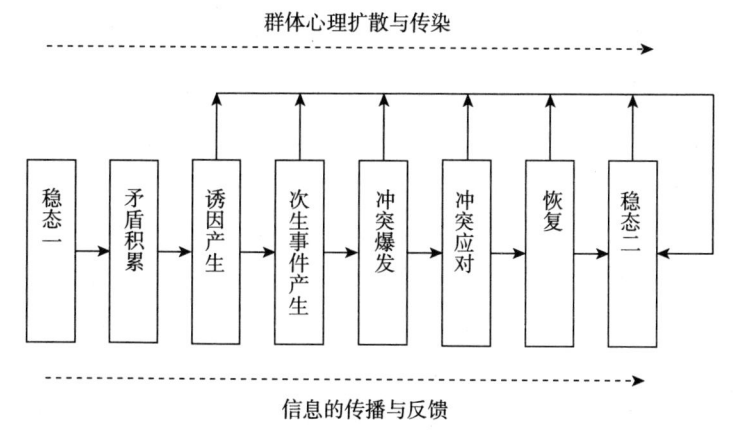

图 4-6 群体性劳资冲突事件演化动态流程

在群体性劳资冲突事件演化路径中，信息的传播与反馈和群体心理扩散与传染伴随整个过程。劳资双方产生劳资冲突，在冲突的基础上，劳方群体达成利益共识，并产生集体情绪。在群体性劳资冲突事件中，集体情绪的传播对事件演化的推动作用很大，集体情绪的传播是以宣泄和表示不满与愤怒为基础的。这种宣泄、不满与愤怒的心态，以及个人人格差异，最终影响信息的传播，自然也就会影响事件的再次被认知。因此，每一个信息都是在不同的心理作用下传出的，同样也会引发劳方群体不同的心理反应。劳方群体对环境信息了解的心理需求，因群体性劳资冲突事件产生的情绪刺激，以及彼此之间对此事的心理感染为集体情绪的传播提供了较好的传播条件和传播环境。在利益共识和集体情绪产生的基础上，劳方群体形成彼此的身份认同，在领袖或积极分子有计划的群体行动组织下，或在偶发事件或导火线的引发下，劳方群体的集体情绪演化为群体性劳资冲突行动。最初的群体性劳资冲突如果得不到及时疏导或缓慢释放，就可能演变为严重的社会冲突。群体性劳资冲突事件的演化过程实际就是群体心理形成并演变成行为模仿的过程。如果雇主、工会以及政府的应急管理及时有效，群体性劳资冲突事件将在不同的阶段恢复到正常状态。

二 群体性劳资冲突事件演化博弈过程模型

在群体性劳资冲突事件动态演化流程的基础上,结合演化博弈理论,对群体性劳资冲突事件的演化博弈过程进行分析。首先以两个情景为例,分析不同影响因素对群体性劳资冲突事件演化过程的作用。

情景1 群体规模 如前文所述,群体性劳资冲突事件参与的群体规模是影响事件发展的一个重要因素。由于参与者众多,劳方群体利益在大体一致的基础上也有差别,因而,群体性劳资冲突事件规模越大,产生的影响力和破坏力就越大,雇主解决这类群体性劳资冲突事件的困难就越大。

在群体性劳资冲突事件基准模型的基础上,设某一群体性劳资冲突事件发生时,雇主系统和劳方群体系统的博弈矩阵如表4-1所示。若群体数量增加1倍,其博弈矩阵如表4-2所示。表4-2中博弈矩阵的数值并非表4-1中数值的2倍,其原因在于,当参与群体性劳资冲突事件的群体数量增加1倍时,所产生的影响以及平息冲突事件所耗成本并非按照算数级数发生变化,而大致按照几何级数发生变化。

表4-1 初始矩阵

		B	
		B_1	B_2
A	A_1	(8, 5)	(4, 5)
	A_2	(4, 3)	(5, 7)

表4-2 2倍矩阵

		B	
		B_1	B_2
A	A_1	(64, 25)	(16, 25)
	A_2	(16, 9)	(25, 49)

根据表 4-1，4<5 且 3<7，显然满足结论 1 的条件，而由于 5 = 5，E_5 不存在。因此，最初群体性劳资冲突系统只有四个均衡点，且 E_1 (0, 0) 为 ESS。表 4-2 也只存在一个稳定均衡点 E_1 (0, 0)。

情景 2 信息传播　群体性劳资冲突事件发生后，企业雇主能否积极做出反应，工会能否代表劳方利益，政府是否能够积极引导，媒体能否对事件进行客观的报道，劳方群体是否能够辨析各种信息等，对群体性劳资冲突事件的演变和走势具有重要的影响。本研究将群体性劳资冲突事件中所有的信息，包括来自劳方群体、雇主（或管理方）、政府、工会以及媒体系统的所有信息，分为两类，一是正信息，即对事态的控制具有积极作用，如企业雇主或管理方的合作、政府的积极态度、工会的积极调解、媒体的客观报道和支持的舆论导向等；二是负信息，即对事态控制没有任何帮助，反而会促使事态恶化，如雇主或管理方的压制或威胁、政府消极的应对措施、工会的不作为、媒体对事件的不实报道或不支持舆论，以及劳方群体受到谣言的蛊惑等。

不同的信息对群体性劳资冲突事件的演变会产生不同的影响。因此，当群体性劳资冲突事件发生后，应该对信息的传播进行控制，以便能够及时控制群体性劳资冲突事件的发展趋势。能够改变最终稳定状态的因素是能够改变雇主与劳方群体利益博弈格局的因素。

（一）利益格局量变阶段

在劳动关系运行系统中，由于我国劳动力市场长期供大于求，劳资双方力量严重失衡，"资强劳弱"的力量和利益格局长期存在，加之"三方协商机制"以及"集体谈判制度"等劳动关系调节制度的缺失和政府在劳动关系协调方面的缺位，这将不可避免地产生劳资双方利益分配的不均衡，弱势群体获取资源、争取利益和进行利益表达的组织和能力都相对较弱，其群体利益的不均衡随着时间发展越来越明显，劳方在劳动关系系统的演化博弈中的利益初始值相对降低，这是一个矛盾积累的利益格局量变阶段。

(二) 突变劳方群体采取竞争策略阶段

由于雇主和劳方群体初始利益值不同，一旦群体性劳资冲突事件发生，即使博弈双方采取相同的措施，也最终会导致不一样的结果。初始利益的不均衡，是形成采取竞争策略突变小群体的原因。这些持竞争策略的突变小群体往往是因为利益诉求渠道不通畅或者缺乏通过合理渠道进行利益表达的法律维权意识，认为通过竞争，也就是聚集闹事、冲突对抗的形式能够争取更多的利益。此时大部分群体成员尚未采取协同策略。

(三) 劳方群体采取竞争策略阶段

竞争策略突变小群体，是群体性劳资冲突事件中的直接利益相关者，他们采取竞争策略会对劳方其他群体产生作用。其他具有共同利益的劳方群体，通过权衡采取群体冲突行动的成本和收益、利益与风险，认为采取对抗行动的利益大于风险，即他们认为群体性劳资冲突事件对雇主造成的利益损失以及带来的社会不稳定的程度与其利益成正比，同时在"法不责众"以及"借机泄愤"的群体心理作用下，参与的群体规模不断扩大，即竞争策略突变群体将逐渐扩大形成竞争策略群体。

(四) 劳方群体和雇主利益的博弈阶段

劳方群体采取竞争策略意味着群体性劳资冲突事件的爆发，不管雇主是积极应对还是消极应对，劳方群体和雇主的利益博弈都已经展开。在此阶段，雇主应及早争取劳方群体将竞争策略改变为协同策略，以减少收益的变化。要实现劳方群体系统竞争策略的改变，需要改变劳方群体和雇主利益博弈的收益，使得雇主和劳方群体采取协同策略的收益为双方的平衡点。

(五) 新的平衡阶段

通过雇主的合作，以及政府、工会采取积极的干预和调解措施，调整劳资双方的收益，劳方群体和雇主采取协同策略，系统达到了新的平衡点。在此期间，需要对整个利益博弈过程进行经验总结、责任追究和学习。在此要强调的是新的平衡阶段并非绝对的劳资关系稳定阶段，而是一种相对的稳定状态。群体性劳资冲突事件演化的稳态也并非意味着从本质上解决了劳资矛盾，从前文分析可知，冲突与合作是劳动关系运行系统的两种基本状态，旧的劳资冲突解决后，又将产生新的劳资冲突，这需要劳动关系系统通过调解不断实现系统由冲突转向合作，实现系统的相对均衡。

群体性劳资冲突事件演化博弈过程与群体性劳资冲突事件演化阶段模型在时序发展上具有一一对应的关系，如图4-7所示。使用群体性劳资冲突事件演化博弈过程模型能更清晰地看到群体性劳资冲突事件的本质，便于在应对时采取有针对性的策略。

演化博弈过程	均衡态一 → 利益格局量变阶段 → 突变劳方群体产生 → 竞争策略劳方群体产生 → 群体事件爆发 → 劳方群体与雇主利益博弈 → 学习 → 均衡态二
演化阶段	稳态一 → 矛盾积累 → 诱因产生 → 次生事件产生 → 冲突爆发 → 冲突应对 → 恢复 → 稳态二

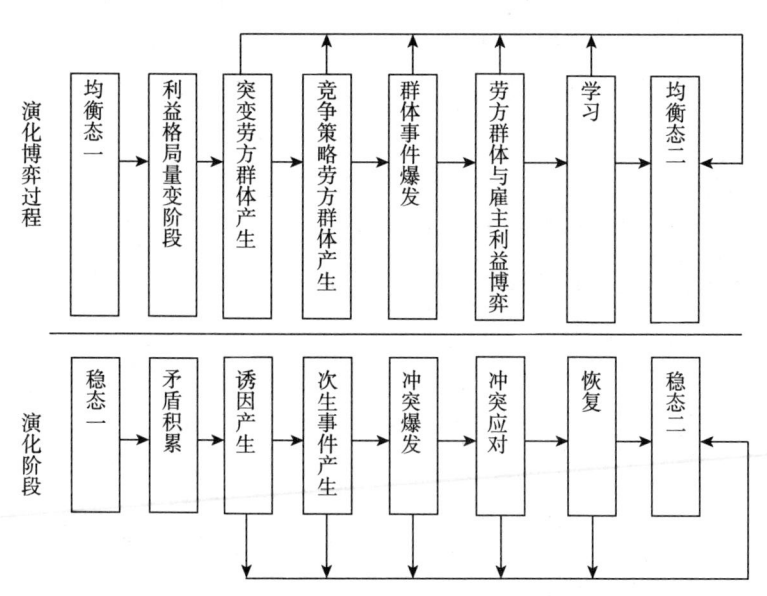

图4-7 群体性劳资冲突事件演化博弈过程与演化阶段对应关系

综上所述，群体性劳资冲突事件演化博弈过程的不同阶段受不同因素的影响。在利益格局量变阶段，受雇主策略、政府对劳动关系的主导作用、政府劳动关系法律政策体系的完善、工会职能的转变以及社会政治经济条件等因素影响；突变劳方群体产生阶段，受诱因事件因素的影响；竞争策略劳方群体产生阶段，受

135

群体心理、集体情绪和行为感染,以及领袖和积极分子的行为和文化符号等因素的影响;劳方群体与雇主的利益博弈阶段,受雇主应对策略、政府应急管理效力、工会调解作用以及媒体的协理作用等因素的影响。

第四节　群体性劳资冲突事件的综合演化模型构建

群体性劳资冲突事件系统是一个基于自组织演化的复杂系统,其演化过程是一个基于自组织系统静态结构以及演化博弈动态过程的复杂过程,本节在基于自组织系统结构的静态演化模型以及基于演化动态过程的动态演化模型的基础上构建由演化博弈行为主体、规则系统和时间三个维度构成的群体性劳资冲突事件综合演化模型。

在群体性劳资冲突事件静态演化模型和动态演化模型分析的基础上,选取演化博弈行为主体、规则系统和时间作为模型变量,建立综合演化模型的分析的三维分析框架,如图4-8所示。

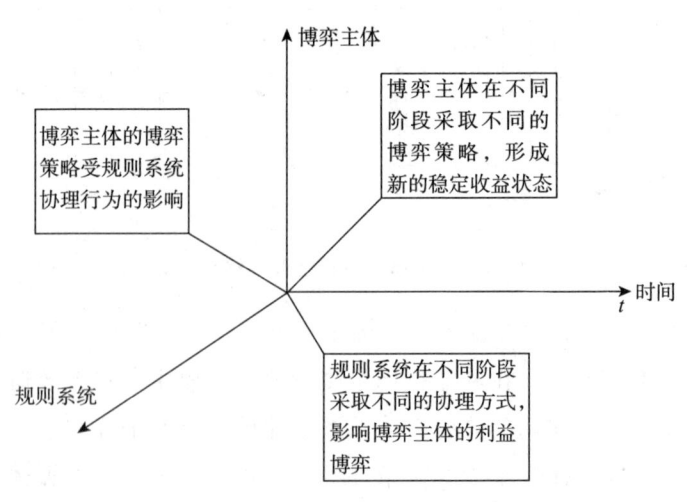

图4-8　群体性劳资冲突事件的综合演化框架

变量 1 博弈主体 在群体性劳资冲突事件演化博弈过程中，处于博弈主体地位的是劳方群体系统和雇主系统，他们之间进行的演化博弈就是事件自组织系统涨落幅度的决定因素。

变量 2 规则系统 在群体性劳资冲突事件演化博弈过程中，规则系统虽然不是博弈主体，但是其具有协理的作用，规则系统的行为策略将对博弈主体采取的策略产生极为重要的影响，如政府制定的调解劳资矛盾的规则、工会的调解策略等。

变量 3 时间 t 博弈主体和规则系统在不同的时间 t 采取不同的博弈策略或者行为策略，每个时间 t 都对应一个自组织演化的系统状态，将各状态点连接起来，就是群体性劳资冲突事件的自组织演化曲线。

博弈主体的策略集包括｛竞争、竞争；竞争、协同；协同、竞争；协同、协同｝，博弈主体维度的 0 点是双方采取积极协同策略的稳定点，远离 0 点表示劳方群体与雇主之间的协同度越来越低，逐渐转变为竞争对抗的状态。规则系统的行为集包括｛消极协理、积极协理｝，规则系统维度的 0 点表示规则系统，及政府、工会、社会媒体或学者等采取积极协理行为策略，协助劳方群体和雇主之间达成协同；远离 0 点表示规则系统的协理行为效果逐渐减弱，甚至对劳方群体和雇主的系统产生消极或负面的作用。博弈主体和规则系统行为的不同组合将对应不同的演化状态。在群体性劳资冲突事件发生的初期，劳方群体系统认为采取冲突争取利益收益的策略能够带来更高收益，一部分突变劳方群体采取竞争策略，逐渐扩大为具有一定规模的劳方群体，这就改变了平衡状态时的策略，即劳方群体采取了竞争策略。如果雇主系统没有正视劳方群体利益表达，认为劳方群体具有可替代性或认为劳方群体行为具有违法性，也采取竞争策略，则会造成劳方群体和规则系统之间远离平衡的竞争状态。规则系统中，政府和工会采取消极协理的策略，则会对劳方群体和雇主系统产生消极或负面的作用，也会造成劳方群体和雇主系统之间远离平衡的竞争状态，如图 4-9 所示。t_1 表示时间点，L_1 表示 t_1 对应的群体性劳资冲突事件演化状态点。

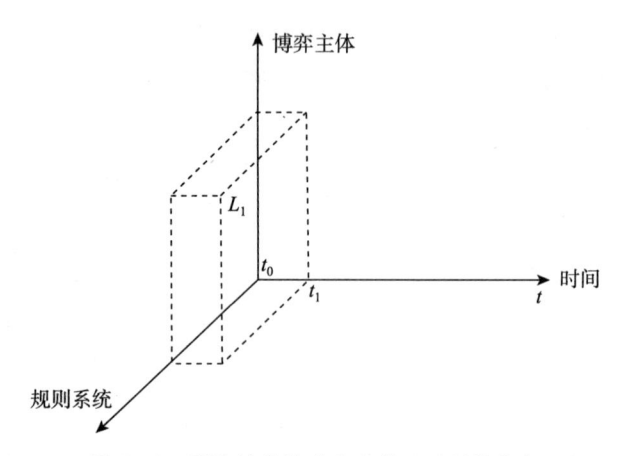

图 4-9 群体性劳资冲突事件 t_1 时刻的状态

不同的群体性劳资冲突事件，因为博弈主体、规则系统所采取的策略不同，演化的过程曲线有所不同。图 4-10 表示在群体性劳资冲突事件博弈过程中发生了次生事件或者某一方策略的转变，导致第一次涨落之后，再次出现涨落，最后才恢复到稳定状态。

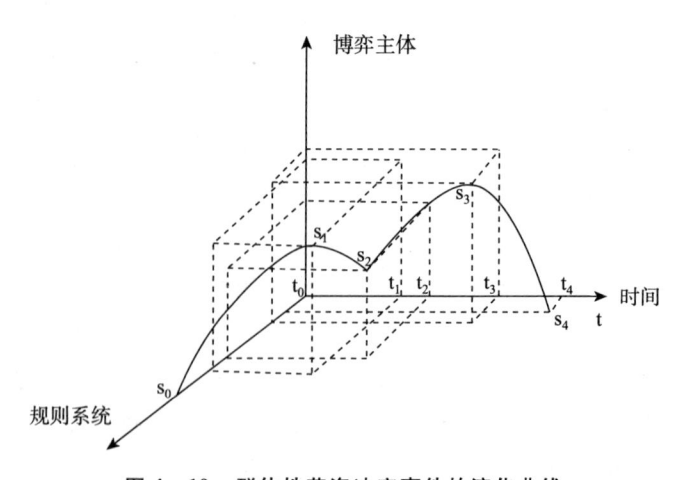

图 4-10 群体性劳资冲突事件的演化曲线

图 4-10 是根据前文构建的群体性劳资冲突事件综合演化模型进行绘制和描述的，演示了群体性劳资冲突事件随时间涨落的状态和曲线。其中 t_0 是平衡稳定状态一，t_0 到 t_1 是利益格局量变阶段，t_1 是群体性劳资冲突事件触发点，也是突变点；t_1 到 t_4 是利益博弈阶段，其中 t_3、t_4 点是利益博弈阶段出现的涨落转折点，t_4 是新的平衡稳定状态。

群体性劳资冲突事件的演化曲线在各个阶段存在差异，动因明确的群体性劳资冲突事件和偶然因素诱发的群体性劳资冲突事件在利益格局量变阶段存在不同。

第五节 基于结构方程模型的演化路径研究

本节采用结构方程模型的分析方法来研究和探索群体性劳资冲突事件的演化路径和演化规律，以期为正确处理群体性劳资冲突事件提供理论和实证基础。

一 群体性劳资冲突事件演化理论模型构建

群体性劳资冲突事件演化系统是一个由劳动关系主体和外部环境互动的复杂系统，本研究以邓洛普的劳动关系系统论（Dulop，1983）作为系统分析框架，并结合中国劳动关系的现实对劳动系统分析框架进行修正。邓洛普的劳动关系系统由三方主体构成，即工会代表的劳方、资方和政府。劳动关系外部环境由政治、经济、社会环境构成，在意识形态等的作用下，劳动关系主体互动，并在外部环境的影响下，经过谈判、调解、仲裁、立法劳动关系运行过程，最终产出规则网，并形成周而复始的循环过程。而在中国劳动关系现实中，中国工会具有双重身份，一方面工会是执政党的附属组织，另一方面工会又是我国法律规定的中国劳动者的唯一合法代表，但在现实中，中国工会更像一个中立组织，代表性发挥不足（常凯，2005）。基于这一观点，泰勒、常凯等学者提出了分析中国劳动关系的本土化主体互动框架，即"三方四主体"框架。因此，群体性劳资冲突事件系统内部主体是由劳方、资方、工会和政府"三方四主体"构成的。在明确群体性劳资冲突事件的主体后，对群体性劳资冲突事件的演化进行理论推演（见图4-11）。

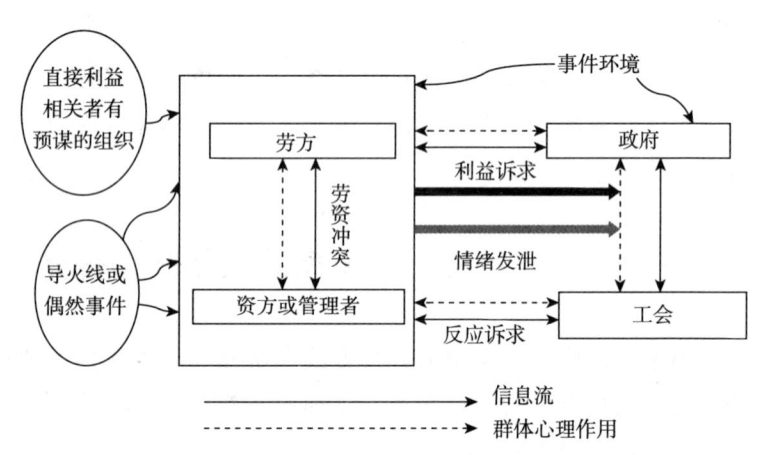

图 4-11 群体性劳资冲突事件演化的理论推演模型

（一）劳动关系紧张造成系统远离平衡态

由于劳方和资方的利益不一致，劳方希望获取更高的工资、更稳定的就业保障，而资方则追求利润最大化以及更加灵活的雇佣方式，劳资双方这种天然的利益差异，导致了劳资冲突在劳动关系运行中不可避免。劳资冲突未能通过适当的机制和手段进行协调和化解，积累到一定程度就会造成企业劳动关系紧张。由于劳资双方劳动关系紧张，劳动关系状态不和谐，劳资矛盾和利益冲突严重，造成劳动关系系统远离平衡态，即处于非均衡的状态。

（二）直接利益相关者有预谋的组织

当劳动关系状态紧张到一定程度，劳方产生不满情绪（Mc. Adam，1988），但单个员工先是长期隐忍这种不满，然后有单个或少数员工公开表达这种不满或抱怨，接着通过在工作场所或利用现代信息技术平台，如QQ群、电子邮件、手机短信、微博等平台进行交流沟通，引起更多人的共鸣，形成集体情绪，在集体情绪感染下迅速达成利益共识，形成身份认同。基于利益共识、集体情绪宣泄形成的身份认同是构成劳方形成团结意识和参与行动的决心的基础。光有团结意识和参与的决心和想法，还无法引发群体行动，需要出现领袖或积极分子激发参与者的认同感，事先进行行动策划，以及在群体行动过程中进行有效的组织。

（三）导火线或偶然事件的发生

由劳动关系运行系统中的劳资矛盾引发了劳资力量博弈，劳方行动主体在利益矛盾中产生集体诉求，这种利益矛盾和集体诉求形成了集体情绪的基础。Collins（1990）认为，情绪在冲突中是团结的黏合剂，情绪的宣泄成为增进劳方彼此认同和力量凝聚的催化剂。愤怒、抱怨成为集体情绪宣泄的主要形式。在沟通过程中这种愤怒和抱怨的情绪相互感染，使得这种不满的情绪不断加强，到达一个燃点，一旦有人提出反抗的意见或出现偶发事件，劳方就立刻达成一致，用较为激烈的形式与资方或管理方进行抗争。点燃这个燃点的原因和偶发事件就成为群体性劳资冲突事件的导火线了。

（四）资方应对策略与系统的信息交换

群体性劳资冲突事件形成后，其演化过程与资方的应对策略有很大关联。群体性劳资冲突事件演化系统中劳方参与群体与资方进行信息交换，劳方与资方进行集体诉求、情绪发泄与雇主策略（压制或满足诉求的行动）之间的交换。雇主采取不同的应对策略，会影响劳方的集体情绪转化，从而影响劳方群体的行为选择。

（五）第三方力量与劳资主体的非线性互动

劳资双方各自的利益需求及其相互关系是决定劳动关系运行状态，即合作与冲突的主要方面，第三方的协调力量在这两种力量的相互对抗和适应过程中发展起来，在调整劳资双方力量和利益需求的平衡方面发挥着越来越重要的作用。第三方力量除了参与和协调劳动关系的运作，同时也传导和反馈劳动关系与经济社会运行的相互影响。因此，劳方、资方、包括政府在内的第三方之间呈非线性互动关系。也就是说，第三方力量的策略和干预行为会影响劳资双方的行动策略，同样，劳资双方在群体性冲突中的策略也会影响第三方的策略。

二 群体性劳资冲突事件演化潜变量与可测变量的设定

通过理论推演得出，群体性劳资冲突事件的演化过程受下述因素的影响，即劳动关系紧张程度、导火线或偶发事件、直接利益相关者的组织策划（简称组织策划）、资方策略、第三方策略、群体性劳资冲突。上述六个因素为结构方程模型的潜变量，设计的结构路径关系假设如图 4-12 所示。

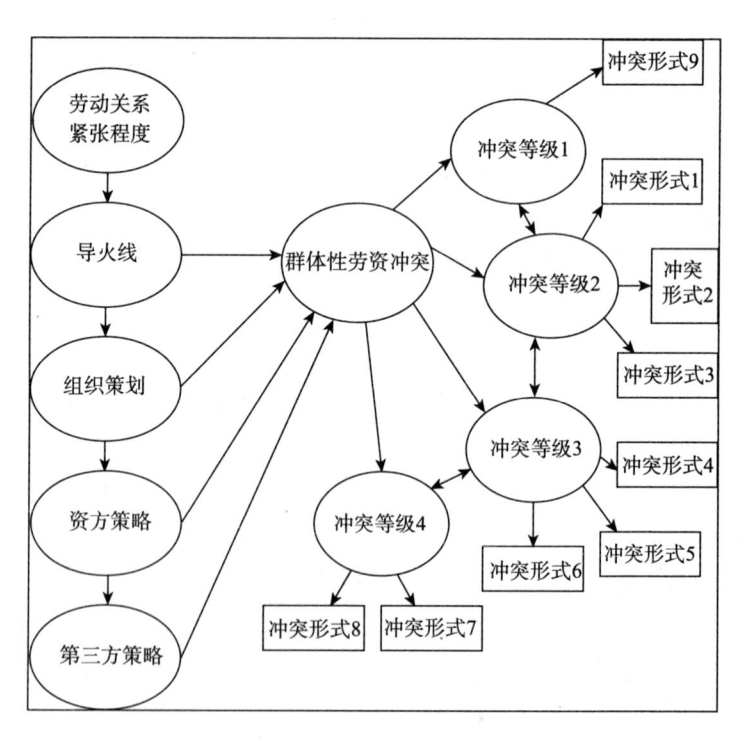

图 4-12 群体性劳资冲突事件演化模型的结构路径关系假设

第四章 群体性劳资冲突事件的演化模型构建及实证研究

参考前文理论模型的整体构建以及相关文献研究，对潜变量的内涵进行界定，并通过理论分析以及因子分析法确定各个潜变量的可测变量，各潜变量的内涵以及可测变量界定如表 4 – 3 所示。

表 4 – 3 群体性劳资冲突事件演化模型各因素的内涵及可测变量界定

潜变量	内涵	可测变量
1. 劳动关系紧张程度	指劳动关系不和谐的状态，是导致群体性劳资冲突最根本的原因。通过理论分析选出 30 个可测变量测定劳动关系的紧张程度	安全卫生、工作环境满意度、劳动争议情况、劳动争议调解委员会的设立及作用、劳动争议发生率、工会组织设立及健全情况、员工权益诉求表达、工会维护员工合法权益的效果、职代会情况、员工参与管理、员工合理化建议采纳率、员工流失率、对企业管理方式的满意度、规章制度制定程序的民主程度、规章制度的合法性、劳动合同签订率、劳务派遣情况、收入满意度、工资增长率、员工最高最低收入比、加班工资支付情况、社会保险达标率、工资协商制度情况、员工培训情况、对目前工作岗位稳定性的乐观程度、对未来生活保障及自身发展的乐观程度、对企业发展前景的信心、企业产品或服务的顾客满意度、企业新产品的开发速度和能力、对劳动关系状况的整体评价
2. 导火线	指点燃劳方群体集体情绪，使劳方群体由集体情绪转化成群体性劳资冲突行动的原因或事件	• 拖欠工资 • 工资低于地方规定的最低工资水平 • 长期超负荷的工作强度 • 恶劣的劳动条件 • 不鼓励员工参与企业内部管理甚至是排斥 • 企业不提供员工发展空间
3. 组织策划	指领袖或积极分子激发参与者的认同感，并事先进行行动策划，以及在群体行动过程中进行有效的组织	• 领袖或积极分子组织和策划

续表

潜变量	内涵	可测变量
4. 资方策略	指在劳资冲突博弈过程中，资方采取的打压威胁、谈判或放任自流等应对策略	• 打压、威胁 • 放任自流 • 启动集体谈判
5. 第三方策略	指工会、政府对群体性劳资冲突事件采取的策略，如工会的沟通、谈判或打压策略，政府的规制、协调或控制策略	• 工会干预情况 • 政府干预情况
6. 群体性劳资冲突	指3人以上的劳动者为改善劳动条件、实现自己的经济利益而进行的停工、怠工、罢工、上访、静坐、集会、游行等通过阻碍企业正常运营而进行对抗的行为	• 一级冲突（集体仲裁或诉讼） • 二级冲突（怠工） • 三级冲突（罢工） • 四级冲突（暴力冲突）

三　数据收集及调查问卷设计

本研究的调查对象为企业员工，调查了149家企业，共发放调查问卷600份，回收有效问卷495份。调查样本企业分布的区域及省（自治区、直辖市）有：东部地区的北京市、广东省；中部地区的河南省、山西省；西部地区的四川省、内蒙古自治区。调查企业覆盖了我国的东部、中部和西部，具有区域代表性。企业性质、行业分布以及企业发展阶段的分布特点与我国企业分布特征相一致。从员工样本分布来看，性别方面，男性占56.4%，女性占43.6%，男女性别大致符合劳动力市场整体性别分布比例。年龄方面，18~30岁的青年人占主体，占56.2%，反映出30岁以下的青年人成为劳动力市场的主体。文化程度方面，大专及本科学历占主体，占到调查总样本的71.9%，处于两端的低学历即初中及以下学历占9.1%,高学历即硕士及以上仅占3.4%。所从事的工作类型方面,在本次调查中,各岗位的人群基本都涉及了,样本具有较好的代表性。

调查问卷由三部分构成,第一部分由反映劳动关系紧张程度的30题构成;第二部分为群体性劳资冲突事件演化的其他四个因素的可测指标调查,包括14题;第三部分为个人信息,即人口统计学变量调查,包括4题。

四 数据的信度和效度检验

本研究采用 SPSS17.0,用克隆巴赫系数（Cronbach's Alpha）来检验量表的内部一致性,克隆巴赫系数为0.8743,说明数据具有较好的信度。对问卷中每个潜变量的信度分别进行检验,组织策划的克隆巴赫系数为0.255,低于0.7,因此在路径图中去掉组织策划这一潜变量。

本研究在 KMO 和巴特利特检验基础上采用因子分析检验结构效度,当 KMO 检验系数大于0.5,巴特利特球体检验的 x^2 统计值的显著性概率 P 值小于0.05时,问卷才有结构效度。经过 KMO 即凯泽-迈耶-奥尔金（Kaiser-Meyer-Olkin）样本充足度衡量以及巴特利特（Bartlett）球状检验,检验结果见表4-4。

表4-4 KMO 和巴特利特检验

凯泽-迈耶-奥尔金样本充足度衡量		0.931
巴特利特球状检验	卡方值	5959.377
	自由度	435
	显著系数（P 值）	0.000

检验结果表明,KMO 值为0.931;巴特利特球体检验 P 值为0.000,小于0.05,表明样本充足度足够,并且显著。

通过对调查问卷的信效度分析,说明调查问卷具有较好的信效度,是收集和调查数据的可靠工具。

五 劳动关系紧张程度的因子分析

由于企业劳动关系紧张程度的可测变量较多,需要通过因子分析进行降维。

如表4-5所示,由相关系数矩阵计算得到特征值、方差贡献率及累积贡献率可以发现,前7个因子的特征值均大于1,有较强的解释力度,因子累计解释了数据中总方差的59.809%,但其中两个因子,即3、5的路径不显著,予以删除,保留1、2、4、6、7五个公共因子,命名为a1、a2、a4、a6、a7。

表4-5 总方差解释

成分	初始特征值			提取平方和载入			旋转平方和载入		
	特征值	方差贡献率%	累积方差贡献率%	特征值	方差贡献率%	累积方差贡献率%	特征值	方差贡献率%	累积方差贡献率%
1	9.771	32.569	32.569	9.771	32.569	32.569	4.883	16.277	16.277
2	2.013	6.709	39.278	2.013	6.709	39.278	4.005	13.351	29.628
3	1.537	5.123	44.401	1.537	5.123	44.401	2.076	6.920	36.548
4	1.303	4.343	48.744	1.303	4.343	48.744	2.019	6.731	43.279
5	1.190	3.966	52.710	1.190	3.966	52.710	1.896	6.319	49.598
6	1.086	3.620	56.330	1.086	3.620	56.330	1.751	5.836	55.434
7	1.044	3.479	59.809	1.044	3.479	59.809	1.312	4.375	59.809
8	0.948	3.161	62.970						
9	0.835	2.782	65.752						
10	0.801	2.670	68.422						
11	0.757	2.525	70.947						
12	0.679	2.262	73.209						
13	0.673	2.243	75.452						
14	0.638	2.128	77.580						

续表

成分	初始特征值			提取平方和载入			旋转平方和载入		
	特征值	方差贡献率%	累积方差贡献率%	特征值	方差贡献率%	累积方差贡献率%	特征值	方差贡献率%	累积方差贡献率%
15	0.593	1.975	79.555						
16	0.587	1.958	81.513						
17	0.529	1.762	83.275						
18	0.525	1.749	85.024						
19	0.475	1.582	86.606						
20	0.460	1.532	88.138						
21	0.445	1.484	89.622						
22	0.435	1.449	91.071						
23	0.408	1.360	92.431						
24	0.390	1.300	93.731						
25	0.375	1.251	94.982						
26	0.336	1.212	96.194						
27	0.317	1.057	97.251						
28	0.305	1.018	98.269						
29	0.276	0.919	99.188						
30	0.271	0.903	100.000						

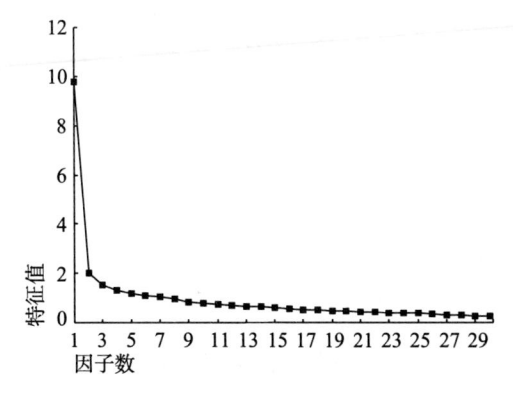

图 4-13　碎石图

为使因子载荷矩阵中系数向 0~1 分化,对初始因子载荷矩阵施行方差最大正交旋转,以达到初始因子载荷矩阵系数显著的目的。经过旋转后,进行重新排列,如表 4-6 所示。工会维护员工合法权益的效果、员工参与管理、员工合理化建议采纳率在因子 1 上有较高的载荷,将因子 1 命名为"民主参与";对目前工作岗位稳定性的乐观程度、对未来生活保障及自身发展的乐观程度、对企业发展前景的信心、员工培训在因子 2 上有较高的载荷,将该因子命名为"员工发展";劳动争议调解委员会的设立及作用、工会组织设立及健全情况在因子 4 上有较高的载荷,将因子 4 命名为"劳动争议";收入满意度、员工最高最低收入比、劳动时间和劳动强度情况在因子 6 上有较高的载荷,将因子 6 命名为"员工权益实现";安全卫生、工作环境满意度在因子 7 上有较高的载荷,将因子 7 命名为"劳动环境"。

表 4-6 正交旋转后的因子负载矩阵

指标名称	主成分						
	1	2	3	4	5	6	7
安全卫生	0.779		0.133			0.133	0.217
工作环境满意度	0.589	0.253		0.153		0.135	0.364
企业中的劳动争议情况	0.459	0.118	0.188	-0.163		0.126	
劳动争议调解委员会的设立及作用	0.116	0.131		0.766	0.220		
工会组织设立及健全情况	0.115		0.229	0.831			
员工权益诉求表达	0.328	0.165	0.350	0.363	0.158	0.276	0.185
工会维护员工合法权益的效果	0.684	0.221	0.203	0.182		0.135	
职代会情况	-0.221	-0.125		-0.207	-0.617		-0.138
员工参与管理	0.725	0.293		0.106	0.129	0.158	
员工合理化建议采纳率	0.713	0.343			0.185	0.106	
员工流失率	-0.345			-0.219	-0.375	-0.388	-0.235

148

续表

指标名称	主成分						
	1	2	3	4	5	6	7
对企业管理方式的满意度	0.561	0.357	0.168	0.185	0.169	0.247	0.149
规章制度制定程序的民主程度	0.589	0.426	0.102		0.221	0.146	
规章制度的合法性	0.293	0.189	0.548		0.130	0.316	
劳动合同签订率	0.246	0.166	0.657	0.263	0.144		
劳务派遣情况			-0.352	0.218	-0.632	-0.113	0.178
收入满意度	0.246	0.355	0.130		0.362	0.427	0.230
工资增长率		0.202	0.114				0.262
员工最高最低收入比	0.142	0.180	-0.130	0.129		0.765	
加班工资支付情况	0.482	0.337	0.203		0.192		0.229
劳动时间和劳动强度情况	0.136	0.303	0.115		-0.125	0.475	-0.512
社会保险达标率		0.145	0.820			-0.146	
工资协商制度情况		-0.204		-0.354	-0.664	0.306	
员工培训情况	0.483	0.499	0.149				-0.212
对目前工作岗位稳定性的乐观程度	0.229	0.631	0.218	0.158		0.150	0.119
对未来生活保障及自身发展的乐观程度	0.139	0.749		0.123		0.131	0.150
对企业发展前景的信心	0.183	0.703		0.140	0.224	0.192	0.142
企业产品或服务的顾客满意度	0.341	0.617	0.112		0.112		
企业新产品的开发速度和能力	0.348	0.629					-0.115
对企业劳动关系状况的总体评价	0.433	0.527	0.149	0.151	0.152	0.164	0.111

六 结构方程模型建模

采用 Amos17.0 建构如图 4-14 所示的初始模型。

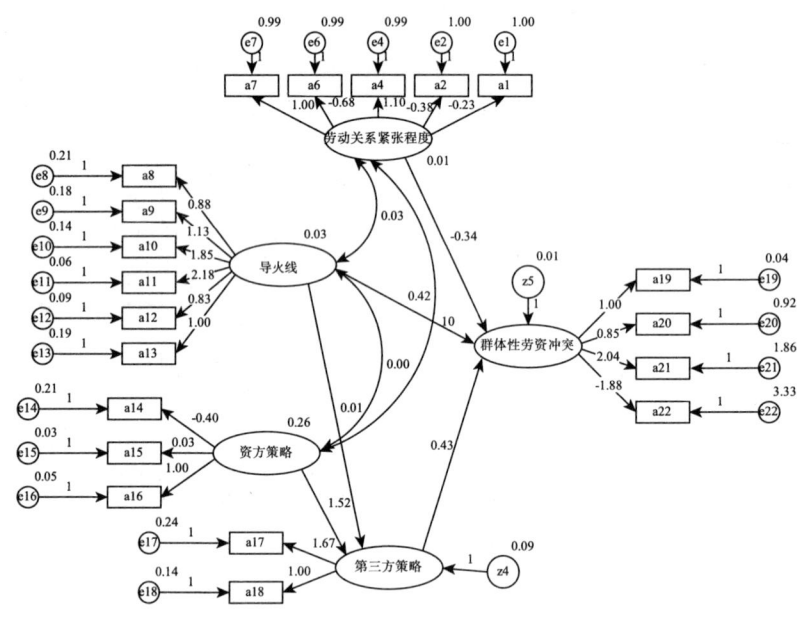

图 4-14 群体性劳资冲突事件演化结构方程初始模型

表 4-7 单向路径系数估计结果

变量	路径	变量	标准化路径系数	S. E.	C. R.	P	Label
第三方策略	←	导火线	0.006	0.144	0.043	0.966	par__22
第三方策略	←	资方策略	1.525	0.086	17.642	***	par__23
群体性劳资冲突	←	第三方策略	0.425	0.036	11.890	***	par__12
群体性劳资冲突	←	导火线	0.419	0.189	2.218	0.027	par__13
群体性劳资冲突	←	劳动关系紧张程度	-0.342	0.153	-2.229	0.026	par__19

续表

变量	路径	变量	标准化路径系数	S. E.	C. R.	P	Label
导火线6（企业不提供员工发展空间）	←	导火线	1.000				
导火线5（排斥员工参与企业内部管理）	←	导火线	0.831	0.136	6.110	***	par_1
导火线4（恶劣的劳动条件）	←	导火线	2.185	0.300	7.289	***	par_2
导火线3（长期超负荷的工作强度）	←	导火线	1.854	0.260	7.138	***	par_3
导火线2（工资低于地方规定的最低工资水平）	←	导火线	1.129	0.188	6.017	***	par_4
导火线1（拖欠工资）	←	导火线	0.877	0.173	5.064	***	par_5
资方策略3（启动集体谈判）	←	资方策略	1.000				
资方策略2（放任自流）	←	资方策略	0.027	0.016	1.641	0.101	par_6
资方策略1（打压威胁）	←	资方策略	-0.400	0.044	-9.015	***	par_7
第三方2（政府干预）	←	第三方策略	1.000				
第三方1（工会干预）	←	第三方策略	1.665	0.047	35.487	***	par_8

续表

变量	路径	变量	标准化路径系数	S. E.	C. R.	P	Label
冲突1（集体仲裁或诉讼）	←	群体性劳资冲突	1.000				
冲突2（怠工）	←	群体性劳资冲突	0.846	0.150	5.629	***	par_9
冲突3（罢工）	←	群体性劳资冲突	2.036	0.221	9.202	***	par_10
冲突4（暴力冲突）	←	群体性劳资冲突	-1.884	0.288	-6.540	***	par_11
关系7（劳动环境）	←	劳动关系紧张程度	1.000				
关系6（员工权益实现）	←	劳动关系紧张程度	-0.681	0.188	-3.613	***	par_14
关系4（劳动争议）	←	劳动关系紧张程度	1.096	0.238	4.608	***	par_15
关系2（员工发展）	←	劳动关系紧张程度	-0.378	0.162	-2.329	0.020	par_16
关系1（民主参与）	←	劳动关系紧张程度	-0.232	0.154	-1.505	0.132	par_17

注：表中***表示0.01水平上显著，C. R.（critical ratio）统计量检验参数，即t值。C. R.是一个Z统计量，若其P值小于0.05，则表明路径系数或载荷系数在0.05显著水平下显著且不为0。

表4-8 双向路径系数估计结果

变量	路径	变量	标准化路径系数	S. E.	C. R.	P	Label
资方策略	↔	劳动关系紧张程度	0.079	0.020	4.021	***	par_18
导火线	↔	劳动关系紧张程度	0.032	0.008	3.762	***	par_20

第四章 群体性劳资冲突事件的演化模型构建及实证研究

续表

变量	路径	变量	标准化路径系数	S.E.	C.R.	P	Label
导火线	↔	资方策略	0.006	0.005	1.203	0.229	par__24
冲突1（集体仲裁或诉讼）	↔	冲突2（怠工）	-0.039	0.013	-3.022	0.003	par__26
冲突2（怠工）	↔	冲突3（罢工）	-0.174	0.062	-2.818	0.005	par__27
冲突3（罢工）	↔	冲突4（暴力冲突）	-0.411	0.116	-3.535	***	par__28

该模型的拟合指数 Chi-square 值为 784.7，从表 4-7、表 4-8 的系数估计结果来看，单向路径中第三方策略与导火线路径的 P 值为 0.966，关系 1 与劳动关系紧张程度的 P 值为 0.132，双向路径中导火线与资方策略的 P 值为 0.229，均大于 0.05，说明上述三条路径不显著，应该删除。其他路径的 P 值均小于 0.05，应予以保留。同时，表 4-8 中有关 e 的三条双向路径，总体都比较显著，表示前三个冲突等级间是可以相互转化。对上述模型进行修正，修正后的模型如图 4-15 所示。

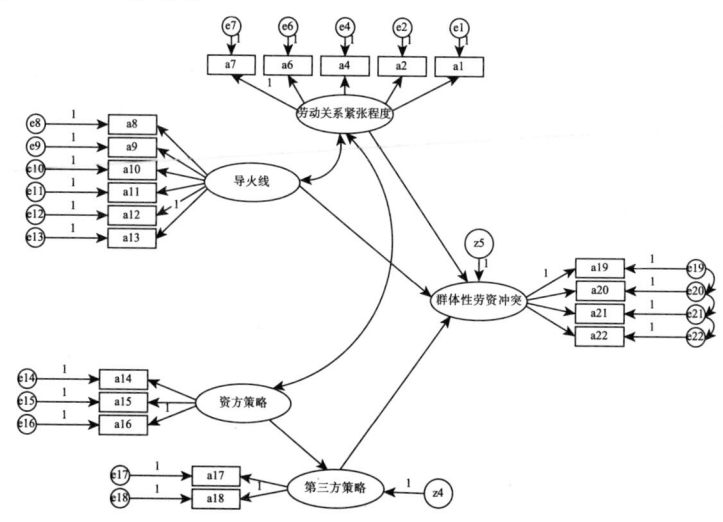

图 4-15 修正后的群体性劳资冲突事件演化结构方程模型

表4-9 修正后的单向路径系数估计结果

变量	路径	变量	标准化路径系数	S.E.	C.R.	P	Label
第三方策略	←	资方策略	1.511	0.084	18.059	***	par_24
群体性劳资冲突	←	第三方策略	0.435	0.040	10.776	***	par_11
群体性劳资冲突	←	导火线	0.586	0.219	2.681	0.007	par_12
群体性劳资冲突	←	劳动关系紧张程度	-0.436	0.178	-2.451	0.014	par_17
导火线6（企业不提供员工发展空间）	←	导火线	1.000				
导火线5（排斥员工参与企业内部管理）	←	导火线	0.834	0.136	6.114	***	par_1
导火线4（恶劣的劳动条件）	←	导火线	2.172	0.298	7.280	***	par_2
导火线3（长期超负荷的工作强度）	←	导火线	1.858	0.261	7.131	***	par_3
导火线2（工资低于地方规定的最低工资水平）	←	导火线	1.135	0.188	6.026	***	par_4
导火线1（拖欠工资）	←	导火线	0.881	0.174	5.070	***	par_5
资方策略3（启动集体谈判）	←	资方策略	1.000				
资方策略2（放任自流）	←	资方策略	0.028	0.016	1.723	0.085	par_6

续表

变量	路径	变量	标准化路径系数	S.E.	C.R.	P	Label
资方策略1（打压威胁）	←	资方策略	-0.397	0.044	-8.979	***	par_7
第三方2（政府干预）	←	第三方策略	1.000				
第三方1（工会干预）	←	第三方策略	1.664	0.047	35.474	***	par_8
冲突1（集体仲裁或诉讼）	←	群体性劳资冲突	1.000				
冲突2（怠工）	←	群体性劳资冲突	1.095	0.159	6.876	***	par_9
冲突3（罢工）	←	群体性劳资冲突	1.923	0.219	8.775	***	par_20
冲突4（暴力冲突）	←	群体性劳资冲突	2.036	0.278	-7.316	***	par_10
关系7（劳动环境）	←	劳动关系紧张程度	1.000				
关系6（员工权益实现）	←	劳动关系紧张程度	-0.646	0.178	-3.620	***	par_13
关系4（劳动争议）	←	劳动关系紧张程度	1.107	0.232	4.768	***	par_14
关系2（员工发展）	←	劳动关系紧张程度	-0.438	0.160	-2.732	0.006	par_15
关系1（民主参与）	←	劳动关系紧张程度	-0.279	0.150	-1.861	0.063	par_16

注：表中***表示0.01水平上显著，C.R.值即为t值。

表 4-10 修正后的双向路径系数估计结果

变量	路径	变量	标准化路径系数	S. E.	C. R.	P	Label
资方策略	↔	劳动关系紧张程度	0.093	0.018	5.126	***	par__18
导火线	↔	劳动关系紧张程度	0.034	0.008	4.263	***	par__19
冲突1（集体仲裁或诉讼）	↔	冲突2（怠工）	-0.058	0.013	-4.401	***	par__21
冲突2（怠工）	↔	冲突3（罢工）	-0.213	0.062	-3.444	***	par__22
冲突3（罢工）	↔	冲突4（暴力冲突）	-0.395	0.115	-3.427	***	par__23

修正后模型的拟合指数 Chi-square 值为 760.3，Chi-square 减小了，并且各拟合指数得到了较大的改善。该模型各参数在 0.05 水平下显著，各方程对应的测定系数增大了，说明修正后的模型具有较好的数据拟合效果。

七 模型结果分析

（一）潜变量之间的路径分析

从图 4-15 以及表 4-9、表 4-10 中可以发现，资方策略对第三方干预有较大影响，相关系数为 1.511，说明工会、政府对群体性劳资冲突事件的干预和行动策略常常根据资方对群体性劳资冲突事件的策略进行。第三方策略影响群体性劳资冲突事件的发展，相关系数为 0.435，这表明第三方能正确干预和处理，则群体性劳资冲突事件的态势将会得到控制和减弱，如不当干预反而会加剧劳资双方的冲突。导火线会引发群体劳资冲突事件，相关系数为 0.586，当出现诸如要求增加工资、恶劣的工作条件、不公平等导火线时，容易引发群体性劳资冲突事件。劳动关系紧张程度影响群体性劳资冲突事件，相关系数为 -0.436，这是因为本研究中劳动关系紧张程度为负向值，值越小表明劳动关系紧张程度越高，表明该企业劳动关系不和谐、不稳定性越高，越容易爆发群体性劳资冲突事件。

劳动关系紧张程度与资方策略相互影响，资方对劳方采取不同的策略，当劳动关系紧张程度高，劳资双方产生冲突，如果资方积极与劳方进行沟通，迅速启动集体协商或谈判，则会缓解劳动关系紧张程度；如资方采取打压、威胁等方式，可能会加剧劳动关系的紧张程度。同时，劳动关系的紧张程度也敦促资方采取一定策略进行应对。导火线与劳动关系紧张程度也相互影响，当劳动关系紧张程度较高，劳方群体产生集体情绪，劳方很容易找到引发群体性劳资冲突的导火线，在劳方感知到遭遇了不公平的待遇等导火线或偶发事件的情况下，又会进一步增加劳动关系的紧张程度。

（二）潜变量与可测变量之间的路径分析

6个导火线可测变量对导火线这一隐变量均有较为显著的影响，影响大小依次为4、3、2、6、1、5，即恶劣的劳动条件、长期超负荷的工作强度、工资低于地方规定的最低工资水平、企业不提供员工发展空间、拖欠工资、员工参与企业管理情况。在资方采取的三个方面的策略对资方策略的影响路径中，谈判对资方策略影响较大，相关系数为1.000，打压威胁策略与资方策略呈负相关，说明是否启动谈判对资方策略影响较大，打压威胁对资方策略有负向影响。资方策略2（放任自流）对资方策略影响不显著。工会干预和政府干预与第三方策略呈较强的正相关。冲突4（暴力冲突）、冲突3（罢工）、冲突2（怠工）、冲突1（集体仲裁或诉讼）与群体性劳资冲突呈较强的正相关，相关系数依次为2.036、1.923、1.095、1.000。劳动关系紧张程度的5个影响因子与劳动关系紧张程度有较强的相关度，说明上述5个可测变量能较好地测定劳动关系的紧张程度。

(三) 可测变量之间的路径分析

群体性劳资冲突四个等级，即 e19 表达的集体仲裁或诉讼、e20 表达的怠工、e21 表达的罢工、e22 表达的暴力冲突。四个变量之间相互影响，说明群体性劳资冲突在这四个等级间可以相互转化，如资方和第三方处理策略恰当，群体性劳资冲突可以朝着较为理性、符合法律规范、逐渐缓和的方向发展。

八　结论与建议

(一) 结论

修正后的群体性劳资冲突事件演化路径模型具有较好的拟合度，通过上述模型展示的结果分析得出以下结论。

1. 劳动关系紧张程度是群体性劳资冲突事件演化的开端

劳动关系紧张、劳资矛盾突出是群体性劳资冲突事件形成和演化的开端，为劳资双方利益格局量变的阶段，科学地测量企业劳动关系的紧张程度成为预防群体性劳资冲突事件发生的关键。员工的民主参与、员工权益的实现、员工发展、劳动环境状况、企业劳动争议解决情况等因素是影响劳动关系状态的重要因素。加强和改善上述五方面，有利于缓解劳动关系的紧张程度，避免劳资双方的利益冲突由量变走向质变，有效降低群体性劳资冲突事件发生的概率。

2. 导火线是引发群体性劳资冲突事件的直接催化剂

作为劳动关系系统中的行为主体，劳方和资方之间的互动是复杂的非线性关系，会因为一些突发事件或扰动因素等导火线使这种非线性升级或突变。本研究表明：企业方采取的不公平行为、员工的涨薪期望、长期恶劣的劳动条件和超负荷的劳动强度等易成为引发群体性劳资冲突事件的导火线。

3. 资方策略是群体性劳资冲突事件演化的重要中介变量

资方策略是重要的中介变量，通过对劳动关系紧张程度以及第三方策略产生直接影响，从而对群体性劳资冲突事件的演化产生间接效应。群体性劳资冲突事件的演化过程是劳方、资方与政府工会等第三方之间互动的过程。劳方的策略通常包括对抗或合作,当发生劳方集体对抗时,资方策略影响劳动关系紧张程度以及第三方策略。如果资方选择压制和威胁、政府选择听之任之、工会选择不作为,则会加剧群体性劳资冲突事件的演变;如果资方选择谈判、政府选择制定规制和促成谈判、工会选择促进谈判,则会有效减缓群体性劳资冲突事件的发展。

4. 群体性劳资冲突的等级间可以相互转换

群体性劳资冲突四个等级间可以相互转化,如资方和第三方处理策略恰当,群体性劳资冲突可以朝着较为理性、符合法律规范、逐渐缓和的方向发展。但第四个等级暴力冲突,较难向前三个冲突等级逆向转化,主要是因为群体性劳资冲突一旦演变为暴力冲突,涉及社会安全和触犯法律等问题,很难逆向朝前三个等级转化,这与现实情况较相符。这就意味着当群体性劳资冲突事件发生时,将冲突等级控制在前三个等级,并采取正确的调节和干预行为,可以降低冲突等级。

(二)建议

在厘清群体性劳资冲突事件演化的影响因素以及演化发生的路径基础上,应建立包含短期应急系统以及长期制度构建在内的综合治理的应对体系。在短期应急处理中,企业应建立应急预案体系,以及应急处理信息系统。长期制度构建的思路如下。

首先应转变观念,不能将劳方仅仅看成用于市场交换的商品。劳动关系系统的重要主体之一劳方,即"人"是有情感、有态度、有情绪、有人性的,资方应营造责任、公平、关怀的企业道德环境,建立人性化的雇佣关系。

其次要确立健康的企业劳动关系目标。企业劳动关系应寻求效率、公平与员工话语权的平衡,即寻求资方的利润、生产率、竞争力等效率与劳方的公平薪酬、工作场所安全、无歧视、健康和退休保障等的公平以及劳方参与管理、集体谈判、自主决定等劳方话语权的平衡，其实质是资方财产权与劳方劳动权、发展权的平衡。

最后要明确实现这种劳资平衡目标的路径选择。要从根本上解决群体性劳资冲突事件的发生，有以下路径：一是从宏观层面促进经济发展，实现充分就业。二是企业实行人性化的劳动关系管理，改变管理方式、建立员工民主参与的有效机制，落实薪酬、社会保险等员工权益的实现，重视员工的发展、改善员工劳动环境状况、建立企业内部劳动争议解决机制，创新员工授权机制、建立自我管理团队。三是在企业工作场所中建立群体性劳资冲突事件的预防机制，建立预防机制旨在化解劳方个体与企业的劳资冲突和矛盾，从制度上避免群体性劳资冲突从量变到质变的演化。预防机制包括企业内部沟通机制、抱怨处理机制、劳资矛盾内部调节机制以及企业内仲裁机制。四是构建集体谈判制度，企业集体谈判制度的构建和实施的目的在于平衡劳资双方的力量，使劳方有发出声音的机制，通过劳资双方公平、公正的协商，达成一致，避免冲突的发生，而集体谈判制度实施的关键是劳方代表权的确认，应建立相应的集体谈判代表权确认制度。五是加强法律监察，一方面通过法律和制度来规制劳资双方的行为，另一方面要加强劳动执法监察，确保劳动法律的执行效果。

综上，建立劳资平衡、共赢的高路径劳动关系系统是避免群体性劳资冲突事件发生和演变的根本和出路。

第六节　实证研究——基于案例分析

本章前几节从理论的角度分别构建了群体性劳资冲突事件的静态、动态以及综合演化模型，本节将选取较为典型的群体性劳资冲突事件案例，从实证的角度进一步分析和印证前文构建的演化理论模型。本研究选取我国 2010 年罢工事件中的典型代表案例——BT公司发生的罢工事件①，通过案例分析较为深入地揭示群体性劳资冲突事件的演化过程和演化规律。

一 案例介绍

BT公司成立于2005年9月，是日本某著名株式会社在中国大陆地区设立的首家独资公司，位于广东省佛山的某科技园，现有员工2200余人。该公司主要从事汽车零部件的生产、销售等业务。2010年5月17日，BT公司爆发了1500多名工人参与的罢工行动，整个罢工行动持续了半个月之久。参与罢工行动的大多数工人都是年龄在18岁到23岁的"新生代农民工"。

二 耗散结构及博弈演化过程分析

（一）劳动关系紧张造成系统远离平衡态——利益格局量变阶段

工人对过低的工资水平、不公正的工资体系以及中日员工工资福利待遇方面差距过大、缺乏正常的工资增长机制等问题产生不满，长期以来形成的劳资矛盾无法通过正式渠道化解，使该企业的劳动关系紧张，造成劳动关系系统远离平衡态。

该企业工人对企业的劳动报酬极为不满，积怨较深。首先，BT企业工资标准较低，以一级工人的工资为例，一级工人的工资仅为1500元左右，扣除"三险一金"后，工人拿到手的工资勉强超过1200元。而物价水平却在不断上涨，工人的生存压力逐渐增大，这进一步加剧了劳资双方的利益冲突。其次，该企业工资体系和薪酬结构不合理，工人认为工资晋升的空间很小。BT公司的薪酬体系分为五个大的级别，而每个大级别下面有15个小级别，共75个级别。工人的工资晋级每年评审一次，合格后只能晋升一个小级别，这意味着如果工人要升一大级工资，则需要15年。在

---

① 本研究选取的案例来源于新闻媒体对该事件的报道以及现有文献对该案例的介绍（熊新发，2011；孟泉，2011）。

这样的薪酬体系下,有的员工每年评审均合格,3 年下来工资仅涨了 111 元。再次,该公司大量使用实习生,相关数据显示,该企业实习生在一线员工中所占比例超过一半。这些实习生在公司的实习时间多为一年,实习期间的月工资仅为八九百元,而 2010 年广州的最低工资标准为 1030 元,也就是说实习生的月工资低于最低工资标准,实习生的工资很难应付自己的生活开支。最后,该公司中日员工工资福利待遇方面差距过大,相关调查显示,该企业中日员工的工资差距竟然高达 50 倍之多,BT 公司的一线工人一个月省吃俭用工资仍所剩无几,而日籍员工却享受着高工资、高福利。此外,企业没有正常的工资增长机制,根据相关数据,BT 公司在 2009 财年所赚取的利润比上年同期增长了 90%,约 39 亿美元,而工人工资的涨幅却仅为 50 元人民币。

该企业于 2008 年成立了工会,工会主席由公司管理科的副科长 W 担任,工会主席具有行政管理人员和工会主席的双重身份,工会组织在公司内部相当于一个职能部门,不能真正代表工人的利益,造成了工会组织的形式化。在大多数工人眼里,工会组织就是一个福利机构,负责收收会费、发发购物卡、组织组织集体旅游。由于企业工会被雇主控制,成为雇主的职能机构,无法真正维护工人的权利和利益,造成劳资矛盾无法通过正式渠道化解,工人对企业的不满情绪越积越深。

上述这些问题导致劳资矛盾突出,劳动关系紧张,导致该企业的劳动关系运行系统远离平衡态,这个过程也是动态演化过程中的矛盾积累阶段,演化博弈过程中的利益格局量变阶段。

(二)偶发事件或导火线的出现——诱因产生阶段

该公司劳资关系紧张,劳资利益冲突加剧,系统远离平衡态,在此基础上,随着 2008 年《劳动合同法》《劳动争议调解仲裁法》等的颁布和实施,唤醒了工人的维权意识。此外,中央对劳动关系问题更加重视,2010 年中央高层频繁表态,给了工人积极的预期。加之经济回暖,企业逐渐走出金融危机的阴影,工人加薪的预期也逐渐提高。在这样的压力下，BT 企业决定给工人涨薪，当 2010 年本地最低工资标准从 770 元/月调整到 920 元/月之后，企业为了规避法律的要求，把工人工资增加的部分不放到基本工资中，工人认为企业在为员工涨工资方面动了手脚，等于变相降薪了，这一偶然事件使劳资双方矛盾加剧，冲突一触即发。该阶段为动态演化的诱因产生阶段。

（三）罢工积极分子的组织策划——突发劳方群体产生阶段

该企业的工人表示早在 2010 年 3 月，少部分积极分子就开始酝酿罢工，而此次变相降薪事件立刻激起了工人们的强烈不满。而此时，2 名已经打算辞职的湖南籍工人开始游说他们所在的组装车间的工友罢工，在他们的游说下，筹备罢工的队伍扩大到 20 余人，这些人中大部分同为一个组装科的工人且以湖南老乡居多。至此，小范围的突发劳方群体产生。

（四）信息交换——劳方群体竞争策略产生阶段

工人在网络上建立了内部 QQ 群，通过内部 QQ 群和 BBS 发泄怨气，并沟通和交流相关的罢工行动和罢工策略，工人的很多罢工策略都是在 QQ 群中商定的。2010 年 5 月 17 日早上 7:50 分上班的时候，组装车间的工人开始罢工，2 名罢工组织者开始鼓动其他工友罢工，他们对着各自流水线的员工高喊："工资那么低，大家都别做了。"于是一些工人加入罢工行列，然后，组装车间 50 多人的罢工队伍，来到隔壁的铝加工车间和铸造车间"串联"；接着，罢工队伍按照原定计划，来到厂区的篮球场静坐示威。上午 9 点多，日方管理人员开始上班时，罢工队伍引起资方的注意，随后，BT 总经理赶往现场，要求罢工的工人先回到组装车间，去那里协调问题，但遭到罢工工人的拒绝。在静坐期间，罢工的消息却以短信的方式迅速传播开来，于是，生产线上的一些工人也跟着放下手头的活儿，加入罢工行列。由于企业是流水线作业，不久后，整条流水线都陷入停顿，大部分工人也被动地卷入罢工过程，但大多数人仍然坐在流水线旁边。自此参与罢工的工人规模由最初的 2 名组织者发展到 20 名积极分子团队，再发展到 50 名首批参与罢工的工人，最后演变为 1500 人参与的罢工行动。

同时，互联网也成为他们向社会发出声音的渠道。BT 企业 16 名罢工积极分子联署的"公开信"通过网络得到广泛的传播，使他们的罢工争取到了社会的理解、关注和支持。同时，罢工工人将手机作为迅速沟通交流的手段，促进了罢工积极分子与参与罢工工人的互动交流。总之，通过信息交流工人达成利益共识，产生集体情绪，形成身份认同，大规模的劳方群体参与到罢工行动中。

（五）系统主体非线性互动——劳资双方利益博弈阶段

罢工开始后，整条流水线陷入停顿，为了了解工人的诉求，中午 12 点左右，资方在食堂准备了 6 块白色公告板，供员工提意见。百余罢工工人进入食堂，蜂拥而上，写了 100 多条意见，其中包括要求进行集体谈判。资方的日方高层管理人员通过翻译向罢工队伍承诺，将在 5 月 21 日给员工满意答复，工人觉得资方态度温和且有诚意，当天下午 3 点多工人开始复工。

5 月 20 日，劳资双方开始第一轮谈判，劳方的谈判代表包括每个科室选出的 2 名工人代表以及各班班长，资方代表包括总经理在内的 4 名高管，以及工会主席，让工人觉得很气愤的是工会主席竟然坐到资方一边。谈判中工人的诉求非常明确，即"工资提高 800 元，全部加入基本工资，未来工资年度增幅不低于 15%"。资方认为工人要求的加薪幅度过高，直接拒绝了工人的要求，而此时，工会代表一言不发，谈判陷入僵局。

5 月 21 日，劳资双方举行第二轮谈判，但仍没有达成共识。资方单方面公布了加薪方案，此方案仅给正式员工加薪 55 元，同时开始着手到湛江等地大量招工，计划替换 5 月 17 日参与罢工的所有工人。谈判再次破裂后，5 月 21 日晚，工人再次罢工。在 5 月 20 日、21 日谈判期间，尽管工人也在照常上班，但受罢工情绪的影响，产量一天比一天低。

5月22日，2名罢工组织者继续号召工人通过罢工向管理方施压。22日中午，BT公司突然宣布开除2名罢工组织者，导致工人的反抗情绪达到高潮，一些一直没有离开生产线的工人也加入罢工队伍，罢工进入高潮。

5月23日，罢工规模迅速扩大，达到近千人，而且工人情绪高昂，不时高唱《国歌》《团结就是力量》等歌曲，高喊带有反日色彩的口号。为了防止日方拍照报复，工人在厂区游行时都戴上了口罩。由于罢工的参与者主要是实习生，BT公司开始联系实习生所在的学校，希望校方派人过来协调。

5月24日，BT企业召集实习生签字确认不再参与停工，并通过校方给实习生施压，但实习生仍然坚持停工决定。

5月25日，罢工工人要求基本工资增加800元，BT企业承诺给所有员工增加55元补贴，罢工工人未同意上述工资增长幅度和增长方式，罢工继续。

5月26日，BT企业发布告示公布了新的工资调整方案。调整后的方案一级和二级员工工资总体增加355元，其中基本工资增加200元，补贴增加155元，较先前的方案增加了300元；实习期满3个月的实习生每月增加477元。公布新的涨薪方案后BT企业召集工人开会并宣称给工人5分钟考虑，如实习生不答应就送回学校，正式工不答应就辞职，罢工工人对调整后的方案仍然不满意，罢工继续。

5月27日，BT企业要求工人签署一份《不罢工承诺书》，否则企业将作处理，但工人拒绝签署，继续以罢工形式抗争。

5月28日，BT企业通知全部生产员工放假，BT企业全面陷入停工状态。BT企业资方向工人下发了《承诺书回收通知》以及《致歉声明》，《致歉声明》中第三次提出了涨薪方案，方案中仅涉及实习生涨薪问题，没有提及正式员工的涨薪问题。由于第三次调薪方案仍然没有达到工人提出的基本工资增加800元的要求，罢工陷入僵持阶段，一部分工人开始松动。

5月31日，BT企业提出第四次涨薪方案，一线员工每月增加366元，实习生实习满一个月后增加477元津贴。企业所在地的镇总工会对劳资冲突进行调解，在调解过程中与罢工工人发生肢体冲突，镇总工会人员殴打罢工工人，导致原来有些松动的罢工达到高潮。

6月1日，与BT企业有业务往来的GQ集团总经理S在搜集了工人的意见和要求后介入劳资双方的谈判，并促成此前殴打罢工工人的镇总工会发出道歉信，S经理向罢工工人承诺在6月4日3点前向工人发布与资方的协商情况，并要求这期间工人复工三日。至此，由资方谈判代表、工人谈判代表以及GQ集团总经理S和3名镇总工会代表参与的劳资谈判正式开始，但就涨薪方案未达成一致意见。

6月3日，由于有人提出工人的罢工违法，同时考虑到工人自身缺乏谈判经验，BT企业的工人代表与某大学的C教授联系，请其作为罢工工人的法律顾问参加劳资谈判，当晚在S总经理和C教授的斡旋下，劳资双方正式签订了集体合同，持续了19天的罢工才正式结束。

(六) 系统涨落——系统学习阶段

在劳资双方利益博弈阶段，系统主体发生非线性互动，劳方、资方博弈主体，政府、工会等规则系统采取不同的策略，工人罢工等群体性劳资冲突呈现不同的涨落状态，演化系统中各参与方的策略行为引起系统的内部涨落，外界如政府、工会、学者、法律工作者等对事件的协理作用造成系统的外部涨落，其动态演化过程如图4-16所示。

从上述案例中可看出，2010年3月前，BT企业劳资矛盾已经积累到一定程度，该企业的劳动关系系统远离平衡态，这是劳资双方利益格局量变阶段。2010年3月至5月17日为该企业群体性劳资冲突诱因发生和劳方群体产生阶段。5月17日至6月3日为劳资双方利益博弈阶段，其中在几个关键时间点上，劳资博弈主

第四章 群体性劳资冲突事件的演化模型构建及实证研究

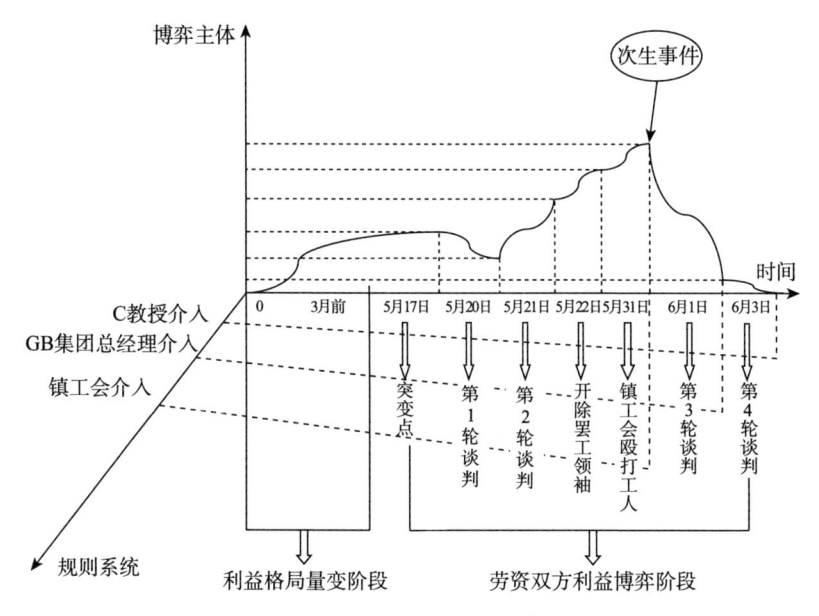

图 4-16 BT 企业群体性劳资冲突事件动态演化

体以及规则系统的不同策略导致群体性劳资冲突事件出现系统涨落，即发生动态演化过程。5 月 17 日为突变点，由 2 名工人首先罢工引起部分工人参与罢工。5 月 20 日劳资双方在没有外界力量介入的情况下进行第一轮谈判，劳方复工，但产量降低。资方直接拒绝了劳方的涨薪要求，谈判陷入僵局。5 月 21 日劳资双方开展第二轮谈判，仍未达成一致。5 月 22 日开除 2 名罢工积极分子，导致罢工进入高潮。5 月 31 日外界开始介入，即企业所在地的镇工会介入，由于镇工会干部殴打罢工工人，导致已开始松动的罢工行动再次高涨，此事件为系统的次生事件。6 月 1 日，外界即与 BT 企业有业务往来的 GQ 集团总经理 S 和镇工会介入，帮助调解劳资矛盾，实施第三轮谈判，仍未达成一致，但谈判期间工人复工。6 月 3 日，外界即某高校的 C 教授成为工人聘请的法律顾问介入劳资集体谈判，最终劳资双方达成一致，罢工行动结束。从上述分析可看出，镇工会介入初期殴打工人，成为规则系统的消极协理，导致系统更加偏离平衡态；GQ 集团总经理 S、改变策略后

167

的镇工会以及学者的介入成为规则系统的积极协理,导致系统向平衡态转变,帮助系统恢复平衡态。

(七) 新的平衡态形成阶段

6月3日后为新平衡态形成阶段。通过BT企业资方的合作,以及政府、工会、学者等社会力量采取积极的干预和调解措施,调整劳资双方的收益,劳方群体和雇主采取协同策略,BT企业劳动关系系统达到了新的平衡点。

第七节 小结

本章从复杂系统科学的视角,运用自组织理论和演化博弈理论分析了群体性劳资冲突事件的演化规律并构建了静态、动态以及综合演化模型。

在耗散结构、熵流和协同学理论基础上分析了群体性劳资冲突事件的耗散结构,群体性劳资冲突事件这一复杂自组织系统满足开放性、远离平衡态、非线性、涨落四个耗散结构出现的条件。梳理了群体性劳资冲突事件的内外部正负熵流及形成原因,提出要减弱群体性劳资冲突事件系统的无序状态和不确定,就要增加内外部的负熵值,减少内外部的正熵值,并在此基础上对群体性劳资冲突事件进行了协同学分析。

从静态结构的角度分析了群体性劳资冲突事件的演化系统结构。该系统结构的主体是由劳方、资方、工会和政府三方四主体构成,其他结构包括直接利益相关者有预谋的组织、导火线或偶然事件的发生、系统主体的信息和情绪交换等。在深入分析劳方、资方以及第三方协调力量的利益需求以及相互关系的基础上,厘清了企业劳动关系远离平衡态的形成过程。正是由于企业劳动关系紧张,企业劳动关系状态不和谐,劳资矛盾和利益冲突严重,造成了劳动关系系统远离平衡态,即系统处于非均衡的状态。当出现导火线或一些偶然事件时,劳方群体的集体情绪迅速点燃,同时在直接利益相关者有预谋的组织下,劳方群体的集体情绪很快转化为集体冲突行动。在集体冲突行动过程中,劳方参与群体与资方、政府、工会以及外部环境中的社会媒体、非正式组织等进行广泛的信息交换,演化系统中各参与方的策略行为引起系统的内部涨落,外界对事件的积极协理和消极协理造成系统的外部涨落。此外,群体性劳资冲突事件的演化会因为次生事件的产生或扰动因素的作用出现非线性升级或突变。同时,从静态角度分析群体性劳资冲突系统的协同机制以及序参量。

从动态演化阶段划分的角度,研究了群体性劳资冲突事件演化的动态流程及动力学路径。群体性劳资冲突事件的动态演化路径与流程包括矛盾积累、诱因产生、次生事件产生、冲突爆发、冲突应对、恢复,以及最终到达新的稳定状态。以不同群体规模以及信息传播两个情景为例,分析了不同影响因素对群体性劳资冲突事件演化过程的作用,构建了演化博弈过程模型。通过较为深入的分析,将群体性劳资冲突事件划分为利益格局量变阶段、突变劳方群体采取竞争策略阶段、劳方群体采取竞争策略阶段、劳方群体与雇主利益的博弈阶段以及新的平衡阶段五个演化阶段。

在群体性劳资冲突事件静态演化模型和动态演化模型分析的基础上,选取演化博弈行为主体、规则系统和时间作为模型变量,建立了综合演化模型,以及由演化博弈行为主体、规则系统和时间构成的三维分析框架。选取我国 2010 年罢工事件中的典型代表案例——BT 公司发生的罢工事件作为实证案例,通过案例分析较为深入地揭示了群体性劳资冲突事件的静态演化结构、动态演化过程以及演化阶段。

采用结构方程模型的分析方法来研究和探索群体性劳资冲突事件的演化路径和演化规律,旨在为预防和化解群体性劳资冲突事件提供理论和实证基础。研究发现:劳动关系紧张程度是演化路径的始端;导火线是重要的演化影响因素;资方策略是演化的中介变量,通过对第三方策略以及劳动关系紧张程度产生影响,从而对演化过程产生间接效应；群体性劳资冲突的四个等级间可以相互转化。根据演化路径和演化规律，提出要建立劳资平衡、共赢的高路径劳动关系系统来避免群体性劳资冲突事件的发生和演变的主要观点。

第五章　群体性劳资冲突事件的风险预警研究

本书的前几章对群体性劳资冲突事件的特点趋势、形成机制和演化过程进行了较为深入的研究，回答了群体性劳资冲突事件有什么特点，朝着怎样的趋势发展，如何形成以及怎样演化等问题。从本章开始，着重研究如何应对群体性劳资冲突事件，即如何构建应对体系的问题。本研究将沿着事前预防、事后应急处置和长期应对三条主线开展群体性劳资冲突事件的应对体系研究，重点是研究应对体系中的预防体系，即对群体性劳资冲突事件的风险预警展开研究。

第一节　群体性劳资冲突事件风险预警模型构建

前文研究表明，企业劳动关系紧张造成劳动关系系统远离平衡态，因此可以认为劳动关系紧张、劳资矛盾突出是群体性劳资冲突事件形成和演化的开端，如何科学地测量企业劳动关系的紧张程度以及对企业劳动关系的紧张程度、劳资冲突状态进行风险预警和风险评估成为预防群体性劳资冲突事件发生的关键，建立科学的企业劳动关系风险预警系统对化解劳资矛盾、防范群体性劳资冲突事件发生具有重要的意义。

一 群体性劳资冲突事件风险预警系统的概念及功能

(一) 群体性劳资冲突事件风险预警系统的概念

群体性劳资冲突事件风险预警系统是指以企业劳动关系的基本状况为依据,以企业劳动关系预警指标体系为中心,采用定性与定量相结合的方法,在对企业劳动关系状态以及未来发展趋势进行测度的基础上,预报不正常状态的警情程度,及时发现企业劳动关系风险并发出警示以采取防范措施的系统。其最终目的是进行有效的劳动关系风险管理,预防企业劳动关系在运行和发展过程中出现劳动关系危机或发生群体性劳资冲突,促进企业健康发展。

(二) 群体性劳资冲突事件风险预警系统的功能

在当前政府将构建和谐劳动关系作为一项重要目标的大形势以及企业实现自身可持续发展的情况下,构建一个有效、适用的企业劳动关系预警系统是非常必要的。从微观层面来看,企业可以依据劳动关系预警系统在劳动关系运行不安全的初始阶段采取相应的措施,避免企业劳动关系出现危机,导致群体性劳资冲突事件发生。从宏观层面来看,可以帮助政府相关部门监测企业劳动关系状况,了解未来发展趋势,采取相应政策从宏观层面进行劳动关系调整。因此,企业群体性劳资冲突风险预警系统应具有监测、预测和矫正三大功能。

1. 监测

监测是指根据预警指标体系对某一段时间内企业劳动关系运行状态的客观事实作出描述和归纳,不作评论和分析。

2. 预测

预测是指对企业劳动关系状态的不确定和不稳定现象进行预测,判定其发展趋势和方向,并发出警报。

3. 矫正

矫正是指预警系统在捕捉到劳动关系风险信号后,迅速确定风险的来源，采取控制措施进行纠正、控制、预防和回避，降低劳动关系风险造成的损失。群体性劳资冲突事件预警系统的重要性体现在它可以通过某些敏感指标的异常变动及早地发现问题，有利于提前采取措施，将问题控制在萌芽阶段，尽可能将劳动关系风险和损失降到最低。

总之，在群体性劳资冲突事件风险预警过程中，预警不是最终目的，其最终目的是对企业劳动关系运行状态的不稳定、不安全状态进行及时调控，对已发生的突发事件进行及时处理，提出预防和干预措施，促进企业构建稳定、和谐的劳动关系。

二 群体性劳资冲突事件风险预警模型构建

本研究构建了群体性劳资冲突事件风险预警模型（见图5-1）。群体性劳资冲突事件风险预警系统由风险预警指标体系以及预警信息系统、组织保障系统、预警评价与推断系统、预警信号识别系统、报警系统、排警系统六大子系统构成。一是建立风险预警指标体系，通过理论分析构建风险预警理论指标体系，采用德尔菲法、隶属度分析法、相关分析法、变异系数法进行指标筛选，建立操作风险预警指标体系，运用层次分析法确定各指标的权重。二是构建风险预警评价与推断系统，通过警源分析，迅速确定风险的内外部来源。采用统计学和概率论方法较为科学地确定预警阈值，采用模糊综合预警法得出警情的实测值，由预警信息系统提供各指标的实测值，通过实测值对企业劳动关系状态作出风险评估和推断。三是建立风险预警信号识别系统，将风险分为巨警、重警、轻警、无警并分别使用四种颜色的信号灯来反映预警信号。四是建立由一级、二级、三级和无警构成的报警系统。五是建立具有预警防范和干预措施提示的排警系统。六是建立预警组织保障系统，构建组织构架，进行预警职能分工与合作。

```
┌─────────────────────────────────┐
│  风险预警指标体系                │
│  ◆ 通过理论分析构建理论指标体系  │
│  ◆ 采用德尔菲法、隶属度分析法、  │
│    相关分析法、变异系数法进行    │
│    指标筛选                      │
│  ◆ 运用层次分析法确定权重        │
└─────────────────────────────────┘

┌──────────────┐   ┌─────────────────────────────────┐
│ 预警信息系统 │   │ 风险预警评价与推断系统           │
│ ◆ 提供各指标 │   │ ◆ 警源分析                       │
│   数据实测值 │   │ ◆ 预警阈值确定                   │
│              │   │ ◆ 警情分析:模糊综合预警法得      │
│              │   │   出警情实测值                   │
└──────────────┘   └─────────────────────────────────┘

┌─────────────────────────────────┐
│  风险预警信号识别系统            │
│  ◆ 巨警                          │
│  ◆ 重警                          │
│  ◆ 轻警                          │
│  ◆ 无警                          │
└─────────────────────────────────┘

┌─────────────────────────────────┐
│  报警系统                        │
│  ◆ 一级                          │
│  ◆ 二级                          │
│  ◆ 三级                          │
│  ◆ 无警                          │
└─────────────────────────────────┘

┌─────────────────────────────────┐
│  排警系统                        │
│  ◆ 预警防范和干预措施            │
└─────────────────────────────────┘

┌─────────────────────────────────┐
│  组织保障系统                    │
│  ◆ 组织架构                      │
│  ◆ 预警职能分配                  │
└─────────────────────────────────┘
```

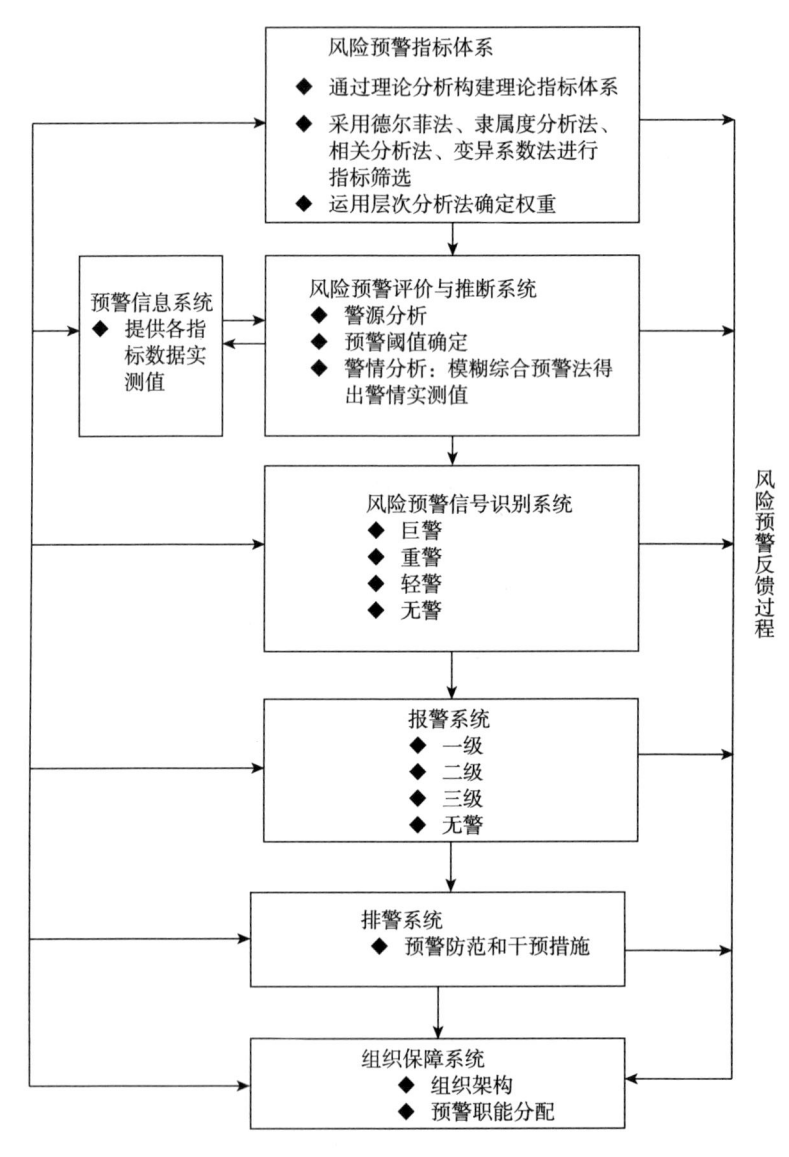

风险预警反馈过程

图 5-1　群体性劳资冲突事件风险预警模型

第二节 群体性劳资冲突事件风险预警指标体系设计

设计和构建较为科学、系统、可测量以及具有代表性和鉴别性的预警指标体系是建立群体性劳资冲突事件风险预警系统的基础和关键环节。

一 理论预警指标体系设计

群体性劳资冲突事件风险预警指标体系应由警兆指标和敏感性指标两部分构成。警兆指标,即先兆指标或先行指标,要能反映企业劳动关系运行的当前状态以及发展趋势,通过警兆指标的变化反映警情发展态势,企业劳动关系状态的异常状态即警情由警兆指标的实测值来反映。但由于建立的警兆指标很难直接反映企业劳动关系冲突的突发异常状态,因此除警兆指标外还应建立反映企业劳动关系冲突突发异常状态的敏感性指标。本研究构建的群体性劳资冲突事件风险预警指标体系见图 5-2。

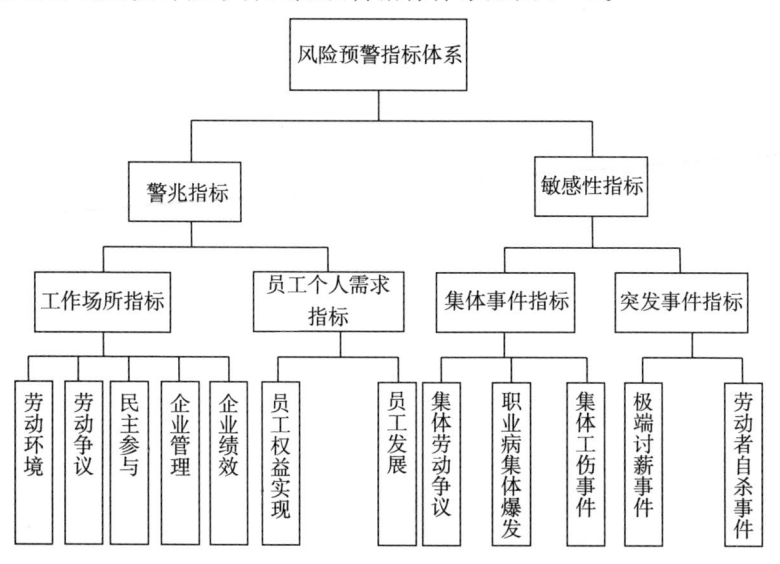

图 5-2 群体性劳资冲突事件风险预警指标体系

(一) 警兆理论指标设计

首先是警兆指标的建立,本研究以劳动关系系统论的桑德沃模型作为设计警兆指标的理论依据。桑德沃模型认为,企业劳动关系系统由外部环境因素、工作场所因素和员工个人因素构成。由于企业面临大致相同的环境条件,因此企业劳动关系外部环境指标将不纳入企业劳动关系预警警兆指标体系中。本研究设计的警兆指标包括工作场所因素和员工个人因素两大维度以及劳动环境、劳动争议、民主参与、企业管理、企业绩效、员工权益实现、员工发展7个方面。

1. 工作场所因素

工作场所因素理论上应包括工作场所中劳动关系的具体影响因素及企业管理运作的主要因素,即劳动环境、劳动争议、民主参与、企业管理、企业绩效五项二级指标。

(1) 劳动环境

劳动环境指标是对企业为劳动者提供安全、健康的工作条件状况的衡量。《职业卫生与安全百科全书》中将"安全"定义为"对健康(伤害或疾病)和财产'不致造成危害'"。1950年国际劳工组织(ILO)、世界卫生组织(WHO)职业卫生联合委员会第一届会议提出:促进和维持各种职业工人的身体、精神和社会福利于最佳状态;预防工作条件对工人健康的损害,保护工人免受职业有害因素危及身体健康;使工人的生理和心理特征适应于职业环境。而"职业卫生"受到各国的普遍重视,它是指"运用科学技术识别、预警和控制作业场所产生或引起的不良环境因素和紧张状态,减少和消除由此而引起的疾病、危害健康以及导致工人或社会公民明显的不适和工作效率的降低"。

从经济学的角度,安全、职业卫生事故将给企业带来直接和间接的经济损失,直接经济损失是指生产事故或职业病带来的生命财产的直接损失,间接经济损失是指不良的劳动环境引起的疾病、危害健康以及心情的不愉悦会导致劳动者的不适和工作效率的降低。从社会学的角度，不良的劳动环境可能引起劳动者的不满和反抗，引发罢工等问题，从而影响社会的和谐稳定。尤其应引起关注的是，当前一些劳动密集型企业的劳动安全卫生情况令人忧虑，如不加以引导，可能引发一些社会问题。因此，为劳动者提供良好的劳动环境，一是满足劳动者对劳动安全、卫生的基本需求，二是当经济社会发展到一定阶段，对"人本关怀"的体现。

从上述分析可看出，劳动环境是影响企业劳动关系的重要因素。本研究选取的劳动环境方面的指标有"劳动安全措施享有率"和"工伤事故率"两项指标，选择这两项指标的原因：一是这两项指标可以量化；二是劳动安全措施享有率可以直接降低工伤事故的发生率，反映企业对劳动者的生命安全的尊重和保护，而工伤事故率可以反映企业的劳动安全情况，因此能较全面地反映企业劳动安全、卫生状况。

（2）劳动争议

劳动关系主体双方是对立统一的关系，双方既互相依赖，又存在利益冲突，因此冲突和合作是企业劳动关系运行的两种基本状态。而劳动关系具有继续性特征，这使得劳动关系冲突也是持续的和不可避免的。冲突发生的频率以及引发冲突的原因影响企业劳动关系，而冲突的存在必然导致劳动争议的发生。因此，企业劳动争议情况能反映出企业劳动关系冲突的状况。

劳动争议"是指劳动关系当事人由于对相互之间权利义务关系的要求不一致而发生的争议"（史探径，1990）。本研究选取"劳动争议发生率"和"劳动争议调解委员会的设立"作为反映劳动争议情况的两项指标。劳动争议发生率可以衡量企业发生劳动纠纷的数量，从而反映企业劳动关系冲突的状况。劳动争议调解委员会的设立，可以衡量解决劳动争议的组织建设情况。劳动争议调解在化解劳动纠纷中，具有程序简单、方式灵活、成本低廉的特点，因此，企业劳动争议调解委员会应当起到缓解和解决劳动争议的作用。如果劳动争议调解委员会能真正化解纠纷，就会大量减少劳动争议，促进企业劳动关系的稳定与和谐。同时，设立劳动争议调解委员会对企业劳动关系的改善具有导向作用。因此，"劳动争议调解委员会的设立"这一指标具有重要作用。

（3）民主参与

民主参与是生产力发展到一定阶段的产物，其产生的根本原因在于生产力的发展最终为改善管理方式创造了条件，从而使管理中更多地融入了"民主"因素，扩大了组织成员在参与决策中的权利。通过民主参与的方式协调劳动关系，以及处理劳动关系中出现的问题，是市场经济国家普遍使用的方法。

民主参与是指"组织成员依据一定的规定与制度，通过一定的组织形式，直接或间接地参与影响全体成员利益决策的活动"（刘元文，2004）。其核心是劳动者的参与权。民主参与是企业劳动关系协调的一项重要手段。

劳动者的民主参与是市场经济条件下劳动关系的重要组成部分，是一个不断修正与改善劳动关系的过程。实现劳动者民主参与的前提是劳动者在劳动关系中的主体地位在法律上得以确认并受法律保护。为了维护自身的合法权益以及促进收益最大化，劳动者会借用各种参与活动，影响组织决策，使之更有利于自己的利益实现。因此，对利益的追求是企业劳动者参与决策和管理的原动力。同时，劳动者的民主参与可以增进劳动关系主体双方的相互了解，消除意见分歧，把有可能造成重大利益冲突进而影响劳动关系稳定的因素和各种隐患消除于萌芽中。从这个意义上讲，劳动者参与是建立稳定劳动关系的保障机制以及增进劳资合作共赢的润滑剂。因此，劳动者的民主参与在劳动关系协调中具有重要意义，企业民主参与的情况必然会影响劳动关系的协调和运行。

本研究选取"工会组织的建立""工会对员工权益的维护程度""职工代表大会的召开"以及"员工合理化建议采纳率"4项

指标作为测量企业民主参与情况的指标。"工会组织的建立"以及"职工代表大会的召开"两项指标可以衡量民主参与的组织建设情况,因为民主参与的实现需要一定的组织作为保障。"员工诉求渠道的表达"这一指标可以衡量民主参与的渠道。而"工会对员工权益的维护程度"以及"员工合理化建议采纳率"两项指标可以测量民主参与的实现程度。

(4) 企业管理

企业管理水平决定着企业的经营绩效,从而间接影响企业劳动关系。企业管理方式直接影响劳动者对企业的满意度,从而影响企业劳动关系。一般来说,企业管理越先进、管理方式越人性化,劳动者对企业劳动关系越满意,良好的企业管理促进劳动关系的稳定与和谐。因此,企业管理情况是劳动关系的重要影响因素。

本研究选取"员工流失率""员工对管理方式的满意度""员工对企业文化的认同度""规章制度制定程序的民主程度""规章制度内容的合法性"5项指标来衡量企业的管理情况。"员工流失率"这一指标能反映劳资双方劳动关系的稳定程度。"员工对管理方式的满意度"以及"员工对企业文化的认同度"两个指标可以衡量员工对企业管理的满意程度以及对企业的认可度和组织承诺感。"规章制度制定程序的民主程度"这一指标反映资方或管理方"以人为本"的管理情况。"规章制度内容的合法性"这一指标衡量企业的管理是否能遵守国家和地方有关法律。

(5) 企业绩效

理论研究和实践表明,企业劳动关系状况与企业经营绩效呈正相关性,企业劳动关系状况与企业经营绩效是良性互动关系。研究表明,较多带有合作性质的企业劳动关系更有利于劳动生产率的增长和企业经济绩效的改善,合作劳动关系对提高生产率有促进作用。反过来,随着企业经营绩效的提高,也会有效改善企业的劳动关系,这是因为:一方面随着企业经营绩效的提高,企业的就业岗位会相对稳定和充足；另一方面企业有更多的资金和实力来改善劳动关系管理，如企业有条件提高劳动者的工资以及其他的福利待遇，改善劳动环境条件、增进民主管理等。同时，良好的企业经营绩效能给劳动者带来对未来岗位、未来保障以及未来发展的信心，容易达成对组织的心理契约以及组织承诺，有利于推动合作型劳动关系的建立。上述分析表明企业绩效是影响劳动关系的重要因子。

本研究选取"企业业务收入增长率"和"企业净利润增长率"两项指标来测量企业的经营绩效。"企业业务收入增长率"指标可以综合考量企业的收入增长情况、业务发展趋势以及市场占有趋势。为了使指标数据具有可获得性以及增加数据的有效性，在具体测量时使用企业营业税的增加率来衡量"企业业务收入增长率"。"企业净利润增长率"指标可以综合考察企业的盈利水平、盈利能力以及盈利趋势。为了使指标数据具有可获得性以及增加数据的有效性，在具体测量时使用企业所得税的增加率来衡量。

2. 员工个人因素

（1）员工权益实现

当前我国处于转型期，劳动者的权益实现问题，是中国劳动问题的核心（常凯等，2009）。劳动者的权益是指处于社会劳动关系中的劳动者在履行劳动义务的同时所享有的与劳动有关的权益。劳动者的权益就其性质而言是一种社会经济权利，这一权利源于现代产业关系中的生产要素结构和经济权利结构的需要，是劳动者在劳动过程中的地位、作用的具体体现。劳动者的权益具体包括劳动就业权、劳动报酬权、劳动保护权、社会保障权、教育与培训权、劳动休息权、劳动者的社会组织以及劳动力再生产权等。

劳动者的权益是劳动法律规定的劳动者所享有的合法权益。我国以《劳动法》和《劳动合同法》对上述权利予以认可和保障。

与其他社会权利相比,劳动权益是劳动者最基本的社会权益,主要是在具体的劳动关系中实现的。通过上述理论分析可知,员工权益是否得以实现以及实现程度如何是劳动关系的核心问题,因此员工权益实现也就成为预警企业劳动关系的重要方面。而对于企业而言,员工权益问题更显重要,前文研究表明企业劳资双方力量对比更加不平衡,企业员工权益受损情况较大企业更加严重,因此员工权益实现情况就成为企业劳动关系最重要的影响因素。

本研究选取劳动合同签订率、短期合同分布率、无固定期限劳动合同分布率、劳务派遣率、劳动合同签约规范性、工资增长率、员工最高最低收入比、加班工资支付情况、员工日均加班小时数、养老保险参保率、医疗保险参保率、失业保险参保率、工伤保险参保率12项指标。劳动合同签订率、短期合同分布率、劳务派遣率、无固定期限劳动合同分布率4项指标反映企业规范用工的情况以及劳动者平等权益的实现情况对劳动关系的影响。工资增长率反映了劳动者在企业的收入情况,工资是劳动者的生存之本,因此工资无疑是直接影响工人与资本关系的重要指标。员工最高最低收入比反映企业收入分配的公平程度,也是影响劳动关系的重要因素。加班工资支付情况反映了企业是否按有关法律规定保障劳动者的合法权益,员工日均加班小时数可以衡量企业工时制度的执行情况。这两项指标在很大程度上反映了资本对劳动的尊重程度,影响劳动者对自身利益诉求满足程度的定位,直接影响劳动者在劳动关系中的行为决策。养老保险参保率、医疗保险参保率、失业保险参保率、工伤保险参保率4项指标反映企业社会保险缴纳情况。社会保险的缴纳在劳动关系中具有重要意义,它既体现资本对劳动报酬的非工资支付形式,也是法律赋予劳动者合法权益的重要组成部分,社会保障水平的享有情况,影响到劳动者对自身利益诉求的满足、享有程度的预警,对企业劳动关系有重大影响。

（2）员工发展

前文理论研究中关于劳方的利益需求分析表明，随着我国经济社会的发展以及科技水平的发展，劳动者受教育的程度显著提高，劳动力素质得到较大提升，劳动者的需求结构发生变化，劳动者除了生存需求外，也有改善需求和发展的精神需求。劳动者希望自身的素质、技能、能力等得到提高，以适应经济社会以及技术发展对劳动者的要求，使自己未来的需求能得到持续的满足。一般来说，劳动者受教育程度越高，对自身发展的需求也就越大。因此，员工发展是影响劳动关系的重要因素。

本研究选取"员工培训率""员工人均培训时数""员工对目前工作岗位稳定性的乐观程度"3项指标作为反映员工发展的预警指标。"员工培训率""员工人均培训时数"两项指标是反映劳动者发展的客观量化指标，直接与劳动者的职业技能和整体素质有关。"员工对目前工作岗位稳定性的乐观程度""员工对未来生活保障及自身发展的乐观程度"可以反映劳动者对企业发展的信心，这将直接影响劳动关系未来的发展趋势。

通过上述分析，本研究构建了群体性劳资冲突事件风险预警警兆理论指标体系，该指标体系包含2项一级指标、7项二级指标和31项三级指标。

（二）敏感性理论指标设计

自20世纪80年代中期开始，我国出现了新中国成立后第三次劳资冲突高发期，劳资冲突行为集中表现为"集体劳资冲突事件"和"突发事件"。"集体劳资冲突事件"包括集体劳动争议、职业病集体爆发等。"突发事件"包括劳动者自杀事件、由于欠薪引发的农民工以极端方式讨薪等。近年来"集体劳资冲突事件"和"突发事件"急剧增加。我国当前集体劳动争议问题成为劳动关系最突出的问题。劳动安全与卫生隐患、职业病等成为劳资冲突的重要诱因，据不完全统计，目前广东省接触职业危害的人数约1000万人，工人们开始组织集体行动来进行对抗。例如，惠州超霸 GP 电池厂镉中毒事件中，百余工人集体罢工，并选出代表与厂方和政府进行谈判，因此应将职业病集体爆发事件以及集体工伤事件指标纳入敏感性指标。从工资来看，欠薪问题已成为劳资冲突的重要诱因，因此敏感性指标中应包括欠薪、极端讨薪事件。从工时来看，超时劳动不仅影响劳动者的工作效率，而且严重妨碍劳动者的个人和家庭生活，容易引发劳动者的心理健康问题，造成劳动者采取极端方式结束生命的事件，因此劳动者自杀事件也应该作为敏感性指标。

通过上述分析，本研究建立的敏感性指标包括集体劳资冲突事件和突发事件两个方面，集体劳动争议事件、职业病集体爆发事件、集体工伤事件、欠薪事件和劳动者自杀 5 项指标。

通过上述分析，本研究构建的群体性劳资冲突事件风险预警理论指标体系，包含 3 项一级指标、9 项二级指标和 36 项三级指标。

表 5-1　初始理论预警指标体系

一级指标	二级指标	三级指标	编号	含义及计算公式	单位
工作场所	劳动环境	劳动安全措施享有率	L1	享受企业提供的劳防用品（措施）的员工人数/企业员工总数	%
		工伤事故率	L2	年发生工伤事故的人数/职工总数	%
	劳动争议	劳动争议发生率	L3	年发生劳动争议人数/职工总数	%
		劳动争议调解委员会的设立	L4	企业劳动争议调解委员会的设立及其在劳动争议中发挥作用情况	—
	民主参与	工会组织的设立	L5	企业是否建立、健全工会组织	—
		工会对员工权益的维护程度	L6	工会在维护员工合法权益中发挥作用情况	—

续表

一级指标	二级指标	三级指标	编号	含义及计算公式	单位
工作场所	民主参与	职工代表大会的召开	L7	是否召开职工代表大会以及职工代表大会行使权利的情况	—
		员工合理化建议采纳率	L8	员工建议被采纳数量/员工提出的建议总数	%
	企业管理	员工流失率	L9	年员工离职数量/员工总数	%
		员工对管理方式的满意度	L10	员工对企业管理层所采取的管理方式的满意程度	—
		员工对企业文化的认同度	L11	企业文化被员工接受的程度	—
		规章制度制定程序的民主程度	L12	企业规章制度制定过程中员工参与的程度	—
		规章制度内容的合法性	L13	企业制定的规章制度是否符合法律规定	—
	企业绩效	企业业务收入增长率	L14	企业业务收入增长额/企业收入总额	%
		企业净利润增长率	L15	企业净利润增长额/企业总利润	%
员工个人需求	员工权益实现	劳动合同签订率	L16	与企业签订劳动合同的员工数/员工总数	%
		短期合同分布率	L17	与企业签订一年以下劳动合同的员工数/与企业签订劳动合同的总员工数	%
		无固定期限劳动合同分布率	L18	与企业签订无固定期限劳动合同的员工数/与企业签订劳动合同的总员工数	%
		劳动合同签约规范性	L19	签订劳动合同时，员工是被动接受还是与企业平等协商，有无鉴证环节	—
		劳务派遣率	L20	劳务派遣员工/企业员工总数	%
		工资增长率	L21	工资增长数/工资总数	%

续表

一级指标	二级指标	三级指标	编号	含义及计算公式	单位
员工个人需求	员工权益实现	员工最高最低收入比	L22	企业中员工最高收入/企业中员工最低收入	—
		加班工资支付情况	L23	是否按劳动法律规定的加班费标准支付加班费	—
		员工日均加班小时数	L24	企业员工每日加班小时数	小时
		养老保险参保率	L25	实际缴纳养老保险人数/企业员工总数	%
		医疗保险参保率	L26	实际缴纳医疗保险人数/企业员工总数	%
		失业保险参保率	L27	实际缴纳失业保险人数/企业员工总数	%
		工伤保险参保率	L28	实际缴纳工伤保险人数/企业员工总数	%
	员工发展	员工培训率	L29	接受过培训的员工数/企业员工总数	%
		员工人均培训时数	L30	培训总时数/企业员工总数	小时
		对目前工作岗位稳定性的乐观程度	L31	员工对目前从事的工作岗位的乐观程度	—
敏感性指标	集体劳资冲突事件	集体劳动争议事件	L32	发生集体劳动争议事件	—
		职业病集体爆发事件	L33	集体爆发职业病	—
		集体工伤事件	L34	发生集体工伤事件	—
	突发事件	劳动者自杀事件	L35	发生劳动者自杀现象	—
		欠薪事件	L36	发生3个月以上的欠薪	—

二 预警指标筛选

本研究在构建和筛选指标时，力求克服和弥补前人研究的缺陷与不足，按照以下原则进行指标筛选。

（1）全面性和系统性

在分析企业劳动关系内涵及本质特征的基础上，力求系统、全面地找出企业劳动关系的影响因素,对每个重要影响因素都应该有对应的支撑指标。设计指标体系时,体现了主客观指标相结合的特点,指标体系中不仅有工资增长率等客观预警指标,还有员工对企业管理方式的满意度等主观预警指标。同时,在设计和筛选指标时,贯彻了劳资双方利益均衡的价值理念,不仅关注劳动者权益实现,同时也关注企业发展、企业绩效以及企业对员工的满意度等企业方的利益和感受。

(2)代表性

要从众多劳动关系影响因素中,选取与劳动关系相关程度高、对劳动关系影响程度大的关键因素作为预警指标,并确保筛选出来的指标能够反映较多的企业劳动关系性质,并在一定程度上反映其他落选指标的信息。

(3)独立性

筛选出来的指标之间无相关性,重叠区域尽量减小。指标的分类与分类之间状态差异大,类内状态差异小,并列的指标具有同质性。

(4)鉴别性

筛选出来的指标要能区分预警对象的差异,对不同的预警对象的变化或不同预警对象之间的差异敏感。

(5)可获得性

指标的含义要便于企业理解,指标数据和资料通过调查问卷和访谈的方式可以获取,过于敏感或涉及企业商业机密的指标很难得到企业的配合。

三 指标筛选过程及结果分析

本研究在理论指标体系构建的基础上,依据指标筛选原则,首先采用德尔菲法对理论指标体系进行修正并对修正后的理论指标体系进行主观选择,其次通过数理统计中的隶属度分析法对预警指标进行客观筛选。

1. 主观法——德尔菲法

（1）专家组的构成

本研究选择的专家小组人数为 16 人。专家成员具有广泛的代表性，由四部分组成：第一类是企业人力资源或劳动关系高级管理人员，在选取企业界专家时充分考虑了企业性质的代表性，选择的企业类型涵盖了国企、民营企业、外资企业。第二类是来自工会的专家，本研究选择了联合工会的专家，如外企联合会工会主席等。第三类是来自政府劳动关系主管部门的专家，如海淀区人力资源和社会保障局劳动关系科、劳动争议科的专家。选择这类专家的原因有二，一是他们能从宏观上了解和把握企业劳动关系的现状；二是政府方在劳动关系三方机制中起着重要作用，在劳动关系预警和预警指标的选取上应该听取他们的意见。第四类是学者，包括来自中国人民大学劳动人事学院、首都经贸大学劳动经济学院以及中国劳动关系学院劳动关系系的劳动关系理论研究专家。专家队伍的组成保证了专家成员在既定研究主题上具备专门知识、技能及经验（Murry & Hammons，1995）。

（2）第一轮调查结果分析

通过非结构化访谈进行第一轮问卷调查，在第一轮调查后对初始理论指标体系进行修正和补充，修正情况如下。

工作场所维度：在劳动环境预警指标的确定中，专家认为，当前一些行业如采矿业、制造业、IT 业等，企业职业安全卫生状况令人忧虑，针对企业这种现实情况，应增加"职业病发生率"这一反映企业职业卫生情况的指标。民主参与方面应增加"员工诉求的表达程度"指标以衡量劳动者利益诉求的表达以及民主权利的实现程度。"职工代表大会的召开"指标也根据企业的现实情况作了修正，修正后的该项指标按企业人数分为两种情况，即"职工代表大会的召开（100 人以上）"或"全体员工会（100 人以下）"。专家还补充了"企业对员工的满意度"指标，因为劳动关系和谐与否涉及劳资双方，不能仅考虑员工对企业的满意度，还应加入企业对员工的满意度指标。在指标含义的解释上专家也提出一些建议,如对"劳动争议调解委员会的设立"指标的解释为"企业劳动争议调解委员会的设立及其在劳动争议中发挥作用情况",因企业劳动争议调解委员会在劳动争议中发挥作用情况很难量化,故将该指标的含义改为"是否设立企业劳动争议调解委员会"。企业经营绩效两项指标,原来的计算方法是,企业业务收入增长率=企业业务收入增长额/企业收入总额;企业净利润增长率=企业净利润增长额/企业总利润。来自企业界的专家认为上述数据涉及企业商业秘密,企业很难提供,因此建议改用企业营业税来反映企业收入情况,用企业所得税来反映企业利润情况。

员工个人需求维度:在员工权益实现方面的指标确定中,由于当前企业中使用劳务派遣的用工形式较为普遍,因此增加"劳务派遣率"指标作为衡量企业劳动关系中用工方式的指标。"养老保险参保率""医疗保险参保率""失业保险参保率""工伤保险参保率"4项指标合并并修改为"社会保险参保达标率",主要原因是社保部门规定企业及个人参保时五项保险必须同时参保,因此将五项保险的参保率分别作为指标意义不大。同时,从人力资源和社会保障局了解的情况来看,已达到90%以上社保参保率,但部分企业,特别是民营企业参保的缴费标准不按照规定的职工上一年的月平均工资,一些企业仅以平均工资或最低工资标准作为缴费基数以节省用工成本。基于上述原因,本研究将社会保险的指标改为"社会保险参保达标率"更能反映现实情况。专家还对该维度中指标的含义给出了具体建议,如"工资增长率"中工资的界定,"最高最低工资比"中最高和最低比例的界定。"加班工资支付率"的含义准确界定为"符合劳动法规定的加班费支付人数/加班总人数"。"员工发展"二级指标中,为增加先导性指标,专家补充了"员工对未来生活保障及自身发展的乐观程度"以及"员工对所在企业发展前景的信心"两项指标。

2. 客观法——隶属度分析法

第二轮调查使用的结构化问卷采用修正后的理论指标体系，共有3项一级指标、9项二级指标和36项三级指标供专家选择和判断，要求他们根据自身的专业知识和经验，从36项指标中选择自己认为最重要的评价指标。采取亲自发送和电子邮件两种形式发送问卷。按照德尔菲法的要求，专家组成员之间不见面、不交换意见，共回收问卷16份，回收率100%，有效率100%。

隶属度这一分析方法源自模糊数学，该方法认为，在现实的经济生活中存在大量模糊现象，其概念的外延不很清楚，难以用经典集合论反映。概念或元素在多大程度上属于某个集合，就称为该元素对于该集合的隶属度。企业的劳动关系状况具有很大的模糊性，其影响因素较为复杂而且难以量化，也具有一定的模糊性，鉴于上述分析，劳动关系评价指标的筛选适合运用隶属度方法进行分析。以企业劳动关系评价指标体系 {L} 作为一个模糊集合，将每个指标 Li 视为元素。假设 Li 被专家选择的次数为 Ni，即表明共有 Ni 位被调查者认为 Li 是企业劳动关系最为重要的评价指标，该指标的隶属度为 Ri = Ni/16。如果 Ri 很大，表明 Li 在很大程度上是属于 {L} 的，应该予以保留；否则，可以将其删除。通过对16份有效问卷的统计分析，得到36个评价指标的隶属度。

表5-2 各预警指标隶属度

指标（Li）	被选择次数（Ni）	隶属度（Ri）	保留或删除
L1	3	0.188	删除
L2	16	1.000	保留
L3	13	0.813	保留
L4	13	0.813	保留
L5	12	0.750	保留

续表

指标（Li）	被选择次数（Ni）	隶属度（Ri）	保留或删除
L6	15	0.938	保留
L7	2	0.125	删除
L8	13	0.813	保留
L9	15	0.938	保留
L10	11	0.688	保留
L11	16	1.000	保留
L12	13	0.813	保留
L13	16	1.000	保留
L14	3	0.188	删除
L15	15	0.938	保留
L16	14	0.875	保留
L17	11	0.688	保留
L18	14	0.875	保留
L19	14	0.875	保留
L20	1	0.063	删除
L21	14	0.875	保留
L22	2	0.125	删除
L23	16	1.000	保留
L24	15	0.938	保留
L25	12	0.750	保留
L26	16	1.000	保留
L27	14	0.875	保留
L28	16	1.000	保留
L29	15	0.938	保留
L30	12	0.750	保留
L31	12	0.750	保留
L32	16	1.000	保留
L33	16	1.000	保留
L34	16	1.000	保留
L35	16	1.000	保留
L36	16	1.000	保留

通过上述隶属度分析，删除隶属度小于 0.20 的评价指标，即删除"劳动安全措施享有率"（0.188），"工会对员工权益的维护程度"（0.125），"员工对企业文化的认同度"（0.188），"短期合同分布率"（0.063），"劳动合同签约规范性"（0.125）5 项三级指标。通过主观的德尔菲法和客观的隶属度分析法，形成了反映企业劳动关系特点并具有可操作性的"操作指标体系"（见表 5 - 3），修订后的操作指标体系包括 3 项一级指标、9 项二级指标、33 项三级指标，保持了初始理论指标体系中 70% 的指标不变，修正了 30% 的指标。

表 5 - 3　操作预警指标体系

一级指标	二级指标	三级指标	编号	含义及计算公式	单位
工作场所	劳动环境	职业病发生率	L1	年职业病发生人数/企业员工总数	%
		工伤事故率	L2	年发生工伤事故的人数/职工总数	%
	劳动争议	劳动争议发生率	L3	年劳动争议发生人数/职工总数	%
		劳动争议调解委员会的设立	L4	是否设立企业劳动争议调解委员会	—
	民主参与	工会组织的设立	L5	企业是否建立、健全工会组织	—
		职工代表大会（或全体员工会）的召开	L6	100 人以上的企业是否召开职工代表大会以及职工代表大会行使权利的情况；100 人以下的企业是否召开全体员工会行使相关权利	—
		员工诉求的表达程度	L7	员工的权益诉求沟通渠道是否畅通	—
		员工合理化建议采纳率	L8	员工建议被采纳数量/员工提出的建议总数	%
	企业管理	员工流失率	L9	年员工离职数量/员工总数	%
		员工对管理方式的满意度	L10	员工对企业管理层所采取的管理方式的满意程度	—
		企业对员工的满意度	L11	企业对员工工作态度、工作绩效的满意程度	—

续表

一级指标	二级指标	三级指标	编号	含义及计算公式	单位
工作场所	企业管理	规章制度制定程序的民主程度	L12	企业规章制度制定过程中员工参与的程度	—
		规章制度内容的合法性	L13	企业制定的规章制度是否符合法律规定	—
	企业绩效	企业业务收入增长率	L14	（当年企业营业税－去年企业营业税）÷去年企业营业税	%
		企业净利润增长率	L15	（当年企业所得税－去年企业所得税）÷去年企业所得税	%
员工个人需求	员工权益实现	劳动合同签订率	L16	与企业签订劳动合同的员工数/员工总数	%
		无固定期限劳动合同分布率	L17	与企业签订无固定期限劳动合同的员工数/与企业签订劳动合同的总员工数	%
		劳务派遣率	L18	劳务派遣员工/企业员工总数	%
		工资增长率	L19	工资增长数/工资总数（工资指税前工资）	%
		员工最高最低收入比	L20	企业中员工最高收入/企业中员工最低收入	—
		加班工资支付情况	L21	是否按劳动法律规定的加班费标准支付加班费	—
		员工日均加班小时数	L22	企业员工每日加班小时数	小时
		社会保险达标率	L23	按国家相关规定达到缴纳标准的社会保险参保人数/企业员工总数	%
	员工发展	员工培训率	L24	接受过培训的员工数/企业员工总数	%
		员工人均培训时数	L25	培训总时数/企业员工总数	小时
		对目前工作岗位稳定性的乐观程度	L26	员工对目前从事的工作岗位的乐观程度	—

续表

一级指标	二级指标	三级指标	编号	含义及计算公式	单位
员工个人需求	员工发展	员工对未来生活保障及自身发展的乐观程度	L27	员工对自己未来职业发展和未来生活保障的乐观程度	—
		员工对所在企业发展前景的信心	L28	员工对所在企业未来发展前景的信心	—
敏感性指标	集体事件	集体劳动争议事件	L29	发生集体劳动争议事件	—
		职业病集体爆发事件	L30	集体爆发职业病	—
		集体工伤事件	L31	发生集体工伤事件	—
	突发事件	劳动者自杀事件	L32	发生劳动者自杀现象	—
		欠薪事件	L33	发生3个月以上的欠薪	—

四 预警指标体系权重确定

（一）警兆指标的权重确定

警兆指标的权重采用层次分析法（Analytic Hierarchy Process，AHP法）确定各指标的权重，计算过程由 MATLAB 6.5 软件完成。

层次分析法是美国运筹学家 T. L. Satty 教授20世纪70年代提出的用于定量与定性相结合的多目标决策分析评价方法。核心是量化决策者的经验判断，从而为决策者提供定量形式的决策依据。具体地说，它是指将决策问题的有关元素分解成层次，用一定的标度对人的主观判断进行客观量化，在此基础上进行定性分析和定量分析的决策方法。它把人的思维过程层次化、数量化，并用数学为分析、决策、预报或控制提供依据。采用层次分析法的优点在于把专家渊博的知识和丰富的经验，借助对众多相关因素的两两比较，转化成决策所需的有用信息，即通过两两比较将专家的经验判断量化。

本研究采用层次分析法确定各评价指标权重的步骤如下：

1. 构建要素层次

构建要素层次是把复杂的问题分解成各个组成部分，并按要素的相互关系及其隶属关系形成不同的层次。同一层次的要素对下一层次的要素起支配作用，同时它又受到上一层次要素的支配。如前所述，本研究首先通过理论分析构建出北京市企业劳动关系评价初始理论指标体系，然后通过主观的德尔菲法以及客观的隶属度分析法筛选出的操作指标体系，即为本研究层次分析法中的要素层（见表5-4）。

2. 构造判断矩阵

判断矩阵用以表示量化的同一层次各个指标的相对重要程度，由德尔菲法的16个专家主观判断打分。建立层次分析模型后，由专家在各层元素中进行两两比较，构造出比较矩阵。假定同一层次元素C_1，C_2，…，C_n，要按照它们之间的相互重要程度赋予相应权重。赋值的根据或来源，一般由专家独立给出。对于n个元素，两两比较得出比较矩阵$C = (C_{ij})_{n*n}$，其中C_{ij}表示因素i和因素j相对重要值。一般来说，构造的判断矩阵形式如表5-4所示。

表5-4 判断矩阵形式

	C_1	C_2	…	C_n
C_1	C_{11}	C_{12}	…	C_{1n}
C_2	C_{21}	…	…	…
…	…	…	…	…
C_n	C_{n1}	…	…	C_{nn}

在层次分析法中，为了让专家判断定量化，形成上述数值判断矩阵，常根据一定比率标度进行定量化。考虑到专家对指标直接评价权重的难度，根据心理学家提出的"人区分信息等级的极限能力是5~9"的研究结论，本研究在对指标的相对重要程度进行测量时，引入了1~9标度法（见表5-5），这些数值是根据专家进行定性分析的直觉和判断力而确定的。

表 5-5 判断矩阵标度及其含义

标度数值	解释	标度数值	解释
1	第 i 个元素与第 j 个元素相比，同等重要		
3	第 i 个元素与第 j 个元素相比，较重要	1/3	第 j 个元素与第 i 个元素相比，较重要
5	第 i 个元素与第 j 个元素相比，重要	1/5	第 j 个元素与第 i 个元素相比，重要
7	第 i 个元素与第 j 个元素相比，很重要	1/7	第 j 个元素与第 i 个元素相比，很重要
9	第 i 个元素与第 j 个元素相比，非常重要	1/9	第 j 个元素与第 i 个元素相比，非常重要

图 5-3 工作场所二级指标构成

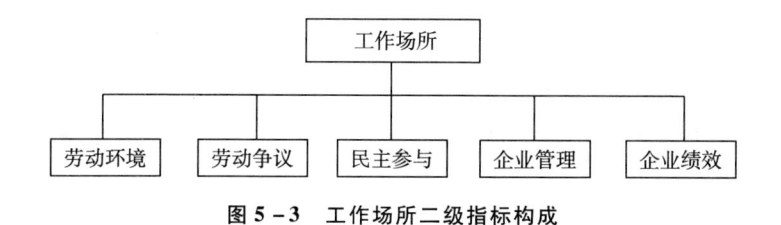

表 5-6 工作场所二级指标判断矩阵

i \ j	劳动环境	劳动争议	民主参与	企业管理	企业绩效
劳动环境					
劳动争议					
民主参与					
企业管理					
企业绩效					

例如，在工作场所下的二级指标权重确定中，专家依据自身的专业经验对表 5-6 中各指标的相对重要程度进行两两比较，并

根据表 5-5 中的判断矩阵标度在表 5-6 的灰色框内填写"标度数值"。本研究根据操作评价指标体系共构建了 13 个判断矩阵。

3. 判断矩阵的一致性检验

判断矩阵的一致性是指专家在判断指标重要程度时，各判断之间协调一致，不至于出现相互矛盾的结果。应用层次分析法，保持判断思维的一致性是非常重要的。由于客观事物的复杂性和人们认识的多样性，以及可能存在的片面性，要求每个判断都完全一致显然是不可能的，特别是复杂的指标体系模型更是如此。但是，要求判断具有大体的一致性是必要的。因此，为了保证应用层次分析法分析的结论合理，还需要对判断矩阵进行一致性检验。

根据矩阵理论，如果 λ_1，λ_2，…，λ_n 是矩阵 A 的特征值，并且对于所有 $a_{ii}=1$，有：

$$\sum_{i=1}^{n} \lambda_i = n$$

显然，当矩阵具有完全一致性时，$\lambda_1 = \lambda_{max} = n$，其余特征值都是 0。

上述结论表明，当矩阵不能保证完全一致性时，相应的特征值也将发生变化，因此可以根据特征值的变化来校验判断矩阵的一致性程度。作为度量判断矩阵的偏离一致性程度的指标 CI，有：

$$CI = \frac{\lambda_{max} - n}{n - 1}$$

CI 值越大，说明判断矩阵偏离完全一致性的程度越大；CI 值越小（趋近于 0），表明判断矩阵一致性越好。

对于不同阶的判断矩阵，人们的判断一致误差不同，对其 CI 值的要求也不同。衡量不同阶判断矩阵是否具有满意的一致性，还需要引入判断矩阵的平均随机一致性指标 RI 值。对于 1~9 阶的判断矩阵，RI 的值如表 5-7 所示。

表5-7 1~9阶平均随机一致性指标

1	2	3	4	5	6	7	8	9
0	0	0.58	0.9	1.12	1.24	1.32	1.41	1.45

当阶数大于2时，判断矩阵的一致性指标CI与同阶平均随机一致性指标RI之比称为随机一致性比率，记为CR。当CR<0.1时，即可认为判断矩阵具有满意的一致性，否则需要调整到使其具有满意的一致性为止。

本研究对构建的13个判断矩阵进行了检验，检验结果均满足CR<0.1的一致性，因此13个判断矩阵均有效，可以作为进一步计算的基础。

这里只以一级指标判断矩阵举例，其余12个判断矩阵的一致性检验不再赘述。

表5-8 一级指标判断矩阵一致性检验表

一级指标	A 工作场所	B 员工个人需求
A 工作场所	1.000000	0.766784
B 员工个人需求	1.304147	1.000000

4. 层次单排序

层次单排序是指根据判断矩阵的计算，对于上一层元素而言，本层次与之相联系的元素重要次序的权值。

理论上讲，层次单排序计算问题就是求解判断矩阵的最大特征值及其特征向量的过程。一般用迭代法求出判断矩阵的近似最大特征值及其特征向量。本研究采用方根法计算最大特征值及其特征向量。

（1）计算判断矩阵每一行元素的乘积 M_i

$$M_i = \prod_{j=1}^{n} a_{ij} \quad i = 1, 2, \cdots, n$$

(2) 计算 M_i 的 n 次方根 $\overline{W}_i$

$$\overline{W}_i = \sqrt[n]{M_i}$$

(3) 对于向量 $W = [\overline{W}_1, \overline{W}_2, \cdots, \overline{W}_n]'$ 归一化处理

$$W_i = \frac{\overline{W}_i}{n}$$

(4) 计算判断矩阵的最大特征值 λ_{max}

$$\lambda_{max} = \sum_{j=1}^{n} \frac{(AW)_{ij}}{nW_i}$$

表 5-9 一级指标权重确定

工作场所	员工个人需求	λ_{max}	CR
43.4%	56.6%	3	0

5. 层次总排序

依次沿各层次结构由上而下逐层计算,即可算出最低层次因素相对于最高层次的重要程度,即层次总排序。

表 5-10 层次总排序

	A_1	A_2	...	A_n	B 层总权重
	a_1	a_2	a_i	a_n	
B_1	B_{11}	B_{12}	...	B_n	$\sum_{j=1}^{n} b_{1j} * a_j$
B_2	B_{21}	...	...	...	...
...	...	...	...	...	...
B_n	B_{n1}	...	...	B_n	$\sum_{j=1}^{n} b_{nj} * a_j$

根据层次单排序结果,计算出指标体系中各指标权重。

(二) 敏感性指标权重确定

由于集体性事件和突发事件的不规范性和不可预期性,不仅使劳动者要付出经济上的成本,而且更直接地给企业带来损失。

因此，敏感性指标应该具有"一票否决"的特点，即每一项敏感性指标的权重应设为1，一旦发生这些敏感性指标反映的事件，则表明该企业的劳动关系发生风险。

预警指标体系的权重见表5–11。

表5–11 群体性劳资冲突事件预警指标权重

一级指标	权重	二级指标	权重	三级指标	权重
工作场所	0.434	劳动环境	0.210	职业病发生率	0.043
				工伤事故率	0.048
		劳动争议	0.110	劳动争议发生率	0.035
				劳动争议调解委员会的设立	0.013
		民主参与	0.130	工会组织的设立	0.020
				职工代表（全体员工）大会的召开	0.014
				员工诉求的表达程度	0.017
				员工合理化建议采纳率	0.0006
		企业管理	0.260	员工流失率	0.023
				员工对管理方式的满意度	0.021
				企业对员工的满意度	0.015
				规章制度制定程序的民主程度	0.026
				规章制度内容的合法性	0.029
		企业绩效	0.290	企业业务收入增长率	0.059
				企业净利润增长率	0.067
员工个人需求	0.566	员工权益实现	0.630	劳动合同签订率	0.038
				无固定期限劳动合同分布率	0.013
				劳务派遣率	0.022
				工资增长率	0.048
				员工最高最低收入比	0.030
				加班工资支付情况	0.033
				员工日均加班小时数	0.026
				社会保险达标率	0.147

续表

一级指标	权重	二级指标	权重	三级指标	权重
员工个人需求	0.566	员工发展	0.370	员工培训率	0.032
				员工人均培训时数	0.032
				员工对目前工作岗位稳定性的乐观程度	0.048
				员工对未来生活保障及自身发展的乐观程度	0.048
				员工对所在企业发展前景的信心	0.048
敏感性指标	1	集体性事件	1	集体劳动争议事件	1
				职业病集体爆发事件	1
				集体工伤事件	1
		突发性事件	1	劳动者自杀事件	1
				欠薪事件（欠薪3个月以上）	1

五 预警指标体系验证

采用统计学方法对风险预警指标进行验证，预警指标体系由警兆指标和敏感性指标构成。由于敏感性指标实行"一票否决制"，无需对其进行验证，本研究仅对警兆指标进行验证，其目的是保证建立的风险预警指标体系不会影响指标体系的预警结果。

1. 独立性检验

本研究采用相关分析法对预警指标体系进行独立性检验，使用 SPSS 16.0 软件对原始变量进行分析，得出原始变量相关系数矩阵与双尾检验表。

相关系数的绝对值越接近于1，表示两个变量之间的关系越密切；绝对值越接近0，表示两个变量之间的关系越不密切。从各指标变量的相关系数来看，除个别数据外，基本都低于0.5，并且在0.01水平显著，说明各指标具有很好的独立性，保留的指标具有较好的代表性，既保留了指标反映的内容，又避免了重复评价，说明本研究建立的风险指标体系具有较好的独立性和代表性。

2. 鉴别力检验

本研究采用变异系数法对预警指标体系的鉴别力进行检验。预警指标的鉴别力是指，指标区分预警对象差异的能力。群体性劳资冲突事件预警指标的鉴别力是区分不同企业劳动关系状况的能力。在所构建的预警指标体系中，如果所有对象在某一个指标上几乎一致地出现很高或很低的得分，则表明该指标缺少鉴别力，无法区分不同企业的差异。相反，如果所有企业在某个指标上的得分明显不同，则表明该指标具有较高的鉴别力，可以区分不同企业劳动关系状态的差异。用数学语言表达，变异系数计算公式如下：

$$CV_i = (S_i/L_i) \times 100\%，其中：\bar{L_i} = \sum_{i=1}^{n} L_i/n$$

$$S_i = \sqrt{\frac{1}{n-1}\sum_{i=1}^{n}(L_i - \bar{L_i})^2}$$

CV_i 代表变异系数，L_i 为对应的指标值，$\bar{L_i}$ 为各项指标的平均值，S_i 表示 i 指标的标准差。

使用上述公式计算出来的变异系数，表明了指标之间的差别程度，变异系数越大，表明预警指标的鉴别力越强；相反，指标的鉴别力越弱。本研究最后选取的指标的变异系数均大于 0.2，说明该指标体系有较好的鉴别力，筛选出的指标体系满足差异性、代表性的要求。

以上两种方法的验证结果表明，本研究建立的预警的警兆指标体系具有较好的独立性、代表性以及鉴别力，同时能较全面和系统地反映企业的劳动关系状况，即反映劳动关系的紧张状况，符合设计和筛选原则，是对企业劳动关系进行风险预警的可靠工具。

第三节　群体性劳资冲突事件风险预警系统建立

根据本研究构建的群体性劳资冲突事件的预警模型，在建立风险预警指标体系并确定各指标的权重后，就要建立风险预警评价与推断系统、风险预警信号识别系统、报警系统、排警系统和组织保障系统。

一　建立风险预警评价与推断系统

（一）分析警源

造成企业劳动关系发生警情的根源有外生警源和内生警源。外生警源指诱发企业劳动关系发生警情的外部因素，内生警源指诱发企业劳动关系发生警情的内部因素。

1. 外生警源

影响企业劳动关系运行状态的外部因素分为宏观和中观两个层面，宏观环境因素包括经济环境、政策法律环境、技术环境和社会文化环境四个维度，经济水平与结构、金融环境、劳动力市场环境、收入分配环境、税收负担、政策扶持、劳动法律环境、科技投入、科技水平、人口结构、消费水平等方面。本研究选择对企业劳动关系运行敏感度较高的环境要素。一是经济环境，包括经济总量、经济结构、劳动力市场环境以及收入分配环境。经济总量的规模决定了企业的数量和企业的利润规模；经济结构决定了企业劳动者的类型、素质和结构；劳动力市场决定了劳动力资源能否实现有效配置，劳动力市场的就业情况、社会保险情况以及发生劳动争议情况都对企业劳动关系运行产生重要影响；收入分配环境是影响劳动者收入水平、收入结构的直接环境因素，而劳动者的收入及增长状况往往是引起劳资冲突的重要因素。二是政策法律环境，政府制定的劳动法律及政策，决定了劳资双方的权利、利益和抗衡力量。三是技术环境，技术环境是为企业提供技术研发支持和人才支撑的软环境要素，企业所在区域的技术水平也是影响企业生产经营的重要因素之一，而企业的生产经营状况对劳动关系有重要影响。四是社会文化环境，在劳动关系的演变过程中，社会文化环境与经济、政治因素相互影响、相互作用，共同决定和影响着劳动关系的存在和发展。劳动关系的社会文化环境主要是指社会发展公平程度、社会阶层结构状况和社会文化状况。社会文化环境对劳动者的劳动活动设置了制度与结构上的约束，社会环境安定与否，对企业的发展有极大影响。

中观环境主要是行业环境，影响企业劳动关系的行业环境因素包括行业的规模与总量、运营环境、就业环境以及技术环境四方面。规模与总量决定了企业的数量以及行业经济水平，运营环境影响企业的发展，技术环境对企业的发展影响较大，上述三方面的因素是影响企业成长和发展的直接因素，企业的健康发展又影响劳动关系的状态，因此上述三方面的因素对劳动关系产生间接影响。而行业的就业环境直接影响其劳动关系的运行和协调，是劳动关系的直接影响因素。

2. 内生警源

影响企业劳动关系运行状态的内部因素包括工作场所因素和员工个人因素两大维度以及劳动环境、劳动争议、民主参与、企业管理、企业绩效、员工权益实现、员工发展7个方面。这些影响因素的理论分析已在本章第二节中进行阐述和论证，不再赘述。

（二）预警界限的确定

预警界限确定是否恰当，对于准确地监测各项劳动关系风险预警指标的变动情况以及劳动关系运行状态总体趋势的发展变化有较大影响。根据现有参考文献，对预警界限的划分通常有三区域法、四区域法和五区域法。考虑到该风险预警系统对企业要具有较强的可操作性，对于预警界限的确定要注意简化和降低成本，同时又要满足一定精度要求，因此本研究选择四区域法来划分预警界限。

预警界限是在正态分布背景下由分布概率确定的。四区域法将预警界限取为三个检查值,相应确定红、橙、黄、绿四种颜色的信号灯表征,按照正态分布中平均数两侧标准差(δ)的分布规律,将标准正态变量为 -2δ 作为红灯、橙灯的界限,将标准正态变量为 $-\delta$ 作为橙灯、黄灯的界限,将标准正态变量为 0 作为黄灯、绿灯的界限。具体的预警区域划分与判断方法,见表 5-12。

运用本研究开发的警兆指标及权重,采用模糊综合评价法计算企业劳动关系预警指标综合实测值,计算出综合实测值的标准差 δ 和综合实测值的平均值。由于预警指标由警兆指标以及敏感性指标两部分构成,敏感性指标具有一票否决的特点,无需计算,因此可将综合实测值作为劳动关系预警指标的实测值。根据标准差和平均值以及标准分范围,可计算出预警实测值范围,见表 5-12。

表 5-12　群体性劳资冲突事件风险预警区域划分与判断方法

方法	标准及方案			
	区名	极危险区	危险区	趋势区	稳定区
四区域法	概率(%)	2.15	13.58	34.13	49.86
	标准分范围	$-3\delta \sim -2\delta$	$-2\delta \sim -\delta$	$-\delta \sim 0$	$0 \sim 3\delta$

注：表格结构为"区名/概率/标准分范围"三行四列。

这里需要强调的是群体性劳资冲突事件风险预警系统还应建立预警信息系统,通过数据统计或问卷调查的方式,收集各预警指标的实测值,并采用模糊综合评价法计算警兆指标的综合实测值。

二　建立风险预警信号识别系统

本研究根据预警区域划分,将企业劳动关系警度分为四个等级,即巨警、重警、轻警、无警四个警度。预警灯色的显示分别为红灯、橙灯、黄灯、绿灯,见表 5-13。

表 5-13 警度划分

警度	对应区域	信号灯	表示
巨警	极危险区	红灯	●
重警	危险区	橙灯	●
轻警	趋势区	黄灯	●
无警	稳定区	绿灯	○

三 建立报警系统

企业劳动关系预警应是动态的，应反映企业劳动关系发展变化趋势。企业劳动关系预警的报警系统分为三级，当企业劳动关系由绿灯区转为黄灯区，即为三级警报；由黄灯区转为橙灯区，为二级警报；由橙灯区转为红灯区，即为一级警报（见表 5-14）。

表 5-14 预警区域与警报级别对应关系

当前所在预警区域（静态）	预警区域变化趋势（动态）	警报级别
绿灯区	绿灯区	无警报
黄灯区	绿灯区转为黄灯区	三级警报
橙灯区	黄灯区转为橙灯区	二级警报
红灯区	橙灯区转为红灯区	一级警报

无论当前企业劳动关系警情处于哪个区域，一旦发生敏感性指标反映的群体性事件和突发性事件，该企业的劳动关系立即拉响一级警报。

四 建立排警系统

企业劳动关系预警的目的不仅是实现对劳动关系的监测和预测，更重要的是要实现矫正功能，即对企业劳动关系出现的异常情况、风险或冲突予以预防和干预,因此需要建立排警系统,及时预防和干预可能出现的劳动关系冲突和风险。

表 5–15　不同预警区域劳动关系特征与干预措施

当前所在预警区域	预警区域变化趋势	警报级别	劳动关系特征	干预措施
绿灯区	绿灯区	无警报	劳动关系处于和谐稳定状态,企业劳动关系警情指标值在稳定区区间范围;劳动关系各方主体为了共同的目标协调一致;对涉及劳动者切身利益的重大问题能进行有效沟通,并采取灵活有效的解决办法;在劳动关系处理过程中,劳资双方更多地体现在共同利益上;无突发事件和集体事件	公平合理地实施各项管理制度和措施;更加注重人本管理,充分调动和保持劳动者的积极性;创建优秀的企业文化;加强民主管理和民主参与;建立利益分享机制;适时建立企业工会和劳动争议调解委员会等处理劳动关系的重要组织,为劳动关系正常运行提供制度上的保障
黄灯区	绿灯区转为黄灯区	三级警报	劳动关系基本稳定,劳动关系警情指标值在趋势区区间范围;劳动争议有时出现,虽然能得到解决,但不能及时有效地解决;无突发事件和集体事件	有效监测和控制劳动争议隐患;通过加强劳动合同管理来规范和调解劳资双方的行为;建立内部协调机制,适时建立企业工会和劳动争议调解委员会,通过多方协调,及时调解劳动争议。当企业内外环境发生重大变化时,要在双方协商基础上,妥善安置劳动者,一旦出现不稳定势头,要采取相应措施,及时化解矛盾和冲突
橙灯区	黄灯区转为橙灯区	二级警报	劳动关系出现不稳定态势,劳动关系警情指标值在危险区区间范围;劳动争议发生的频率加大,员工满意度降低;员工流失增加	严格按照劳动政策法规进行管理,规范用工行为,建立健全企业内部规章制度;对企业各项规章制度进行广泛宣传和培训;加强劳动合同管理

续表

当前所在预警区域	预警区域变化趋势	警报级别	劳动关系特征	干预措施
红灯区	橙灯区转为红灯区	一级警报	劳动关系不协调，不稳定，劳动关系警情指标值在极危险区区间范围；局部范围内发生重大的劳动争议；或发生群体突发事件或集体争议等恶性事件，给企业和劳动者带来负面影响	专人负责指挥此阶段发生的劳动争议；成立临时应急小组对已经发生的严重劳动争议或群体集体事件及时处理，稳定劳动者情绪，避免劳动争议恶化；组织企业劳动关系预警管理部门进行协调和服务；认真履行双方达成的各种条件，对当事人进行合理安置，同时要做好解释说明工作

五 建立组织保障系统

风险预警系统需要一个相适应的组织机构来保证劳动关系预警功能的实现。图5-4是企业劳动关系预警组织架构、运作流程及信息传导流程。企业劳动关系预警组织架构的主要设计思路是，劳动关系预警职能分为管理主体和相关主体，并在不同层级进行设置，这些层级对劳动关系预警负有不同程度的责任。

（一）企业劳动关系预警管理主体

1. 企业劳动关系预警领导小组

企业劳动关系预警领导小组是企业劳动关系预警的最高决策机构，主要包括企业经营者、主要部门的主要管理者以及外部专家，领导小组成员要具有较大的权力和权威，还能在一定领域内动用一定资源来应对危机。

在企业劳动关系预警中，领导小组最重要的职责是制定劳动关系预警规划，并通过制定规范的企业章程、设置合理的组织结构、建立健全企业规章制度等活动来规范企业的经营行为。通过制定内部规章制度，明确企业在处理劳动关系过程中所遵循的宗

```
          ┌─────────────────┐
          │ 劳动关系预警领导小组 │
          └────────┬────────┘
                   ↓
    ┌──────────────────────┐      ┌──────────────────┐
    │ 劳动关系预警日常       │      │ 工会、劳动争议    │
    │ 管理部门（人力资      │←────→│ 调解委员会        │
    │ 源管理部或综合办      │      │                  │
    │ 公室）               │      └──────────────────┘
    └──┬──────────────┬────┘
       ↓              ↓
┌──────────┐    ┌──────────┐
│预警措施实施│←──→│预警信息收集│
└────┬─────┘    └─────┬────┘
     ↓                ↓
  市  财  行  生  技  研  其
  场  务  政  产  术  发  他
  部  部  部  部  部  部  部
              ↓
          车  车  车
          间  间  间
```

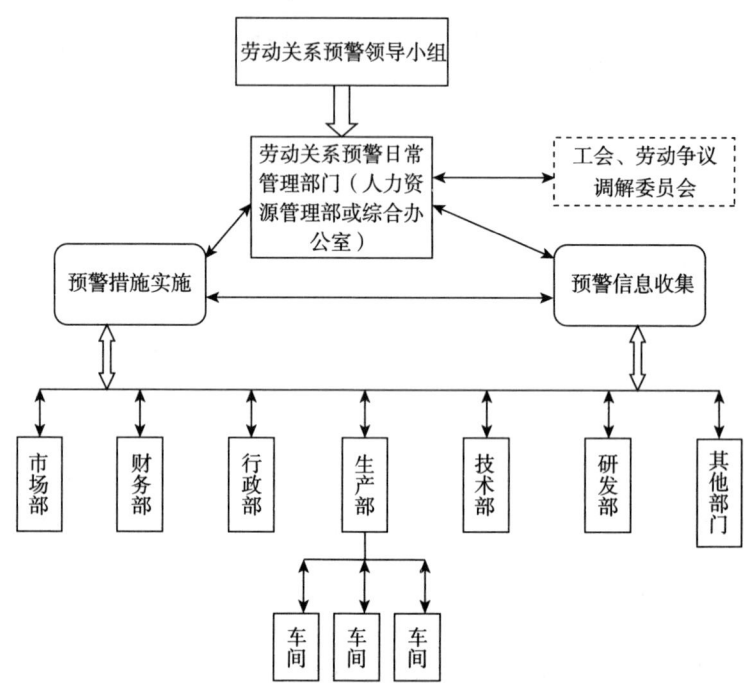

图 5-4　企业劳动关系预警组织架构、运作流程及信息传导流程

旨和原则，并制订预警管理办法和干预措施。领导小组代表企业与劳方进行集体协商，签订集体合同；建立和完善企业民主管理；积极应对外界环境的变化，适时对企业的用人制度和管理制度进行变革，以不断调整劳动关系，推动合作型劳动关系的建立。

其次，领导小组要调动资源应对可能发生的劳动关系危机和冲突，对劳动关系进行宏观调控。当企业发生劳动争议或群体性突发事件时，代表企业与企业工会（或劳方代表）进行平等协商，指导劳动关系预警日常管理部门（即人力资源管理部或综合办公室）处理影响范围较小的劳动争议，授权上述部门根据有关规定采取措施，妥善解决劳动争议。审批劳动关系预警日常管理部门和其他业务部门提出的关于解决劳动争议的方案。

总之，企业劳动关系预警领导小组应站在全局高度，掌握和调动资源，制订原则性的劳动关系预警措施，并实施强力监督，确保企业劳动关系向着稳定和谐的状态发展。

2. 企业劳动关系预警日常管理部门

企业劳动关系预警日常管理部门是劳动关系预警的信息收集汇总以及预警实施部门，主要是人力资源管理部，由于一些企业规模较小，没有专门的人力资源部，通常由综合办公室或行政办公室来行使一些人力资源管理的职能。因此，本研究的预警日常管理部门是指人力资源管理部或具有人力资源管理职能的行政办公室或综合办公室。它的职能主要是对企业劳动关系预警领导小组制定的决策、原则、宗旨、目标具体化，收集劳动关系预警信息，并对劳动关系预警进行监督、控制和管理，以保持企业劳动关系的改善。

劳动关系预警日常管理部门负责收集、汇总来自各业务部门、基层以及工会、职工大会（或职工代表大会）等多渠道的劳动关系信息，并对收集的信息进行分析和计算，确定当前企业劳动关系的状态以及预测发展趋势，提出具体的干预和调整建议；同时，发现特殊信息以及突发事件、群体性事件的警兆要及时上报劳动关系预警领导小组，以便领导小组做出正确的预防干预决策。

劳动关系预警日常管理部门是企业劳动关系预警措施的具体实施部门，将领导小组制定的预警目标具体化为预警行动计划和实施流程，贯彻和执行企业的各项关于劳动关系预警的规章制度，具体落实到相关业务部门、基层以及具体人员，及时实施，并对部门预警的实施进行监督和控制，随时反馈执行情况和特殊信息给领导小组和相关部门，提出具体建议，并调整相应措施以适应环境变化以及劳动关系状态的变化，纠正政策措施与计划的偏差；同时，要确保企业内部规章制度，劳动协议、合同以及对劳方采取的纪律处分符合现行法律规定。

劳动关系预警日常管理部门在企业劳动关系预警中的其他重要职能还包括，进行规范的劳动合同管理，即通过对劳动合同的履行、续订、变更、解除与终止，明确劳资双方的权利和义务，保障双方的合法权益，规范企业劳动关系，这是企业建立稳定和谐劳动关系的基础。同时，劳动关系预警日常管理部门还要就企业劳动关系预警中的常见问题进行分析和研究，为企业员工提供劳动关系问题的咨询和服务。

3. 中层职能部门

企业中层职能部门，即各业务部门是企业劳动关系预警系统中的重要组成部分，其在劳动关系预警中工作的好坏直接影响企业劳动关系预警的效果。其主要职能是收集劳动关系预警信息，反馈劳动关系预警实施情况，执行企业预警决策和制度，协调和预防劳动争议发生。

各业务部门负责劳动关系预警原始信息的收集，深入了解部门员工的需求及诉求变化，收集各种反映劳动者思想和意见的信息，对预警措施的实际适用情况进行及时反馈，为企业劳动关系预警系统的高效运转提供有效信息。

各业务部门要贯彻落实企业关于劳动关系预警的规章制度，在本部门内开展劳动关系预警的宣传和教育，制定本部门具体的预警工作思路并提出本部门劳动者的工作标准。

各业务部门还要协调和预防劳动争议发生，协调本部门劳动者与企业之间的关系，预防和化解劳动争议。如前文理论部分所述，劳动关系本质上是一种经济关系，劳资双方存在利益的差别，这种差别导致劳资双方的矛盾和冲突不可避免。各业务部门作为劳动者的直接管理部门，应事先进行预防和调解，做好说服和沟通工作，防止劳资双方矛盾激化。

4. 基层部门

企业基层部门指生产车间或工作班组，是企业劳动关系预警的第一线。作为劳动者的直线管理部门，其职责包括：负责基层劳动关系的日常协调工作；及时有效地掌握劳动者需求、诉求以及思想动态变化；广泛宣传企业的内部规章制度以及有关预警的制度；收集各种反映劳动者想法的意见；及时消除和化解劳动争议；向上级主管部门汇报和反馈劳动关系预警执行情况。

（二）企业劳动关系预警管理其他相关主体

当前中国的现实情况是一些企业，特别是中小型企业和民营企业，劳方组织即工会、劳动争议调解委员会组建率极低，代表劳方的组织力量薄弱，组织工作还不规范，在劳动者中的影响力还不够大，工会等组织很难在企业劳动关系管理中发挥作用。基于上述现实情况，笔者认为，上述劳方组织在企业预警管理中，很难作为预警管理主体，可以将其作为一种辅助性的预警组织形态，成为企业劳动关系预警其他相关主体。

1. 工会

劳动关系预警的主要内容是劳动关系冲突和危机，而冲突和危机的根源在于个别劳动关系双方的不平衡，工会的主要作用在于平衡劳资关系双方的力量，使冲突的解决制度化。

工会在劳动关系预警管理中的主要职能是维护劳动者的合法权益，通过代表劳动者与企业进行集体谈判以及促进民主参与等方式，为劳动者争取工资、就业、劳动安全保障等权益。

工会的重要职能还包括，一是预防的职能，即建立相应制度，使劳资冲突的解决实现制度化；通过宣传等方式提高企业和劳动者的劳动法制观念，使劳资双方的冲突和争议消除在萌芽状态。二是调解的职能，使劳资冲突和矛盾在基层得到及时有效的解决，保护劳动者的权利和积极性，促进企业劳动关系的和谐稳定。

2. 劳动争议调解委员会

劳动争议调解委员会由职工代表、企业代表、工会代表组成，在企业劳动关系预警管理中负责调解企业内部发生的劳动争议。其主要职能一是及时调解劳动争议，避免劳动争议恶化；二是通过内部协调，避免劳动争议向仲裁和诉讼发展导致企业、劳动者遭受损失。劳动争议调解委员会的其他职能还包括：检查督促调解劳动协议的履行；开展劳动法制宣传教育；做好争议预防以及协助做好调解失败后的善后工作。

第四节　群体性劳资冲突事件风险预警实证研究

本章前三节从理论上构建了群体性劳资冲突事件风险预警模型、预警指标体系以及预警系统，本章旨在通过实证研究，验证上述群体性劳资冲突事件风险预警系统。

一　调查样本分布情况

本研究于 2012 年 4 月至 10 月对企业劳动关系现状及企业群体性劳资冲突事件发生情况开展调查，历时半年。本研究采取问卷调查和深度访谈的形式开展调查，采集了 2011 年的企业劳动关系及群体性劳资冲突事件相关信息和数据，共收集企业有效问卷 149 份、员工有效问卷 495 份，并对 5 家企业、1 家政府主管部门、1 家外商投资企业工会联合会、1 家法院进行了深度访谈。

（一）区域分布情况

调查样本企业分布的区域及省（自治区、直辖市）有：东部地区的北京市、广东省；中部地区的河南省、山西省；西部地区的四川省、内蒙古自治区。调查企业覆盖了我国的东部、中部和西部，具有区域代表性。调查样本的其他分布情况如下。

（二）企业性质分布情况

调查样本中，私营企业所占比例最高，为样本总量的 45.6%，其次是股份制企业占 18.8%，再次是国有企业占 14.1%。样本分布与我国企业的经济类型的整体分布比例吻合。

表 5-16　企业性质分布情况

企业性质	样本数量	所占比例（%）
国有企业	21	14.1
集体企业	1	0.7

续表

企业性质	样本数量	所占比例（%）
私营企业	68	45.6
个体经济	8	5.4
联营企业	9	6.0
股份制企业	28	18.8
外商投资企业	7	4.7
港澳台投资企业	7	4.7
合计	149	100

（三）行业分布情况

调查样本覆盖的行业广泛，其中分布较多的行业是：制造业，占 25.5%；住宿和餐饮业，占 13.4%；交通运输、仓储和邮政业，占 12.1%；批发与零售业，占 10.7%。样本企业的行业分布与我国企业总体的行业分布情况相吻合。

表 5-17 行业分布情况

所在行业	分布数量	所占比例（%）
制造业	38	25.5
建筑业	11	7.4
计算机服务及软件业	9	6.0
批发与零售业	16	10.7
金融业	7	4.7
房地产业	6	4.0
租赁与商务服务业	12	8.1
住宿和餐饮业	20	13.4
交通运输、仓储和邮政业	18	12.1
其他	12	8.1
合计	149	100

(四) 企业发展阶段分布情况

从样本的发展阶段分布来看[①]，处于创业阶段、成长阶段和成熟阶段的企业分布大致相当，分别为 30.2%、38.3%、27.5%。

表 5-18 企业发展阶段分布情况

发展阶段	分布数量	所占比例（%）
创业阶段	45	30.2
成长阶段	57	38.3
成熟阶段	41	27.5
衰退阶段	6	4.0
合计	149	100

上述调查样本的区域分布、企业性质分布、行业分布以及企业发展阶段的分布特点与我国企业总体分布特征相一致，说明调查样本具有较好的代表性，分析结果能较好地代表我国企业劳动关系的整体情况。

(五) 员工样本分布情况

从员工样本分布来看，性别方面，男性占 56.4%，女性占 43.6%，男女性别大致符合劳动力市场整体性别分布比例。年龄方面，18~30 岁的青年人占 56.2%，反映出 30 岁以下的青年人成为劳动力市场的主体。文化程度方面，大专及本科学历占主体，占到调查总样本的 71.9%，处于两端的低学历即初中及以下学历占 9.1%，高学历即硕士及以上仅占 3.4%。所从事的工作类型方面，在本次调查中，各岗位的人群基本都涉及了，样本具有较好的代表性。

[①] 企业的发展阶段按相关文献界定，并在调查问卷中描述企业发展各阶段的典型特点，由被调查企业根据各自企业特点选择相应的发展阶段。

表 5-19 员工样本分布情况

项目	类别	人数	所占比例（%）
性别	男	279	56.4
	女	216	43.6
年龄	18 岁以下	0	0.0
	18~30 岁	278	56.2
	31~40 岁	164	33.1
	41~50 岁	46	9.3
	50 岁以上	7	1.4
文化程度	初中及以下	45	9.1
	高中（中专）	77	15.6
	大专	197	39.8
	本科	159	32.1
	硕士及以上	17	3.4
所从事工作类型	生产、制造	39	7.9
	销售	110	22.2
	行政、人事、后勤	144	29.1
	设计、研发	56	11.3
	其他	146	29.5
合计		495	100

二 调查问卷设计

本研究设计的调查问卷分为企业调查问卷和员工调查问卷。企业调查问卷有企业基本情况、企业劳动关系现状及群体性劳资冲突事件发生情况三部分内容，其中，企业劳动关系现状部分是以企业劳动关系预警指标体系中的三级指标为调查内容设计的问卷题目，旨在收集企业劳动关系各预警指标数据。员工调查问卷分为企业劳动关系现状、群体性劳资冲突事件发生情况以及调查员工个人情况三部分，其中，企业劳动关系现状部分是以企业劳动关系预警指标体系中的三级指标为调查内容设计的问卷题目，旨在收集企业劳动关系各预警指标数据。

三 预警指标实测值计算

群体性劳资冲突事件风险预警指标体系，是一个多指标体系，每一调查对象都会得到多个指标值，多个指标值很难在多个对象间或同一对象的不同时期进行比较，因此本研究采用预警警兆指标综合值得分，作为预警指标实测值。而对于敏感性指标，一旦发生敏感性指标的事件，则该企业直接进入极危险等级。

各指标的评分标准，参照何勤（2012）制定的评分标准。

（一）预警指标标准化

由于预警指标都有其具体的量纲，不具有可比性，因而不同量纲的指标值无法进行相互比较。对指标进行标准化处理，其目的是消除各指标数值单位的影响，使不同特性、不同单位的指标之间可以进行直接比较，同时还能够消减量纲和指标值波动范围对预警结果的影响，将信息损失减少到最小。

通常对指标数据进行标准化的方法有三类，曲线型无量纲化方法、折线型无量纲化方法以及直线型无量纲化方法。曲线型无量纲化方法要求参数选取准确，考虑到参数确定方面的困难，舍弃该方法。后两种方法在实践中运用较多。通过对本研究收集的指标数据的分布进行分析发现，指标数据的分布特点没有明显的"折点"，因此，本研究选择近似的、简化的直线型无量纲化方法。直线型无量纲化公式有两种，即 Z-Score 法和极值法，本研究选用极值法对指标数据进行标准化。计算公式如下：

$$L = (L - L_{min}) / (L_{max} - L_{min}) \times 100$$

L_{min} 表示各指标的最小值，L_{max} 表示各指标的最大值。在构建的警兆指标中，工伤事故率、职业病发生率、劳动争议发生率、员工流失率、员工最高最低收入比、员工日均加班小时数等指标为负向指标，需要转化为正向指标。负向指标转化为正向指标的方法为：$L_i = 1/L$（L 和 L_i 分别表示原指标与转换后的指标）。为了尽量运用采集的数据信息，上述公式中的极值从调查数据中直接生成。此外，由于本研究的指标数据由企业和员工两部分组成，因此指标数据的标准化步骤是，首先分别对企业和员工数据进行标准化，然后再将两部分数据按照评分标准规则综合后得到各指标的标准化值。

（二）模糊综合评判法计算预警指标综合值

模糊综合评判法是将模糊数学的思想和方法引入对事物进行评价和判断的方法。由于企业劳动关系需要由多个指标进行综合量化判断，模糊综合评判就成为一种有效的方法。本研究采用模糊综合评判法计算调查企业劳动关系风险预警指标综合值。具体步骤如下。

1. 确定因素集

建立预警指标集合：

$$U = \{U_1, U_2, U_3, \cdots, U_m\} \quad (1)$$

在本研究中因素集是指由预警指标 $L_1 \sim L_{31}$ 构成的集合，按照劳动关系的影响方面分成 2 个子因素集 U1、U2，其中 U1 为一级指标的集合，U2 为二级指标的集合。

$$U_i = U_{i1}, U_{i2}, \cdots, U_{in}, \text{其中} i = 1, 2, \cdots, s \quad (2)$$

$U_1, U_2, \cdots, U_n$ 和 $U_{i1}, U_{i2}, \cdots, U_{in}$ 称为预警指标，这些预警指标能综合反映调查对象的质量。

2. 确定评判集

$$V = \{v_1, v_2, \cdots, v_m\} \quad (3)$$

（3）式中，V_m 为事先确定的各种可供选择的评语，适用于（1）式和（2）式中的各评判因素。本研究确定的评判集为五等级，即

$$V = \{远高于、高于、持平、低于、远低于\}$$

3. 建立权重集

$$W = \{\mu_1, \mu_2, \mu_3, \cdots, \mu_m\}$$

权重反映各预警指标在综合评判中的重要性程度，且 $\sum \mu_m = 1$。

通过层次分析法得到的各指标的权重组成的集合，即为本研究建立的权重集。

$$W = \{0.043, 0.048, 0.035, \cdots, 0.048\}$$

4. 确定预警矩阵

本研究中预警矩阵 R 中 R_{ij} 为各指标在企业样本上的得分，是按前文提出的评分标准打分、计算，并经过标准化后得到的分值，由这些评价值组成本研究的预警矩阵。

$$R = \begin{pmatrix} 80.8 & 73.8 & \cdots & 37.5 & 62.5 & 57.5 \\ 55.1 & 68.8 & \cdots & 36.1 & 33.3 & 62.5 \\ 33.3 & 33.3 & \cdots & 30.6 & 62.5 & 70.8 \\ \cdots & \cdots & & \cdots & \cdots & \cdots \\ 67.9 & 68.8 & \cdots & 16.7 & 41.7 & 41.7 \\ 61.5 & 71.9 & \cdots & 58.3 & 56.3 & 84.4 \\ 76.9 & 48.1 & \cdots & 87.5 & 66.7 & 70.0 \end{pmatrix}$$

5. 模糊综合评判

通过权重矩阵 W 与评价矩阵 R 的模糊变换得到模糊评判集 S。

$$S = W * R = \{\mu_1, \mu_2, \mu_3, \cdots, \mu_m\} * \begin{pmatrix} r_{11} & r_{12} & \cdots & r_{1m} \\ r_{21} & r_{22} & \cdots & r_{2m} \\ \cdots & \cdots & \cdots & \cdots \\ R_{n1} & r_{n2} & \cdots & r_{nn} \end{pmatrix}$$

把建立的权重矩阵集 W 与评价矩阵 R 的值代入模糊综合评判矩阵式，就有

$$\{0.043, 0.048, 0.035, \cdots, 0.048\} * \begin{pmatrix} 80.8 & 73.8 & \cdots & 37.5 & 62.5 & 57.5 \\ 55.1 & 68.8 & \cdots & 36.1 & 33.3 & 62.5 \\ 33.3 & 33.3 & \cdots & 30.6 & 62.5 & 70.8 \\ \cdots & \cdots & \cdots & \cdots & \cdots & \cdots \\ 67.9 & 68.8 & \cdots & 16.7 & 41.7 & 41.7 \\ 61.5 & 71.9 & \cdots & 58.3 & 56.3 & 84.4 \\ 76.9 & 48.1 & \cdots & 87.5 & 66.7 & 70.0 \end{pmatrix}$$

（三）警情实测值计算结果

依据本研究构建的群体性劳资冲突事件预警指标体系及权重，采用调查问卷法收集了149家企业劳动关系数据，根据前文的评分方法、指标数据标准化方法以及模糊综合评判法计算出149家企业预警指标的警情综合实测值[①]，该值是企业劳动关系状态，即劳动关系紧张程度的体现。运用模糊综合评判法进行综合计算后，得出149家企业的劳动关系状况的警兆指标实测值，见表5-20。

表5-20 企业劳动关系警兆指标实测值

企业编号	实测值	企业编号	实测值	企业编号	实测值	企业编号	实测值
1	41.39	39	56.47	77	60.81	115	50.65
2	34.55	40	57.53	78	58.38	116	53.25
3	40.58	41	53.72	79	46.06	117	54.32
4	47.84	42	54.73	80	47.60	118	54.16
5	46.47	43	58.02	81	57.53	119	54.72
6	54.69	44	59.30	82	55.91	120	60.22
7	54.92	45	67.67	83	61.37	121	52.90
8	52.85	46	66.92	84	50.26	122	51.01

---

① 由于本研究建立的预警指标体系是由警兆指标和敏感性指标构成，本文警情综合实测值即警兆指标的实测值，敏感性指标实行一票否决制，即只有发生与不发生两种情况，一旦发生该企业预警状况立刻进入极危险区域，拉响一级警报。

续表

企业编号	实测值	企业编号	实测值	企业编号	实测值	企业编号	实测值
9	57.42	47	68.50	85	52.96	123	61.75
10	49.60	48	66.92	86	57.77	124	43.85
11	50.31	49	69.72	87	54.08	125	54.00
12	43.46	50	60.53	88	56.44	126	56.07
13	52.31	51	57.21	89	55.75	127	57.74
14	57.33	52	58.11	90	54.57	128	56.49
15	58.96	53	64.13	91	55.18	129	47.17
16	49.00	54	54.76	92	52.24	130	53.48
17	36.19	55	34.22	93	48.99	131	53.16
18	41.41	56	56.13	94	48.92	132	47.12
19	45.73	57	60.05	95	47.20	133	46.62
20	55.42	58	55.46	96	51.93	134	46.51
21	38.46	59	51.12	97	47.65	135	53.92
22	50.87	60	67.02	98	46.05	136	53.54
23	38.54	61	45.30	99	42.33	137	49.80
24	43.04	62	37.90	100	50.10	138	51.93
25	37.43	63	51.47	101	52.63	139	49.05
26	51.78	64	55.13	102	53.70	140	49.81
27	47.84	65	40.56	103	49.95	141	55.37
28	43.09	66	32.16	104	43.02	142	52.84
29	35.64	67	46.09	105	53.85	143	52.79
30	60.67	68	44.76	106	45.75	144	40.91
31	53.85	69	43.40	107	48.38	145	38.95
32	56.79	70	57.41	108	49.45	146	45.56
33	48.61	71	50.34	109	55.20	147	46.68
34	49.92	72	55.54	110	55.49	148	46.56
35	45.08	73	57.92	111	53.00	149	50.98
36	50.66	74	53.18	112	51.61		
37	47.73	75	61.87	113	55.85		
38	54.68	76	50.25	114	47.86		

（四）警度划分

依据前文的预警界限划分标准以及警度划分标准，根据149家企业警情实测值计算出标准差 δ 为 7.14，均值为 51.52。调查企业劳动关系预警区域划分如表 5-21 所示。

表 5-21 调查企业劳动关系预警区域划分

方法	标准及方案				
四区域法	区名	极危险区	危险区	趋势区	稳定区
	标准分范围	$-3\delta \sim -2\delta$	$-2\delta \sim -\delta$	$-\delta \sim 0$	$0 \sim 3\delta$
	预警实测值范围	30.10~37.24	37.24~44.38	44.38~51.52	51.52~72.94

（五）警度及报警级别分析

如前文所述，警情指标由警兆指标和敏感性指标构成，根据149家企业的警兆指标实测值以及发生敏感性指标事件的企业情况，得出149家企业2011年劳动关系风险分布的预警区域、警度、警报级别以及信号灯表示。149家调查样本企业中有10家企业出现敏感性指标事件，这10家企业，即6号、18号、20号、21号、29号、35号、36号、37号、66号、132号企业直接进入极危险区域，达到巨警级别，拉响一级警报，信号灯颜色显示为红色。

经统计分析，得到企业群体性劳资冲突事件风险预警结果（见表 5-22）。

表 5-22 调查企业劳动关系预警结果

预警区域								警度							
稳定区		趋势区		危险区		极危险区		无警		轻警		重警		巨警	
企业数	占比%	企业数	占比%	企业数	占比%	企业数	占比%	企业数	占比%	企业数	占比%	企业数	占比%	企业数	占比%
78	52	42	28	16	11	13	9	78	52	42	28	16	11	13	9

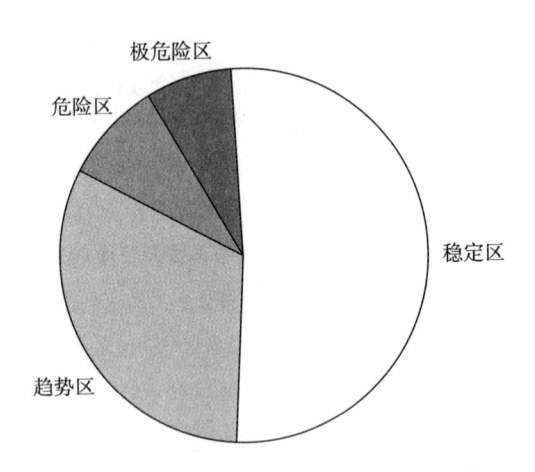

图 5-5 调查企业劳动关系预警区域分布情况

资料来源：根据表 5-22 中的数据绘制而成。

从上述预警结果可看出，半数（占 52%）的样本企业其劳动关系处于安全状态，即处于稳定区域。同时还应看到还有近一半（48%）的样本企业劳动关系存在一定风险，其中轻警状态即处于风险趋势区的企业占 28%；重警状态即处于危险区的企业 16 家，占 11%；巨警状态即处于极危险区的企业 13 家，占 9%。处于重警和巨警状态的企业其劳动关系紧张程度较高，易发生群体性劳资冲突事件。

进一步从企业性质、行业分布来分析警情较重，即处于极危险区和危险区的企业。从企业性质来看，以私营企业为主，占50%；外商投资企业占 30%；股份制企业占 16%。行业分布来看，主要分布在制造业，交通运输、仓储和邮政业，建筑业以及住宿与餐饮业。预警结果表明上述企业性质以及行业的劳动关系的紧张程度较高，易引发群体性劳资冲突事件。

预防群体性劳资冲突事件的发生除了要建立具有监测、预测和矫正功能的风险预警系统外，在企业基层组织建立劳动争议解决机制也是重要方法，这方面美国的一些做法值得借鉴。1978 年美国国会通过了专门的法案，提供资金，由联邦调解调停署负责指导地方，帮助企业建立从基层组织到企业层次的劳资关系协调委员会，该委员会负责协调基层和企业层面的劳动争议，并对企业内部劳动争议解决的程序和方法做出明确规定，其目的是将劳资争议尽早在基层组织得到化解，预防群体性劳资冲突事件的发生。

第五节 小结

企业劳动关系紧张造成劳动关系系统远离平衡态，因此可以认为劳动关系紧张、劳资矛盾突出是群体性劳资冲突事件形成和演化的开端，如何科学地测量企业劳动关系的紧张程度以及对企业劳动关系的紧张程度、劳资冲突状态进行风险预警和风险评估成为预防群体性劳资冲突事件发生的关键。建立科学的企业劳动关系风险预警系统对化解劳资矛盾、防范群体性劳资冲突事件发生具有重要的意义。

本研究构建了企业群体性劳资冲突事件预警系统，并进行了实证分析。笔者认为企业群体性劳资冲突事件预警系统的最终目的是预测群体性事件发生的可能并进行有效的劳动关系风险管理，预防企业劳动关系在运行和发展过程中出现劳动关系危机或发生群体性劳资冲突，促进企业健康发展。该系统应具有监测、预测和矫正三大功能。本研究首先构建了群体性劳资冲突事件风险预警模型，该模型由预警指标体系以及预警信息系统、预警评价与推断系统、预警信号识别系统、报警系统、排警系统五大子系统构成。风险预警指标体系由警兆指标和敏感性指标两部分组成，由3个一级指标、9个二级指标、33个三级指标构成。警兆指标体系反映企业劳动关系运行的当前状态以及发展趋势，本研究采用德尔菲法、隶属度分析法等主客观方法进行指标筛选，采用层次分析法确定各指标权重。敏感性指标应包括集体性事件和突发性事件两方面，具体包括集体劳动争议事件、职业病集体爆发事件、集体工伤事件、欠薪事件和劳动者自杀 5 项指标。敏感性指标具有"一票否决"的特点，即上述每一项敏感性指标的权重应设为 1，一旦发生这些敏感性指标反映的事件，则表明该企业的劳动关系发生风险。在构建预警指标体系后，由预警信息系统提供各警兆指标的实测值，由预警评价与推断系统进行警源分析、预警阈值确定并采用模糊评价法计算各企业劳动关系预警指标实测值。本研究采用四区域法将预警界限分为四个区域，即安全区、趋势区、危险区、极危险区，并确定了每一区域的预警实测值量化界限。预警信号识别系统根据指标实测值进行警度判别，企业劳动关系警度分为四个等级，即巨警、重警、轻警、无警四个警度，并用红、橙、黄、绿四种颜色的信号灯表征。系统根据报警系统的静态警度及动态预警区域变化趋势，确定报警级别，从轻到重依次为无警、三级警报、二级警报、一级警报，根据不同警报级别启动相应干预和应急措施。

本研究还设计了相适应的组织机构来保证群体性劳资冲突事件风险预警功能的实现。劳动关系预警职能由预警管理主体和相关主体分责任实现，预警管理主体包括预警领导小组、预警日常管理部门（人力资源部或综合办）、中层职能部门、基层部门，相关管理主体包括工会和劳动争议调解委员会。这些部门对劳动关系预警负有不同程度的责任。

本研究采用问卷调查和深度访谈的形式开展调查，采集了 2011 年的企业劳动关系及群体性劳资冲突事件相关信息和数据，共收集企业有效问卷 149 份、员工有效问卷 495 份，开展实证研究旨在验证构建的群体性劳资冲突事件风险预警系统的可靠性和可操作性。群体性劳资冲突事件风险预警实证研究表明，半数（占 52%）的样本企业其劳动关系处于安全状态，即处于稳定区域。同时还应看到还有近一半（48%）的样本企业劳动关系存在一定风险，其中轻警状态即处于风险趋势区的企业占 28.19%；重警状态即处于危险区的企业 16 家，占 11%；巨警状态即处于极危险区的企业 13 家，占 8.7%。处于重警和巨警状态的企业其劳动关系紧张程度较高，易发生群体性劳资冲突事件。进一步从企业性质、行业分布来分析警情较重，即处于极危险区和危险区的企业。从企业性质来看，以私营企业为主，占 50%；外商投资企业占 30%；股份制企业占 16%。行业分布来看，主要分布在制造业，交通运输、仓储和邮政业，建筑业以及住宿与餐饮业。预警结果表明上述企业性质以及行业的劳动关系的紧张程度较高，易引发群体性劳资冲突事件。

本研究还提出，预防群体性劳资冲突事件的发生除了要建立具有监测、预测和矫正功能的风险预警系统外，借鉴美国企业的好的经验，在企业基层组织建立劳动争议解决机制也是重要方法。由政府提供资金指导企业，建立从基层组织到企业层次的劳资关系协调委员会，该委员会负责协调基层和企业层面的劳动争议，并对企业内部劳动争议解决的程序和方法做出明确规定，其目的是将劳资争议尽早在基层组织得到化解，预防群体性劳资冲突事件的发生。

第六章　群体性劳资冲突事件应急管理系统研究

市场经济条件下，只要存在雇佣关系，劳资矛盾和劳资冲突就难以避免，同时随着法律的不断完善以及劳动者权利意识、组织意识和集体意思的增强，劳资双方的冲突和矛盾更加显性化，群体性劳资冲突事件的发生将难以避免。因此，本章着重研究群体性劳资冲突事件一旦发生，如何应对和处置的问题，即集中研究群体性劳资冲突事件应对体系构建中事后应急处置部分，主要内容包括应急系统设计、应急预案体系构建、应急干预以及标准化的应急信息系统的设计与实现。

第一节　群体性劳资冲突事件应急系统设计

如前文所述，群体性劳资冲突事件系统是一种复杂的自组织系统，其演化过程是一个基于利益演化博弈的自组织过程。因此，群体性劳资冲突事件应急管理的总体目标，一是控制自组织演化系统的涨落，减小劳资双方的经济损失；二是改变群体策略，尽快达到协同的稳定状态。

群体性劳资冲突事件应急系统是建立在劳资双方利益演化博弈过程的基础上，当劳动关系系统处于"均衡态一"时，以预防为主，建立预防机制；劳动关系系统处于"利益格局量变"阶段，启动预警机制，密切关注企业劳动关系状态和发展趋势；

第六章 群体性劳资冲突事件应急管理系统研究

在"突变劳方群体产生""竞争策略劳方群体产生""群体事件爆发""雇主利益博弈"阶段，进行应急管理；在"学习"阶段，建立系统恢复；当劳动关系系统达到"均衡态二"时建立新的预防机制。

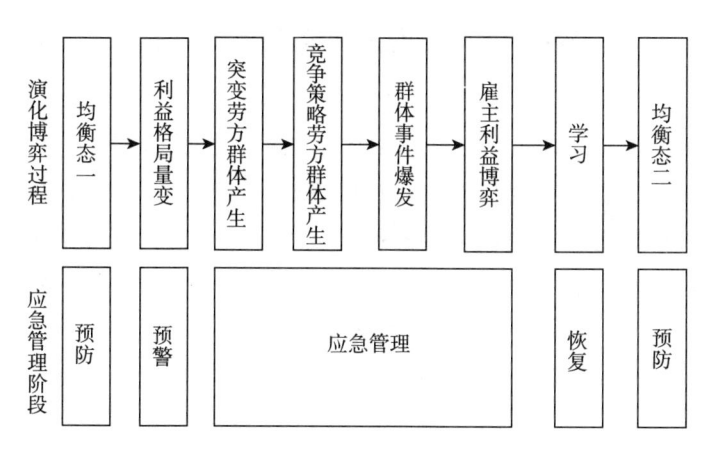

图 6-1 基于演化过程的群体性劳资冲突事件应急阶段

群体性劳资冲突事件应急系统包括应急决策系统、应急预案体系、应急干预系统、应急信息系统（见图 6-2）。应急决策系统在群体性劳资冲突事件发生后启动预案系统，在决策者、专家系统的协同下，选择应急执行方案；应急预案体系是提前针对可能发生的群体性劳资冲突事件，为迅速、有效、有序地开展应急行动而预先制订的应对方案，应对预案包括应急组织机构设立及管理职能、应急管理运行机制、应急保障、应急监督管理等；干预系统是通过企业、政府、工会以及社会力量的积极干预，降低群

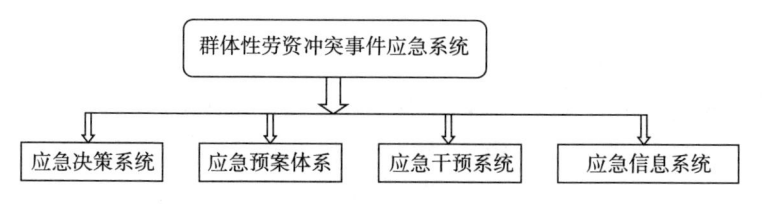

图 6-2 群体性劳资冲突事件应急系统构成

体性劳资冲突发生的范围和等级，干预系统还包括对群体心理的干预和疏导；群体性劳资冲突事件信息系统为应急过程提供信息和技术的保障支持。

第二节 应急预案体系构建

根据前文的分析，应对预案体系是群体性劳资冲突事件应急管理体系建设的重要任务，只有构建好了应对预案体系，才能将应急管理的组织体制、运行机制、应急保障和监督管理落实到具体计划、步骤中，提前做好应对群体性劳资冲突事件的准备工作，为应急管理系统的核心应急决策体系提供支持。

应急预案体系的构建步骤，首先是根据群体性劳资冲突事件的特征和案例，将群体性劳资冲突事件进行分类和分级；其次根据不同类型和级别梳理典型案例发生的情景和影响因素；最后根据每一类型群体性劳资冲突事件的发生情景及利益博弈演化过程的特征和要求，分类、分级制订应急预案，建立群体性劳资冲突事件应急预案体系。

一 群体性劳资冲突事件的分类、分级

在前文研究的基础上，根据群体性劳资冲突事件发生的范围及特征将群体性劳资冲突事件划分为：全国范围内（行业性）的群体性劳资冲突事件、区域性群体性劳资冲突事件、单个企业发生的群体性劳资冲突事件三个大的类型。上述三大类型又分为合法和违法两种情况。单个企业发生的群体性劳资冲突事件又根据冲突发生的剧烈程度分为四个级别，即集体劳动争议（四级）、怠工（三级）、罢工（二级）、暴力冲突（一级）。

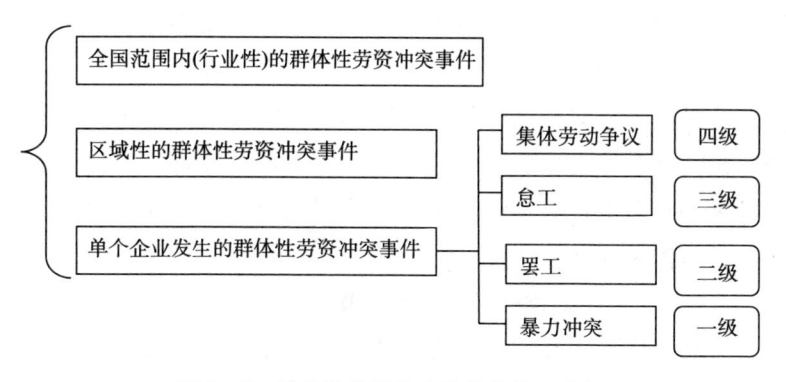

图 6-3 群体性劳资冲突事件分类、分级

二 各类型群体性劳资冲突事件的发生情景分析

（一）全国范围内的群体性劳资冲突事件

全国范围内（行业性）的群体性劳资冲突事件是指罢工等群体性劳资冲突行为发生在全国范围内，通常涉及某一行业或某一产业的几百家企业，参与人数众多。这种类型的群体性劳资冲突往往影响面广，容易造成物力、财力的较大损失，同时也可能会引起社会秩序的混乱，给社会稳定带来较大影响。造成这种类型群体性劳资冲突的主要原因有：一是宏观经济环境恶化，经济下滑、通货膨胀、高失业率等；二是全国性的工会组织和领导罢工行动。

2013 年 2 月，印度 11 个全国性行业工会组织了全国性大罢工。希腊于 2013 年 2 月，由全国最大的两个工会组织全国性大罢工，抗议政府的节支措施，导致交通中断、公立学校和税务机构关闭，医院只有应急人员，整个国家几乎陷入瘫痪。2011 年 5 月，由意大利最大的工会联盟发起全国性的大罢工行动，空中、铁路交通运输受到影响；邮局、银行、公共机构及公共学校也被迫暂时性中断运营。2010 年 5 月，孟加拉国制衣工人为提高最低月工资水平举行了全国性的罢工。2006 年 3 月，德国金属行业工会组织了全国范围的警告性罢工，大约 330 个企业的 81000 名职工参加罢工,要求以 5% 的幅度增加工资,并要求企业签署支持员工进修和技术革新的协议。

我国由于经济持续增长、法律制度限制以及工会体制等原因还未出现过此种类型的群体性劳资冲突,但此种类型的群体性劳资冲突一旦发生将会带来巨大的经济损失以及社会成本,因此应借鉴其他国家的有益经验,预先设计应急预案。

(二) 区域性的群体性劳资冲突事件

区域性的群体性劳资冲突事件是指停工、罢工等群体性劳资冲突事件发生在一定区域,如一个省、一个城市或一个开发区范围内。例如,2010 年发生在广东省的佛山、中山、广州、东莞等地区的罢工事件;2010 年发生在苏州工业园区、大连开发区的多家企业的罢工;2008 年发生在重庆市、海南三亚、湖南凤凰的出租车司机停运事件;等等。这些群体性劳资冲突事件都发生在一个区域内,往往涉及多家企业,参与人数也较多,容易引起更大范围的群体性劳资冲突事件。

造成这种类型群体性劳资冲突的主要原因有:一是诉求得不到满足,以经济诉求为主,如增加工资、支付加班工资、改善福利、改善工作条件等;二是参与的劳方群体利益结构高度一致;三是工作地域靠近,工作方式相似,易于沟通和组织。

(三) 单个企业发生的群体性劳资冲突事件

单个企业发生的群体性劳资冲突事件是指发生在一家企业,参与群体性冲突事件的人员也仅为本企业的员工。该类型群体性劳资冲突事件发生的情景以及引发的原因在第三章中有较为详尽的阐述,在此不再赘述。单个企业发生的群体性劳资冲突事件按发生的剧烈程度分为四个等级,即集体劳动争议(四级)、怠工(三级)、罢工(二级)、暴力冲突(一级)。

集体劳动争议(四级)是指,劳方三人以上,有共同理由,申请参加调解、仲裁、诉讼活动的劳动争议。集体劳动争议的特点是劳方当事人为三人以上,且这些员工当事人都是就同样的问题与企业产生的争议，申请仲裁的理由和请求也是共同的。这种类型和级别的典型特点是依照法定程序进行。

怠工（三级）是指，以只完成工作的最基本要求或"按章工作"表示对资方的抗议。例如，工人可能会格外严格地执行所有安全守则，从而降低工作效率；拒绝超时工作；工作失去积极性和主动性，工作效率低下，只完成规定的最低工作标准。

罢工（二级）是指，劳方为了表示对资方的抗议，发生集体拒绝工作的行为。一种罢工方式是劳方留守在工作场所内，但拒绝工作或拒绝离开；另一种是聚集在工作场所外面，劝说其他同事参与罢工，或尝试阻止雇主与客户的交易来往。

暴力冲突（一级）是指，破坏生产工具、原材料和商品，故意伤害，侵犯他人劳动自由等群体性行为。这种群体性行为通常是违法行为，在现实中表现为堵塞厂区外的公共道路，围攻和冲击厂房，砸毁机器设备，对雇主和管理人员进行人身限制或伤害。

三 分类、分级应急预案编写

在对群体性劳资冲突事件进行分类、分级以及对各类、各级群体性劳资冲突事件发生的情景特点进行分析的基础上，针对每一类群体性劳资冲突事件利益博弈演化过程的特征和要求，制订相应的应急措施。

群体性劳资冲突事件的应急预案体系由全国范围内（行业性）的群体性劳资冲突事件应急预案、区域性的群体性劳资冲突事件应急预案、单个企业发生的群体性劳资冲突事件应急预案三大应急预案构成（见图6-4）。

应急预案的编写采用案例—情景—预案的方法，通过对已发生同类案例的规律分析、处置经验评价和学习，形成对一类群体性劳资冲突事件的典型演化情景，具有针对性地制订具体应对预案。每一类群体性劳资冲突事件的预案是按照典型事件情景的特征进行编制。

```
                ┌─ 全国范围内(行业性)的群体性劳资冲突事件应急预案
                │                                                    ┌─ 集体劳动争议
                ├─ 区域性的群体性劳资冲突事件应急预案                  ├─ 怠工
                │                                                    ├─ 罢工
                └─ 单个企业发生的群体性劳资冲突事件应急预案            └─ 暴力冲突
```

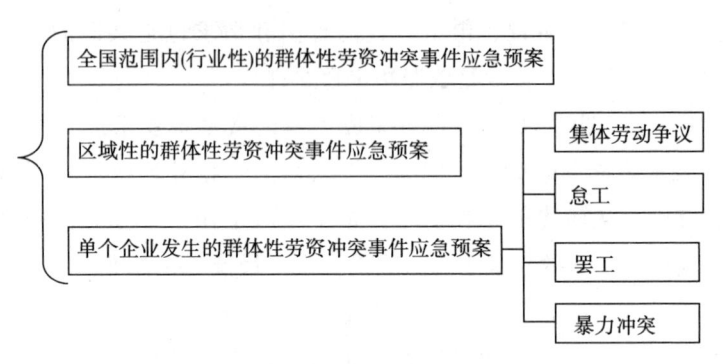

图 6-4　群体性劳资冲突事件预案体系

群体性劳资冲突事件应急预案由总则、组织体制、运行机制、应急保障、监督管理和附则等内容构成。

（一）总则

总则包括编制目的、编制依据、分类分级、适用范围、工作原则。

1. 编制目的

提高政府和企业对群体性劳资冲突事件的应急处置能力，尽快恢复生产或部门运作，降低劳资双方的经济损失，维护社会安全和稳定，促进劳资双方和谐劳动关系的建立。

2. 编制依据

依据有关劳动法律、行政法规，制定本预案。

3. 分类分级

根据群体性劳资冲突事件发生的范围及特征划分为全国范围内（行业性）的群体性劳资冲突事件、区域性的群体性劳资冲突事件、单个企业发生的群体性劳资冲突事件三个大的类型。上述三大类型又分为合法和违法两种情况。单个企业发生的群体性劳资冲突事件又根据冲突发生的剧烈程度分为四个级别，即集体劳动争议（四级）、怠工（三级）、罢工（二级）、暴力冲突（一级）。

4. 适用范围

适用于全国、区域或企业群体性劳资冲突事件的应对工作。

5. 工作原则

（1）正确认识劳资矛盾和冲突。劳资利益冲突是市场经济的必然产物，是资本和劳动这对矛盾共同体与生俱来的特征。当前的劳资矛盾主要是经济利益诉求，是劳资双方的经济矛盾，并非政治矛盾。

（2）分类、分级采取应急措施。按照不同类型和级别，在组织体制、运行机制、应急保障和监督管理方面制订差别化的应急措施。

（3）快速反应，协同应对。迅速了解罢工事件发生的范围及缘由，快速动员政府、工会以及专家、媒体等社会力量协同应对，创造有利于群体性劳资冲突解决的良好氛围。

（二）组织机制

根据利益博弈的主要影响因素和主体，分类、分级建立具有不同功能的组织结构。

表6-1 各类、各级群体性劳资冲突事件应急组织机构

群体性劳资冲突事件的分类	群体性劳资冲突事件的分级	领导机构	指挥决策机构	协同执行机构	专家组
全国范围内（行业性）		国家人力资源和社会保障部	国家人力资源和社会保障部应急办公室	全国总工会	建立劳资关系以及各行业专业人才库，为应急提供决策建议
区域性		省、自治区、直辖市人力资源和社会保障局；开发区管委会；	省、自治区、直辖市人力资源和社会保障局；开发区管委会应急办公室	地方工会、NGO劳工组织	建立劳动法律、劳资关系、劳动争议调解与仲裁专业人才库，为应急提供决策建议

续表

群体性劳资冲突事件的分类	群体性劳资冲突事件的分级	领导机构	指挥决策机构	协同执行机构	专家组
单个企业	集体劳动争议（四级）		企业人力资源部或劳动关系部	企业所属地劳动仲裁委员会、法院	聘请劳动法律、劳资关系、劳动争议调解与仲裁专家顾问
	怠工（三级）		企业人力资源部或劳动关系部	企业工会；基层工会	
	罢工（二级）	企业高级管理层	企业人力资源部或劳动关系部	企业工会；基层工会	
	暴力冲突（一级）	企业高级管理层	企业人力资源部或劳动关系部、企业安全保卫部门	企业安全保卫部门；公安、武警系统	

（三）运行机制

根据利益博弈的不同阶段，制订具有针对性和可操作性的措施，包括信息报告、先期处理、应急响应等具体措施。

表6-2 各类、各级群体性劳资冲突事件运行机制

群体性劳资冲突事件的分类	群体性劳资冲突事件的分级	信息报告	先期处理	应急响应
全国范围内（行业性）		通过微博、短信平台、网络、广播、电视、报刊等向群众发布信息，同时通报有关部门，如交通部门等。应急处置过程中，要及时续报有关情况	迅速通知受影响的群众采取其他方式克服群体性劳资冲突，如罢工等带来的影响	● 对合法利益诉求行为，快速启动三方协商机制，并及时发布行业工资等指导信息，促成劳资双方的谈判

234

续表

群体性劳资冲突事件的分类	群体性劳资冲突事件的分级	信息报告	先期处理	应急响应
全国范围内（行业性）				• 如遇公共服务部门或涉及民生的部门罢工，使用"应急权"来制止罢工等群体性劳资冲突行为发生 • 如遇暴力违法行为，迅速动用警力
区域性		通过微博、短信平台、网络、广播、电视、报刊等向群众发布信息，同时通报有关部门，如交通部门等。应急处置过程中，要及时续报有关情况	迅速通知区域其他企业采取措施，与劳方进行良好沟通，预防群体性劳资冲突的连锁效应	区域范围内快速启动三方协商机制，尽快促成劳资双方的集体协商
单个企业	集体劳动争议（四级）	人力资源部向企业高层报告，做好劳动关系相关预警	积极与争议群体沟通、协商	严格按仲裁或诉讼结果执行
	怠工（三级）	一线管理人员向人力资源部报告，人力资源部立刻向企业高层报告	禁止威胁和压制，避免激怒员工	启动沟通机制、诉求表达机制
	罢工（二级）	一线管理人员向人力资源部报告，人力资源部立刻向企业高层报告	• 了解罢工范围、缘由、要求 • 与当地政府主管部门接洽 • 与当地工会接洽	• 迅速启动集体谈判 • 人力资源部制订针对不同层级劳方的利益交换和利益妥协的参考标准

续表

群体性劳资冲突事件的分类	群体性劳资冲突事件的分级	信息报告	先期处理	应急响应
单个企业			• 聘请专家介入 • 选择合适的协调和处理人员（应包括基层、中层和高层） • 召开沟通会，用心倾听、及时反馈	• 企业工会与员工有效沟通，建立互信关系，促成谈判 • 组织复工，争取边谈判边复工
	暴力冲突（一级）	向企业安保部门报告，向属地政府部门、公安部门报告	规范罢工人员的行为，避免暴力冲突升级	启动司法程序，采取法律手段

（四）应急保障

根据应急预案做好群体性劳资冲突事件的人力、物力、财力、生产、销售等保障。全国范围内（行业性）的大罢工，如果涉及公共交通、医疗卫生、教育等，要给予民众适当的补贴，保证民众的基本生活，同时要制定替代性方案帮助民众渡过难关。如企业遇停工、罢工等群体性劳资冲突，要采取可替代工人的贮备、生产向外地工厂迅速转移、快速联系外包公司等措施，确保产量不受影响，同时要与销售人员沟通，激励销售人员在非常时期维持企业产品的销售量。

（五）监督管理

组织体制为了保证群体性劳资冲突事件的应对效果，巩固稳定状态，采取监督管理措施，如预案演练，法律、政策宣传与培训等。

（1）预案演练

各地区、各企业要结合实际，按照群体性劳资冲突事件的分类和分级，有计划、有重点地开展应急预案演练，如如何迅速启动集体谈判、如何快速恢复生产等。

（2）法律、政策宣传与培训

对劳资双方开展相关劳动法律、法规的培训，让劳资双方懂法、守法，确保群体性劳资冲突在法律框架下得到解决。向企业员工宣传企业的政策及规章制度，让劳方了解企业的经营状况及企业规范。同时，企业的人力资源管理部门应该认真学习我国有关集体协商和集体合同的法律和制度。

（六）附则

附则是对应急预案的实施和修订做出规定。

各地区、各企业根据实际情况的变化及时修订本预案。本预案自发布之日起实施。

第三节　群体性劳资冲突事件的应急干预

群体性劳资冲突的无序化、自发性、突发性等特点，给企业稳定的生产、经营造成一定的威胁，同时也会给劳资双方带来经济损失，甚至会引起社会秩序的混乱。要减弱群体性劳资冲突事件系统的无序状态和不确定，就要增加内外部的负熵值，减少内外部的正熵值。

第四章研究结果表明，要增加内外部的负熵值，企业管理方和企业工会的正确干预能增加内部的负熵值；政府的主导干预和规制制定，地方工会等的积极调解，学者、社会媒体、劳动争议仲裁和调停机构等社会力量的积极协理能有效增加外部负熵值。此外，积极的集体心理干预也能有效抑制冲突。

群体性劳资冲突事件的动态演化模型及演化路径实证研究表明，企业、政府、工会以及其他社会力量的积极、正确干预能有效降低冲突等级。本节集中研究应急干预理论模型构建以及应急干预措施的制订。

一 应急干预理论研究

建立干预理论模型可以从定量的角度来评估应急干预措施对群体性劳资冲突事件的影响以及干预效果。

1. 干预变量

干预变量分为持续性的干预变量和短暂性的干预变量。持续性的干预变量表示 T 时刻发生干预后，干预的影响一直存在，可以用阶跃函数表示：

$$S_t^T = \begin{cases} \text{干预事件发生前}\ (t < T) \\ \text{干预事件发生后}\ (t \geq T) \end{cases}$$

短暂性的干预变量，表示在某时刻发生，仅对该时刻有影响，用单位脉冲函数表示：

$$P_t^T = \begin{cases} 1, & \text{干预事件发生时}\ (t = T) \\ 0, & \text{其他时间}\ (t \neq T) \end{cases}$$

2. 干预模型

前文研究表明，群体性劳资冲突事件的动态演化模型是一个时间序列函数，因此构建干预模型的基本思想是在时间序列模型中加入各种干预变量的影响，其目的是分析和测度各干预变量的干预效应。

设群体性劳资冲突事件演化的时间序列为：$X_t = \dfrac{\theta(B)}{\varphi(B)} a_t$，设干预事件的影响为 $X_t = \dfrac{w(B)}{\delta(B)} I_t^T$，式中，$I_t^T$ 为干预变量，它等于 S_t^T 或 P_t^T，加入干预变量后的时间序列模型，即干预模型为：$X_t = \dfrac{\theta(B)}{\varphi(B)} a_t + \dfrac{w(B)}{\delta(B)} I_t^T$。

3. 干预效应识别

由于干预变量分为持续性的干预变量和短暂性的干预变量，

因此首先要确定干预变量的影响是短暂的还是长期的。具体识别方法如下，利用干预变量产生影响之前或干预影响后，也就是消除了干预影响或没有干预影响的净化数据，计算出自相关函数和偏自相关函数。

假设 $\varphi(B) = 1 - \varphi_1(B)$，$\theta(B) = 1 - \theta_1(B)$，时间序列模型变为：

$$X_t = \frac{\theta(B)}{\varphi(B)} a_t = \frac{1 - \theta_1(B)}{1 - \varphi_1(B)} a_t \tag{1}$$

以持续性干预变量为例，假设持续性干预事件的影响模型为：

$$X_t = \frac{w(B)}{\delta(B)} I_t^T = \frac{w_0}{1 - \delta B} S_t^T \tag{2}$$

组合模型（1）、（2），得到的持续性干预变量表达的总的干预模型为：

$$X_t = \frac{1 - \theta_1 \left(B \frac{w_0}{1 - \delta B} S_t^T \right)}{1 - \varphi(B)} a_t + \frac{w_0}{1 - \delta B} S_t^T$$

同理，短暂性干预变量表达的总的干预模型为：

$$X_t = \frac{1 - \theta_1 \left(B \frac{w_0}{1 - \delta B} S_t^T \right)}{1 - \varphi(B)} a_t + \frac{w_0}{1 - \delta B} P_t^T$$

4. 干预模型计算方法

首先，利用干预影响产生前的数据，建立时间序列模型，然后利用此模型进行外推预测，得到的预测值作为不受干预影响的数值。其次，将干预后的实际值减去预测值，得到受干预影响的具体结果，利用这些结果求出干预影响的参数。再次，利用排除干预影响后的全部数据，识别与估计出时间序列模型。最后，求出总的干预模型。

二 应急干预措施研究

(一) 企业干预措施

本研究的理论和实证研究结果表明企业的有效干预能增加系统内部的负熵值,有效降低群体性劳资冲突等级,最大限度地减少群体性劳资冲突带来的企业生产和经营混乱,降低劳资双方的经济损失。

企业的有效干预措施包括:一是第一时间全面、深入地了解劳方群体的诉求和意见,与群体性劳资冲突事件领袖或积极分子沟通,尽快稳定参与群体的情绪。二是建立双向沟通渠道,通过正式和非正式沟通,一方面了解劳方群体的诉求和解决方案,另一方面让参与群体了解资方或管理方希望解决问题的积极态度以及具体的解决方案。三是选举工人代表,由工人代表参与调解、仲裁和诉讼等程序。四是尽快启动集体协商或集体谈判程序,主动开展集体谈判,积极发挥工会的代表和协调作用,就劳方的诉求解决方案达成共识。五是充分发挥企业人力资源部和企业劳动争议调解委员会等的职能,开展沟通和协商工作。六是主动纠正管理过程中出现的违法或不当行为,主动补救,以免激怒员工。七是保护企业财产和设施,保护管理人员的人身安全。八是及时通知客户,如实告知订单生产状况,以免造成客户的不安,影响双方的合作以及公司的名誉。九是对罢工领袖等积极分子尽量不使用开除、行政拘留等威胁手段,对参与群体更不能采用暴力等违法行为,以免导致冲突的升级。十是如果劳资双方无法协调,应主动请第三方即政府主管部门、地方工会等听取意见,出面进行沟通和协调,促成双方的集体协商或集体谈判。

(二) 政府干预措施

在群体性劳资冲突尤其是罢工事件中,由第三方介入,进行斡旋是国际惯例。比如美国,对劳资双方劳动争议的调解工作成为政府社会管理工作中必不可少的一部分,劳动争议调解调停局专门有劳动争议调解调停员，作为职业人介入劳资双方纠纷。美国的调解和仲裁都成为集体合同或者个人合同中解决纠纷的法定条款，仲裁和调解也由自愿性行为转变成强制性行为。

政府保持中立，为劳资纠纷提供合法的解决机制，是处理和积极干预群体性劳资冲突事件的基本原则和基本方向。从近年来发生的群体性劳资冲突事件来看，成功化解群体性劳资冲突事件的企业，最后都是通过集体谈判来解决问题的。政府要积极促成劳资双方坐在谈判桌前开展集体谈判，比如在 BT 企业的群体性劳资冲突事件的解决过程中，关于工资增长及工会重组的集体谈判产生好的效果，劳资双方达成一致，成功解决劳资冲突。政府在干预过程中不能强迫企业必须加薪，也不能强迫工人必须复工。政府在其中应该居于中立的地位，尽力促成劳资双方开展集体谈判和协商。

不正确的干预会增加群体性劳资冲突事件系统的外部正熵值。如果把罢工等群体性劳资冲突事件作为普通突发性社会事件、维稳事件来处理，政府介入的意图在于"维稳"而非"维权"，介入的目的在于"尽快平息群体性劳资冲突"而非化解劳资矛盾，采取的手段也往往带有强制性，一方面强制性地要求资方适当满足工人的部分诉求；另一方面也强制性地要求工人复工。采取强制手段介入群体性劳资冲突事件，不仅不利于劳资冲突问题的解决，还会使问题复杂化，使得本来单纯的劳资经济纠纷转化为复杂的政治冲突。还有一些失败的干预例子，一些地方政府为了当地财政税收，往往更偏向于资方，一旦发生劳资纠纷，往往站在资方一边，不惜以牺牲劳工利益作为代价，导致政府和工人之间加深了隔阂，加剧了社会不稳定因素。

（三）工会干预措施

工会应以更加积极的态度正视群体性劳资冲突事件，将冲突看成市场经济条件下正常的经济矛盾和冲突，把劳动者维权的关口前移，通过主动干预、积极协调，最大限度化解群体性劳资冲突可能带来的风险。

工会要迅速启动劳动者"诉求受理机制",认真分析劳方的利益诉求,通过与资方或管理方沟通、协商和调节,为劳方争取合理、合法的权益和利益。对不合法或不合理的诉求,工会要进行有效的疏导与劝解,努力在职责范围内予以纠正。工会要迅速建立"建议表达机制",尽快搜集劳方提出的意见和主张,第一时间向企业反映,也可与劳动行政部门或企业主管部门,与资方组成劳动关系临时协调联席会,共同研究群体性劳资冲突事件的解决方案。

工会应按照法律要求履行职能,代表劳方积极参与劳资双方的集体协商或集体谈判。《工会法》第 27 条明确规定:"企业、事业单位发生停工、怠工事件,工会应当代表职工同企业、事业单位或有关方面协商,反映职工的意见和要求并提出解决意见。对于职工的合理要求,企业、事业单位应当予以解决。工会协助企业、事业单位做好工作,尽快恢复生产、工作秩序。"当发生停工罢工等群体性劳资冲突事件后,工会首先要获取劳方的信任和支持,敢于代表工人与有关方面协商,参与同资方的集体协商或集体谈判,提出合理的要求,维护工人利益。

工会对群体性劳资冲突事件进行干预,不应是随意的,必须对照宪法、劳动法、劳动合同法、工会法、公司法等相关法律法规赋予职工和工会的权利,采用合法手段和正当措施来施行干预。不正确的甚至是违法的干预行为,会增加外部正熵值,不仅起不到良好的干预效果,而且容易造成次生冲突事件的发生,使冲突升级,不利于劳资冲突向较低等级转化及平息。如 BT 案例中,地方工会引入一些社会人员强迫工人复工以及殴打数名罢工工人的行为,造成劳资双方的冲突升级,罢工的范围进一步扩大。

(四)其他第三方力量的干预措施

在群体性劳资冲突的外部力量干预中,现实情况是,一方面,政府本应承担协调人的角色,但我国的地方政府往往是出于

"维稳"动机,以平息事态为协调目的对群体性劳资冲突进行干预。正是由于这种介入动机,使得政府很容易在劝解无效的情况下,使用强制性手段压制工人复工。这种"错位"不断破坏政府本应扮演的第三方协调人的角色,从而降低政府的公信力甚至合法性。另一方面,工人代表的角色本应由企业工会承担,但遗憾的是,大多工会在群体性劳资冲突中不但缺位,而且经常代表雇主利益,不愿意也不会担任工人代表,同时工人也不认可其代表性。在这样的现实条件下,其他第三方力量的干预显得尤为重要。此外,在群体性劳资冲突事件的形成机制研究中也发现,专家学者、社会媒介等是形成群体性劳资冲突事件的重要网络组织节点,其积极介入和干预能有效降低冲突等级,化解双方矛盾。群体性劳资冲突事件的演化过程表明第三方力量是重要的信息流传播途径,是劳资冲突演变的影响因素。

1. 专家、学者、律师干预

美国等西方发达国家很多专家、有影响力的学者和律师在群体性劳资冲突事件的斡旋中发挥着重要的作用。

在 BT 罢工事件中,我国劳动法律专家第一次以公开身份,直接介入群体性冲突事件的处理,成功促成劳资双方的集体协议,是成功的典范。这种第三方介入的调节方式应该作为协调群体性劳资冲突的应急有效手段。

专家学者、律师等第三方的介入,首先能稳定参与群体性劳资冲突的劳方群体的情绪,缓解劳资直接对峙所产生的紧张局面。群体性劳资冲突行动,一方面显示了劳动者正在增长的维权意识和行动能力,另一方面这些自发的行动因缺少行动的计划与组织,在遭遇资方的打击与政府的压力之后,很容易走入情绪化。第三方介入者正是利用了他们的局外人的优势以及自身的才智和能力,使劳资双方可以在他们的协调下冷静下来,愿意以平和、相互尊重的手段来解决争议。其次,专家学者、律师等介入者通常作为群体性劳资冲突劳方代表,使得集体谈判得以启动,将劳资冲突引入了理性的解决轨道。专家学者、律师介入后，担任工人谈判代表的角色，凭借其特殊的身份以及专业的知识和谈判经验等，有效促成劳资双方达成协议。这种角色的承担，在解决了工人无代表问题的基础上，成功地打破了劳资之间无法谈判的僵局，同时也提升了劳资谈判的质量。综上，专家学者、律师等第三方在群体性劳资冲突事件的干预中发挥着"协调人"与"工人代表"的双重作用。

2. 社会媒体干预

前文研究表明，社会媒介的参与和信息传播对群体性劳资冲突事件的发展具有关键性的作用。正确的引导会有效阻止后续劳方群体的加入，有利于事件的平息。社会媒体的正面引导能化解参与群体性劳资冲突的劳方群体的集体情绪。社会媒体可以建立正确的舆论导向，给予罢工群体等正面的信息反馈，如提供法律知识的介绍，帮助劳方群体联系专家、学者，通过给资方一定压力促成谈判等。总之，社会媒体通过信息流交换以及正向引导，帮助劳资双方依法、平等开展集体谈判或协商，促进劳资矛盾的合法解决。

然而，社会媒体不正常的传播会对群体性劳资冲突事件的发展起到推波助澜的恶性作用。社会媒体对群体性劳资冲突过程中不真实信息的传播以及不正确的舆论引导，可能会引发劳动者的恐慌和负面情绪，与资方的对立加剧，劳资双方陷入更加不信任的局面，导致劳资双方冲突升级。

（五）群体心理干预措施

对群体心理进行积极干预，可以有效降低冲突等级，平息冲突。群体性劳资冲突事件的形成机制表明，其爆发的群体心理过程是劳方群体对资方或管理方的行为产生不公平感和不信任感，这种不公平感和不信任感在劳方群体达成情绪认同，不公平感和不信任感积累到一定程度，便以愤怒和抱怨等形式进行情绪宣泄，愤怒和抱怨的情绪在群体的沟通中相互感染，使得这种不满的情绪不断加强，到达一个燃点，一旦有人提出反抗的意见，就立刻达成一致，用较为激烈的形式与资方或管理方进行抗争，这种激烈的抗争行为在劳方群体中相互模仿，使群体性劳资冲突升级。

群体性劳资冲突心理干预的核心是心理能量的消解。干预原则是弱化对抗情绪、慎用对抗性压制力量，采取有效措施重建劳方的公平感，以及对资方或管理方的信任感。

美国学者科塞提出，如果没有发泄互相之间的敌意和发表不同意见的渠道，群体成员就会感到不堪重负（科塞，1989），因此在群体性劳资冲突事件发生后首先要立刻启动劳方申诉和沟通渠道。建立申诉和沟通渠道，可以采取多种方式，一是建立较为正式的情绪宣泄、利益诉求表达和沟通渠道，如通过召开会议、管理人员下基层等形式。二是充分利用互联网等新兴媒体，如前文分析，互联网等新兴媒体一方面起到迅速传播信息、动员和组织群体性行动的作用，另一方面当群体性行动发生后也可以利用其快速传播特征，建立员工发泄平台、诉求收集平台以及劳资沟通平台，以消除劳资双方因为信息不对称引发的相互猜忌和不信任。三是引入第三方组织或个人收集劳方群体的集体诉求，倾听劳方群体的不满，通过让劳方群体宣泄，疏导其不满情绪。

其次是控制群体集聚，减少愤怒等集体化情绪的传播和蔓延。从劳方群体的心理状态来分析，有思想坚定型、借机宣泄型、犹豫彷徨型；从参与群体性劳资冲突事件人员的行为结构上看，有组织领导者、出谋划策者、起哄助威者、一般随从者；从参与群体性劳资冲突事件人员的性格结构上看，有冲动型和理智型。因此，可以根据参与群体性劳资冲突事件人群的不同特点，采取积极措施，减少集体化情绪的传播和蔓延。一方面，努力缩小群体规模，分化瓦解群体阵营。采取各个击破的办法，削弱群体凝聚力。在策略上，要采取争取温和派、分化强硬派的原则。对于组织者、谋划者积极沟通协商，尽量使其参与到沟通行动和集体谈判中，并尽快达成共识。对一般参与者，要通过表示理解群体需求及群体心理进行温情劝慰，从而瓦解事件参与者的心理防线，一方面劝其回到工作岗位，另一方面积极促成工人代表的产生，促进对群体性劳资冲突事件的解决。

再次，要通过社会媒体和网络媒体等公布正确客观的信息，防止不真实信息或谣言的传播，减轻劳方群体的社会心理传染，以及减少共同行为的发生，使劳资双方产生某种共同的愿望，使冲突事件朝有利于矛盾解决的方向发展。

最后，政府加强舆论引导，主动及时发布信息，消除劳资双方的猜疑、谣言等因素对劳方群体心理的干扰。

第四节 标准化的应急管理信息系统研究

为了能科学、正确地应对群体性劳资冲突事件，本研究将群体性劳资冲突应急管理与现代信息网络技术相结合，建立群体性劳资冲突事件应急管理信息系统，以提高企业的信息获取能力、快速反应能力、组织协调能力、决策指挥能力，有效降低群体性劳资冲突给劳资双方带来的损失，维护企业经营秩序和社会秩序。

一 应急信息系统的概念

群体性劳资冲突应急信息系统是指以现代通信、计算机网络等信息技术为支撑的，以群体性劳资冲突事件的监测、预警、应急处理、恢复等业务管理为主体的组织保障和技术支撑系统（王延章等，2010）。该系统要实现的目标是能够对群体性劳资冲突事件进行有效的控制和管理，在群体性劳资冲突事件发生前，采取各种预防措施，避免群体性劳资冲突事件的发生；在群体性劳资冲突事件发生中，控制和降低冲突等级，快速制订有效的应急干预措施，平息群体性劳资冲突，恢复生产；在群体性劳资冲突事件发生后，总结经验，改进应急管理系统，更新相关数据，为今后的应急工作做准备。

二 应急信息系统的功能

在厘清应急信息系统概念以及目标的基础上，在构建群体性劳资冲突事件应急信息系统前明确该系统应实现的功能。

（一）预警

通过数据库收集企业劳动关系状态数据，计算企业劳动关系综合评价值，确定企业的预警区域，对劳动关系的紧张程度实时发出警报并采取预防干预措施。

（二）案例检索与匹配

通过现有的群体性劳资冲突的历史案例，建立案例库，采用案例推理法（Case-Based Reasoning）对新发生的群体性劳资冲突事件进行案例匹配。

（三）情景分类与具体情景描述

建立情景库，包括群体性劳资冲突事件的情景类型描述和具体情景描述，在已有案例分析基础上采用多级分级方法对群体性劳资冲突事件情景类型进行划分。对新发生的群体性劳资冲突事件进行具体情景特征描述，该特征描述包括情景初始状态特征描述以及情景问题描述。

（四）生成应急预案

对新发生的群体性劳资冲突事件，在案例库中进行检索、匹配，对发生情景进行分析，由预案库提供预案储备选择和调用，并由系统进行预案模糊匹配分析，在此基础上自动生成匹配的应急预案。

三 应急管理信息系统的构建

（一）总体设计

根据群体性劳资冲突事件应急系统需要实现的功能，对群体性劳资冲突事件进行总体设计，群体性劳资冲突事件应急管理信息系统总体构建如图 6-5 所示。

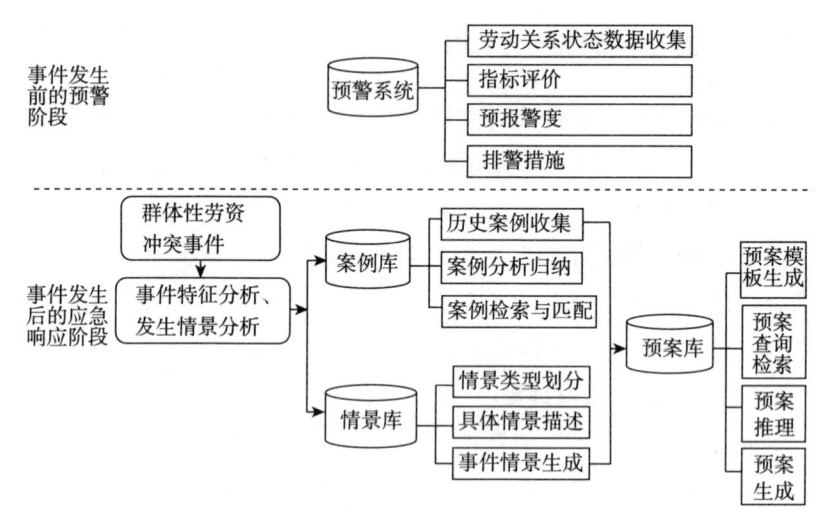

图 6-5　群体性劳资冲突事件应急管理信息系统总体框架

　　群体性劳资冲突事件应急管理信息系统包括群体性劳资冲突事件发生前的预警阶段以及群体性劳资冲突事件发生后的应急响应阶段。应急管理信息系统由四个子系统构成，即预警子系统、案例库子系统、情景库子系统和预案库子系统。四个子系统之间的逻辑关系如下：群体性劳资冲突事件发生前通过数据库收集企业劳动关系状态数据，由预警系统进行劳动关系预警、预报。当群体性劳资冲突事件发生后，首先对新发生的群体性劳资冲突事件的特征以及发生的情景进行分析，采用案例推理法（Case-Based Reasoning）对新发生的群体性劳资冲突事件在历史案例库中进行案例检索与匹配。其次对新发生的群体性劳资冲突事件进行具体情景特征描述，包括情景初始状态特征描述以及具体情景问题描述，生成新事件发生情景。在案例检索与匹配以及生成新事件发生情景的基础上，由预案库提供预案储备选择，并由预案库系统进行预案模糊匹配分析，在此基础上自动生成匹配的应急预案。

（二）各子系统的构建方法

1. 预警系统构建

具体设计思想为：通过企业相关管理人员填写相应的调查问卷，作为基础数据，根据相应的劳动关系评价指标体系进行综合评价，得出企业劳动关系综合评价值，在此基础上对企业劳动关系评价结果进行等级划分，并确定其警度级别，根据对应的警度级别，提出相应的预防干预措施。通过对基础数据库企业劳动关系状态数据变化的分析，当一些敏感数据达到阈值，就发出预警信号，应急管理部门对预警信号进行甄别和调查，提前解决或进行预防准备。

根据上述功能的设定，预警系统包含前台操作以及后台管理。前台操作包括以下几个模块：数据收集、指标评价、预报警度、排警措施。后台管理员主要包含的功能有用户管理、基础数据管理、样本数据管理以及指标管理。其功能如图6-6所示。

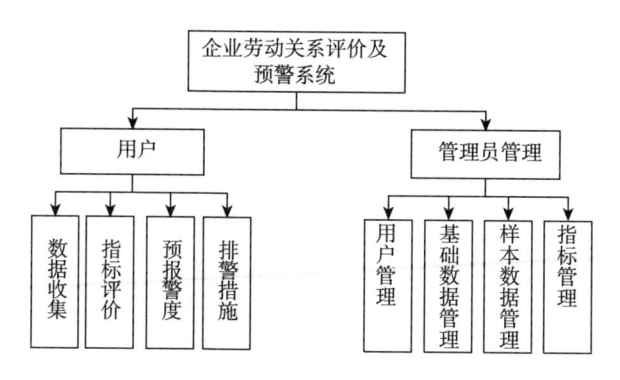

图6-6 群体性劳资冲突预警系统设计

2. 案例库的建立

本研究采用案例推理法（Case-Based Reasoning），即CBR方法来建立案例库。该方法最早起源于美国耶鲁大学Roger Schank教授在其1982年的著作 *Dynamic Memory* 中所作的描述，它是一种模仿人类推理和思考过程的方法论，是目前人工智能中一种新兴的推理方法。其基本原理是人们在面临一个新问题时，往往把以前遇到的与该问题类似的事例联系起来，运用过去解决该事例的经验和方法来解决当前问题（王延章等，2010）。CBR 方法将案例推理工作过程解释为 4R 循环模式，即检索（Retrieve）、重用（Reuse）、修正（Revise）和保存（Retain）。学者 Zhaohao Sun 和 Gavinhe（2004）提出了一种新的 5R 工作模式，在上述 4R 的基础上增加了案例表示（Repartition）。本研究借鉴 Zhaohao 和 Gavinhe 的 5R 工作模式，将群体性劳资冲突的案例推理过程分为 5 个阶段，如图 6 - 7 所示。

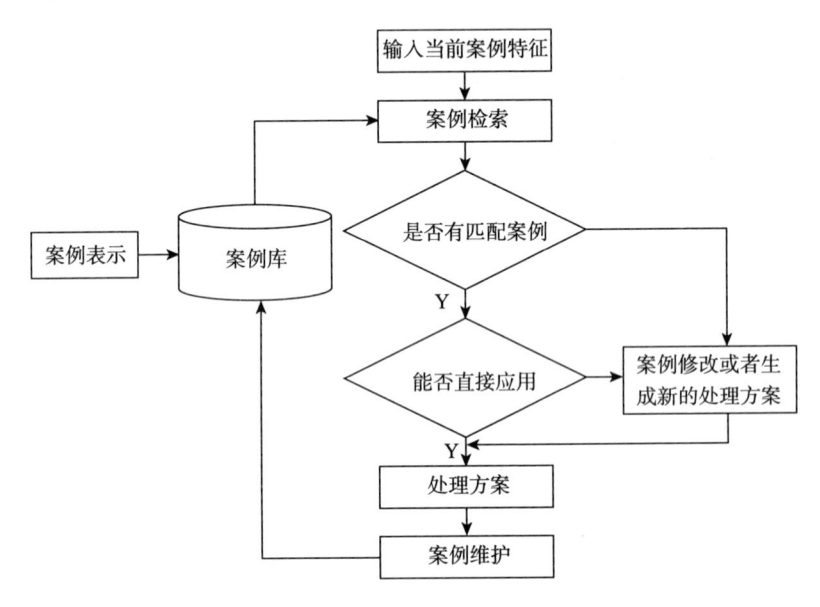

图 6 - 7　群体性劳资冲突事件案例推理过程

资料来源：Zhaohao Sun, Finnie G. R. *Intelligent Techniques in E-Commerce: A Case Based Reasoning Perspective*. Berlin: Spring-verlag, 2004. http://www.buscalegis.ccj.ufsc.br/revistas/index.php/buscale-gis/article/viewFile/6576/6143.

（1）案例表示。采用一定的知识表示规则方法描述当前问题以及历史案例的环境状态和具体内容，获取案例特征信息，形成合理的案例表示形式。根据前文应急预案研究，将应急案例的层次作如下划分，如图 6-8 所示。

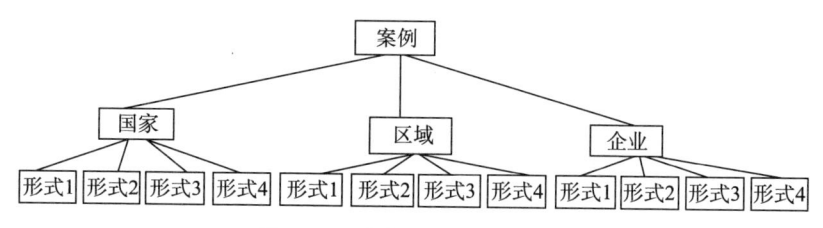

```
                    案例
        ┌────────────┼────────────┐
       国家          区域         企业
    ┌──┬──┬──┐  ┌──┬──┬──┐  ┌──┬──┬──┐
   形式1 形式2 形式3 形式4 形式1 形式2 形式3 形式4 形式1 形式2 形式3 形式4
```

图 6-8　应急案例的层次结构

根据应急案例的层次结构，采用扩展的巴科斯-诺尔范式（Extended Bachus-Naur Form，EBNF），构建应急案例的抽象模型。

<案例属性列表>，<案例编号>，<案例名称>，<案例来源>，<案例编制时间>，[<冲突范围>]，[<冲突类型>]，[<冲突形式>]，[<冲突级别>]，[<参与人数>]，[<参与人员结构>]，[<导火线>]，[<经济损失>]，[<其他已造成的后果>]，[<评估结果>]，[<备注>]。

冲突范围指国家范围、区域范围、企业范围。冲突类型指权利型冲突、利益型冲突。冲突形式指消极怠工；上访；停工；罢工；游行示威、抗议、请愿、静坐；暴力冲突（含自杀、拘禁企业管理者、打砸抢等行为）；集体辞职；集体申请劳动仲裁；向法院起诉。冲突级别指四级（集体争议）、三级（怠工）、二级（罢工）、一级（暴力冲突）。参与人数分为 5~10 人；11~30 人；31~50 人；51~100 人；100 人以上。参与人员结构包括：同一个工种的工友；不同工种利益和诉求相同的工友；企业内部的老乡；其他。导火线包括：长期无故拖欠工资（包括加班费）；工资长期低于地方规定的最低工资水平；没有或拖欠社会保险；长期超负荷的工作强度；长期恶劣的生产条件（简陋或几乎没有任何安全保障措施）；长期恶劣的住宿饮食条件；企业几乎很少或没有鼓励员工参与企业内部管理，甚至是排斥；企业没有提供相对丰富的业余文化生活；企业不能提供员工发展空间，员工工作不受重视；其他。经济损失采用具体数据表示。其他已造成的后果包括毁坏

机器设备、打砸抢、人员伤亡等。上述抽象模型中,"< >"表示概念;[ ]中的内容为可选择的部分。

(2)案例检索与匹配。获取历史案例库中的信息和知识并提出解决方案。从案例库中检索与当前问题在特征属性上相似,并对当前问题的处理有启发和指导意义的案例,形成候选案例集;分别计算候选案例与当前问题的相似度,同时参考项目计划信息、项目执行状况等相关信息,选择出最有参考价值的案例。比较新、旧案例的差异,对被选取认可案例的解决方案略加修改后提交给用户。

具体的检索方法是,计算当前问题与历史案例库中每一个案例的相似度,从历史案例中选出一个或若干个与当前问题相似的案例,供决策者参考,从而得到当前问题的解决方案,如图6-9所示。

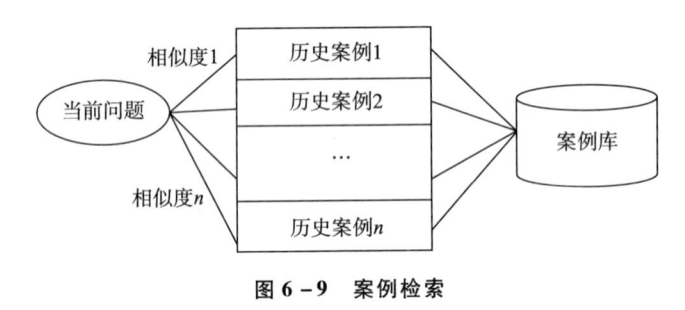

图6-9 案例检索

相似度的计算方法,本研究采用最近邻法,根据案例中各个组成部分的权值和属性值求加权和,以该加权和作为衡量问题案例与历史案例之间相似性的依据。具体计算方法和计算步骤如下。

先计算问题案例与库存案例在每一个属性上的距离,然后通过权重加和的方式集结它们之间整体的相似性,可以表示为:

$$SIM(T, P) = \sum_{i=1}^{N} w_i \, sim(X_i^T, X_i^P)$$

其中,SIM(T,P)表示问题案例T和案例库中历史案例P之间的整体相似性。w_i表示问题案例和库存案例在第i个属性上的隶属度，sim（.）用于度量这两个隶属度之间的相似性。属性权重，一般情况下：$\Sigma w_i = 1$，其实现方法多采用直接赋权、层次分析法等。其中，sim（.）的常用形式为：

$$\text{sim}（X_i^T X_i^P）= \frac{X_i^T - X_i^P}{X^T}$$

最近邻法的常用工作流程如图 6 – 10 所示。

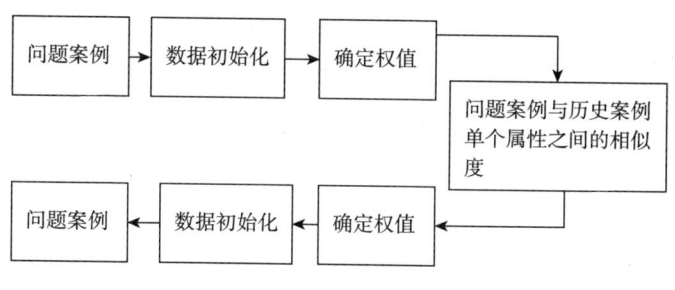

图 6 – 10　最近邻法的工作流程

（3）案例重用。当检索出的历史案例与当前问题足够接近，历史案例的解决方案能够满足当前要求时，可以不必对其进行修改，直接用检索到的历史案例解决方案解决当前问题，应用到实际情况中。当历史案例与当前问题不够接近、历史案例的解决方案不能指导当前问题时，需要对历史案例的解决方案作出一定的调整，以适应当前问题。

（4）案例修正。检索到的历史案例虽然与当前问题比较相似，但是两者之间往往存在一定差别，历史案例的解决方案不能适应当前环境，如果直接使用则不能发挥有效的应急作用。因此，需要根据当前的具体情况，对历史案例的解决方案作出一些修正。

（5）案例评价与存储。保留这次工作中有价值的经验和知识，分析有价值的案例，将其解决过程、评价结果添加到案例库中。

3. 情景库的建立

本研究采用情景分析法来建立情景库，情景库包括群体性劳资冲突事件的情景类型描述和具体情景描述。情景类型描述是根据前文第六章第二节"应急预案体系构建"中的群体性劳资冲突事件分类分级案例发生情景分析以及第二章"群体性劳资冲突事件的特点及趋势"中对单个企业群体性劳资冲突事件发生原因的深入分析,采用多级分级方法将我国群体性劳资冲突事件的情景类型作如下划分①。

表6-3 群体性劳资冲突事件的情景类型

一级类型	二级类型	三级类型	四级类型
全国范围	宏观经济环境恶化	经济危机或经济下滑	失业率上升
	全国性工会组织和领导罢工	有组织的罢工	罢工
区域性	劳动者经济诉求得不到满足	经济诉求	提高工资待遇等
	劳动者群体利益结构高度一致	经济诉求	提高工资待遇等
单个企业	国企改制	职工利益受损	职工下岗安置问题
			经济补偿问题
			历史遗留问题
		企业利益受损	企业改制不公开
			国有资产流失
	劳动者诉求得不到满足	经济利益诉求	拖欠工资
			超时加班
			工资待遇低
			社会保险不合国家相关规定
			解雇或裁员经济补偿问题

---

① 本研究的重点放在单个企业发生的群体性劳资冲突事件的应急管理和应急信息系统的构建。

续表

一级类型	二级类型	三级类型	四级类型
单个企业	劳动者诉求得不到满足	集体权利诉求	重新组建工会
			集体协商，签订集体合同
		精神诉求	工作条件差
			管理过于严厉、缺乏人性化
			工作压力大（含工作过于简单化、机械化）
			培训或职业发展问题

情景类型的分类根据为对已经发生的群体性劳资冲突事件案例的归纳以及群体性劳资冲突事件研究文献中的提法，上述情景类型基本可以涵盖现有的群体性劳资冲突事件的情景类型。

在情景类型划分的基础上，进行具体的情景特征描述，具体情景特征描述包括情景初始状态描述、情景问题描述。下面以 BT 案例为例阐述群体性劳资冲突事件情景初始状态。

表 6-4　BT 案例情景初始状态描述

序号	属性类型	属性名称	属性类型	具体情景状态
1	情景基本信息	编号	字符串	T0001
2	情景初始状态描述	发生时间	日期	2010 年 5 月 17~6 月 3 日
3		发生地点	字符串	广东省佛山市某科技园
4		群体诉求结构	字符串	工资待遇低、重新组建工会
5		群体组成结构	字符串	新生代农民工
6		群体规模	数值	1500 人

续表

序号	属性类型	属性名称	属性类型	具体情景状态
7	情景初始状态描述	冲突范围	数值（1. 国家、2. 区域、3. 单个企业）	3
8		冲突级别	数值（1. 集体争议、2. 怠工、3. 罢工、4. 暴力冲突）	3

4. 预案库的构建

预案系统的主要功能是对应对预案进行描述。在案例推理和情景分析的基础上，使用二元组对群体性劳资冲突事件应急预案进行描述，即<情景描述，预案描述>。预案的表示过程是将群体性劳资冲突事件发生的情景与群体性劳资冲突事件应对预案措施转化为计算机系统可以识别的信息。本研究采用"面向对象的层次结构表示法"来实现群体性劳资冲突事件应对预案系统的表示与存储。具体表示方法如下，对于应对预案P，用多元组的形式表示为 P = {T, S, M}。T 表示情景类型描述；S 表示具体情景特征描述；M 表示情景应对预案描述。P 的表示结构可以全面地对群体性劳资冲突事件应对预案进行描述，而且层次化的结构有利于提高知识的独立性及案例维护的灵活性，并且易于用面向对象语言进行描述。

采用结构化文本的方法对应急预案形式化描述。群体性劳资冲突事件的应急预案文本由题目、标题、子标题、段落组成。题目包含众多主题（各主题由标题表达），每个主题又包含众多子主题（各子主题由子标题表达），每个子主题又由段落组成，段落是表达应急预案文本最小主题的最小单元。群体性劳资冲突事件应急预案形式化描述方法的思路是，在应急预案体系框架里实现对应急预案的形式化描述。根据前文第六章第二节"应急预案体系构建"中的研究结果，本研究定义了6个实体集合。

实体集 1 总则集 总则集是群体性劳资冲突事件应急过程的目标和原则,具体包括预案编制的目的、依据、分类分级、适用范围和工作原则。

实体集 2 组织体制集 组织体制集是参与群体性劳资冲突事件应急过程的各个组织机构及情况,具体包括领导机构、指挥决策机构、协同机构和专家组。

实体集 3 运行机制集 运行机制集是组织体制集中的组织机构为达成对群体性劳资冲突事件应急处理目标采取的具体措施,包括信息报告、先期处理、应急响应等具体措施。

实体集 4 应急保障集 应急保障集是组织体制集为保障群体性劳资冲突事件应对过程中运行机制集的各项具体措施所调配的各种应急资源,即人力、财力、生产、销售资源及保障能力。

实体集 5 监督管理集 监督管理集是组织体制集为了保证群体性劳资冲突事件应对的效果,巩固稳定状态采取的监督管理措施。

实体集 6 附则集 附则集是组织体制集对群体性劳资冲突事件应急预案的补充和修订。

其中组织体制集、运行机制集、应急保障集、监督管理集是4个最主要的实体集。组织体制集与运行机制集、应急保障集、监督管理集之间存在对应关系。群体性劳资冲突事件应急预案形式化描述如表6-5所示。

表6-5 群体性劳资冲突事件应急预案形式化描述

实体集	二级内容	三级内容	四级内容	五级内容	属性类型
总则集	目的				字符串
	依据	法律	劳动法、劳动合同法、劳动争议仲裁法、就业促进法		字符串
		行政法规			字符串

续表

实体集	二级内容	三级内容	四级内容	五级内容	属性类型
总则集	分类分级	类型	全国范围内		数值
			区域性		数值
			单个企业		数值
		级别（单个企业）	集体劳动争议（四级）		数值
			怠工（三级）		数值
			罢工（二级）		数值
			暴力冲突（一级）		数值
	适用范围	适用于全国、区域性或单个企业群体性劳资冲突事件的应对工作			字符串
	工作原则	见第六章第二节			字符串
组织机制集	全国范围内		领导机构	人力资源和社会保障部	字符串
			指挥决策机构	人力资源和社会保障部应急办公室	字符串
			协同执行机构	全国总工会	字符串
			专家组	专家组	字符串

续表

实体集	二级内容	三级内容	四级内容	五级内容	属性类型
组织机制集	区域性		领导机构	省、自治区、直辖市人力资源和社会保障局；开发区管委会	字符串
			指挥决策机构	省、自治区、直辖市人力资源和社会保障局；开发区管委会应急办公室	字符串
			协同执行机构	地方工会、NGO劳工组织	字符串
			专家组	专家组	字符串
	单个企业	集体劳动争议（四级）	领导机构		字符串
			指挥决策机构	企业人力资源部或劳动关系部	字符串
			协同执行机构	企业所属地劳动仲裁委员会、法院	字符串
			专家组	专家组	字符串
		怠工（三级）	领导机构		字符串
			指挥决策机构	企业人力资源部或劳动关系部	字符串
			协同执行机构	企业工会、基层工会	字符串
			专家组	专家组	字符串

续表

实体集	二级内容	三级内容	四级内容	五级内容	属性类型
组织机制集	单个企业	罢工（二级）	领导机构	企业高级管理层	字符串
			指挥决策机构	企业人力资源部或劳动关系部	字符串
			协同执行机构	企业工会、基层工会	字符串
			专家组	专家组	字符串
		暴力冲突（一级）	领导机构	企业高级管理层	字符串
			指挥决策机构	企业人力资源部或劳动关系部、企业安全保卫部门	字符串
			协同执行机构	企业安全保卫部门；公安、武警系统	字符串
			专家组	专家组	字符串
运行机制集	全国范围内		信息报告	见表6-2	字符串
			先期处理	见表6-2	字符串
			应急响应	见表6-2	字符串
	区域性		信息报告	见表6-2	字符串
			先期处理	见表6-2	字符串
			应急响应	见表6-2	字符串
	单个企业	集体劳动争议（四级）	信息报告	见表6-2	字符串
			先期处理	见表6-2	字符串
			应急响应	见表6-2	字符串

续表

实体集	二级内容	三级内容	四级内容	五级内容	属性类型
运行机制集	单个企业	怠工（三级）	信息报告	见表6-2	字符串
			先期处理	见表6-2	字符串
			应急响应	见表6-2	字符串
		罢工（二级）	信息报告	见表6-2	字符串
			先期处理	见表6-2	字符串
			应急响应	见表6-2	字符串
		暴力冲突（一级）	信息报告	见表6-2	字符串
			先期处理	见表6-2	字符串
			应急响应	见表6-2	字符串
应急保障集	人力资源保障	储备替代人员			字符串
	财力保障	对其他社会受损人员进行补贴或采用其他替代方案补偿			字符串
	生产保障	生产转移或外包			字符串
	销售保障	紧急调用销售人员、采取激励手段			字符串
监督管理集	预案演练	启动集体谈判			字符串
		快速恢复生产			字符串
	法律、政策宣传与培训				字符串
附则集	预案修订和实施				字符串

经过上述过程完成了预案储备,除预案储备功能外,预案库还要提供预案储备选择、调用、预案模糊匹配分析以及自动生成匹配应急预案等功能。根据上述功能的设定,预案系统应包括预案管理模块,预案查询、检索模块,预案推理模块,预案生成模块。预案库系统功能结构如图 6-11 所示。

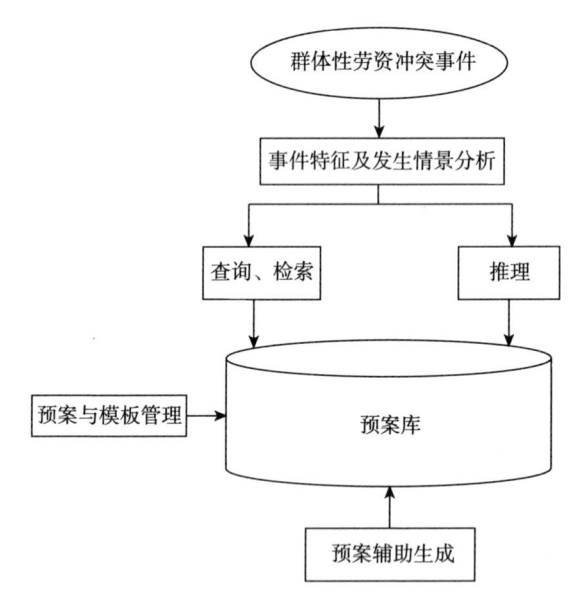

图 6-11 预案库系统功能结构

第五节 小结

本章集中研究群体性劳资冲突事件应对体系构建中事后应急处置部分,主要内容包括应急系统设计、应急预案体系构建、应急干预以及标准化的应急信息系统的设计与实现。

在群体性劳资冲突演化博弈过程的基础上设计的应急系统,对应群体性劳资冲突演化博弈的"突变劳方群体产生""竞争策略劳方群体产生""群体事件爆发"以及"雇主利益博弈阶段"。该应急管理系统的主要目标是控制自组织演化系统的涨落,减少劳资双方的经济损失以及改变群体策略，尽快达到协同的稳定状态。根据上述目标，本研究设计的群体性劳资冲突应急管理系统包括应急决策系统、应急预案体系、应急干预系统以及应急管理信息系统四个子系统。

应对预案体系是群体性劳资冲突事件应急管理体系建设的重要任务。本研究根据群体性劳资冲突事件的特征和典型案例，将群体性劳资冲突事件进行分类和分级，分为全国范围内（行业性）、区域性以及单个企业三大类，单个企业类型又分为集体劳动争议（四级）、怠工（三级）、罢工（二级）、暴力冲突（一级）四个级别；在厘清群体性劳资冲突的类型和级别的基础上，梳理各类型各级别典型案例发生的情景和影响因素；最后根据每一类型、每一级别群体性劳资冲突事件的发生情景及利益博弈演化过程的特征和要求，分类、分级制订应急预案，形成包括全国范围内（行业性）群体性劳资冲突事件应急预案、区域性劳资冲突事件应急预案以及单个企业群体性劳资冲突事件应急预案在内的应急预案体系。本研究制订的应急预案包括总则、组织机制、运行机制、应急保障、应急监督管理、附则等内容。

群体性劳资冲突的无序化、自发性、突发性等特点，给企业稳定的生产、经营造成一定的威胁，同时也会给劳资双方带来经济损失，甚至会引起社会秩序的混乱。要减弱群体性劳资冲突事件系统的无序状态和不确定性，就要增加内外部的负熵值，减少内外部的正熵值。企业、政府、工会以及其他社会力量积极、正确的干预能有效增加内外部的负熵值，减少内外部的正熵值，最终实现降低冲突等级、平息冲突的目的。本研究首先对应急干预开展理论研究，通过干预变量的选择、群体性劳资冲突事件时间序列模型构建、干预效应识别以及干预模型计算方法的分析构建了应急干预理论模型，该模型的基本思想是在时间序列模型中加入各种干预变量的影响，旨在从定量的角度来评估应急干预措施对群体性劳资冲突事件的影响以及对干预效果开展评估。在理论分析基础上，本研究分别提出企业，政府，工会，专家学者、社会媒体等其他第三方力量应采取的干预措施，最后就如何进行群体心理干预提出了具体的对策和措施。本研究认为群体性劳资冲突心理干预的核心是心理能量的消解，干预原则是弱化对抗情绪、慎用对抗性压制力量，采取有效措施重建劳方的公平感，以及对资方或管理方的信任感。

为了能科学、正确地应对群体性劳资冲突事件，本研究将群体性劳资冲突应急管理与现代信息网络技术相结合，建立了标准化的群体性劳资冲突事件应急管理信息系统，以提高企业的信息获取能力、快速反应能力、组织协调能力、决策指挥能力。该信息系统包括群体性劳资冲突事件发生前的预警阶段以及群体性劳资冲突事件发生后的应急响应阶段，应急管理信息系统由四个子系统构成，即预警子系统、案例库子系统、情景库子系统和预案库子系统。群体性劳资冲突事件发生前通过数据库收集企业劳动关系状态数据，由预警系统进行劳动关系预警、预报。群体性劳资冲突事件发生后，首先对新发生的群体性劳资冲突事件的特征以及发生的情景进行分析，采用案例推理法（Case-Based Reasoning）对新发生的群体性劳资冲突事件在历史案例库中进行案例检索与匹配。其次采用情景分析法对新发生的群体性劳资冲突事件进行具体情景特征描述，包括情景初始状态特征描述以及具体情景问题描述，生成新事件发生情景。在案例检索与匹配以及生成新事件发生情景的基础上，由预案库提供预案储备选择，并由预案库系统进行预案模糊匹配分析，在此基础上自动生成匹配的应急预案。

第七章　群体性劳资冲突事件的长期应对体系研究

本章将从长期制度构建的视角，着眼于企业层面，沿着三条主线开展研究，即企业工作场所中群体性劳资冲突事件的预防机制建立、企业人性化劳动关系管理构建以及企业集体谈判制度的建立和实施，采取多元化的企业劳动关系调整体系，从预防、改善管理到集体谈判制度构建。企业工作场所中群体性劳资冲突事件的预防机制的建立旨在化解劳方个体与企业的劳资冲突和矛盾，从制度上避免群体性劳资冲突从量变到质变的演化；企业人性化劳动关系管理构建旨在通过改善企业的人力资源管理、劳动关系管理减少日常管理中劳资冲突的发生；企业集体谈判制度的构建和实施旨在平衡劳资双方的力量，通过劳资双方公平、公正的协商，达成一致，从制度层面避免劳资冲突的发生。

第一节　工作场所劳资冲突预防机制研究

群体性劳资冲突积累和发端于企业工作场所，因此从微观层面，即从企业工作场所层面开展劳资冲突预防机制研究，有利于及时化解劳资双方的争议和冲突，避免劳资冲突由量变向质变的转化。本节重点研究企业工作场所中群体性劳资冲突事件的预防机制，旨在防止劳动关系运行框架下正常的劳资冲突向激烈的群体性劳资争端方向发展。要避免上述情况的发生，根本解决方法是建立群体性劳资冲突预防系统和预防机制。

一 企业对劳资冲突管理的战略选择

为什么企业要建立劳资冲突预防系统和预防机制？为了回答这个问题，首先需要分析企业对劳资冲突管理的战略选择。美国康奈尔大学产业与劳动关系学院教授 David B. Lipsky 等提出"组织劳资冲突管理战略选择"分析模型，如图 7-1 所示。

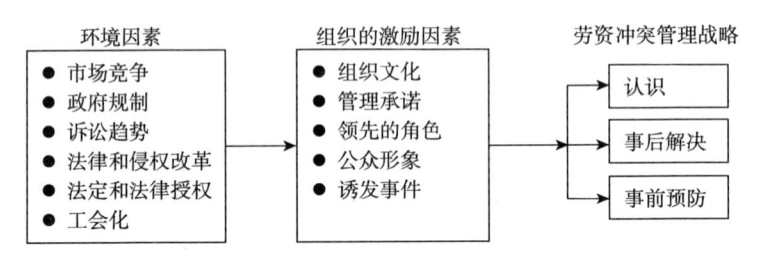

```
环境因素              组织的激励因素           劳资冲突管理战略
● 市场竞争            ● 组织文化              ● 认识
● 政府规制            ● 管理承诺              ● 事后解决
● 诉讼趋势     →     ● 领先的角色      →    ● 事前预防
● 法律和侵权改革      ● 公众形象
● 法定和法律授权      ● 诱发事件
● 工会化
```

图 7-1 组织劳资冲突管理战略选择

资料来源：David B. Lipsky, et al. *Emerging Systems for Managing Workplace Conflict*, Jossey-bass, 2003：118.

该分析模型认为，企业所处的环境因素以及组织本身的激励因素影响着企业对劳资冲突管理的战略选择，环境因素包括日益激烈的全球化市场竞争、更加严格的政府规制、不断上升的劳资诉讼趋势、劳动法律方面的改革以及工会化程度等；组织本身的激励因素包括组织文化是否支持建立劳资冲突管理系统、管理承诺、企业希望成为行业领先地位的战略定位、企业树立良好公众形象的需求，以及其他的诱发事件，如大量法律诉讼案件的出现、高昂的法律诉讼费用以及劳资危机的出现等。在上述环境因素以及组织本身的激励因素的影响下，企业对劳资冲突管理的战略选择通常有三种，即认识、事后解决以及事前预防。相关数据表明，财富 1000 强企业的劳资冲突管理战略选择中，9% 的企业选择"认识"，74% 的企业选择"事后解决"，17% 的企业选择"事前预防"（Lipsky, 2003）。选择"事前预防"战略的企业通常面临更激烈的市场竞争和压力,这说明外部竞争环境的加剧,采取"事前预防"的劳资冲突管理战略势在必行。

二 劳资冲突管理的新战略——冲突预防系统构建

群体性劳资冲突预防系统由冲突管理系统、争议管理系统和诉讼系统构成,冲突金字塔模型表达了这三个系统的关系、各系统的执行者以及各系统的功能,如图7-2所示。

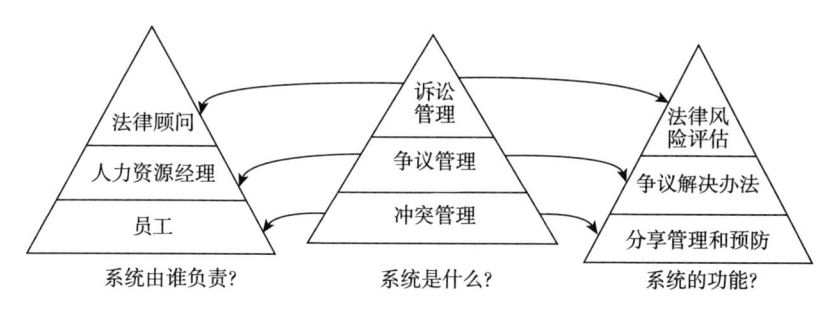

图7-2 冲突金字塔模型

资料来源:David B. Lipsky, et al. *Emerging Systems for Managing Workplace Conflict*, Jossey-bass, 2003:9.

(一)冲突管理系统的建立

建立一个综合的、公正的劳资冲突解决系统是企业面临日益激烈的全球化市场竞争以及建立劳资合作、双赢的劳动关系管理系统的战略选择。世界500强企业中一些企业在建立冲突管理系统方面的经验值得借鉴,如美国的埃斯能公司(Exelon Company)建立了"人·解决"劳资冲突管理系统,如图7-3所示。

埃斯能公司的"人·解决"劳资冲突管理系统将劳资冲突分为两类,一类是涉及法定诉求的"法律争议(Legal Disputes)",另一类是不涉及法律诉求的"非法律争议(Nonlegal Disputes)"。针对法律争议,解决的路径是内部调停(Internal Mediation)、外部调停(External Mediation)、自愿的具有约束力的仲裁(Voluntary Binding Arbitration)、提供法律咨询项目(Legal Consultantion Pro-

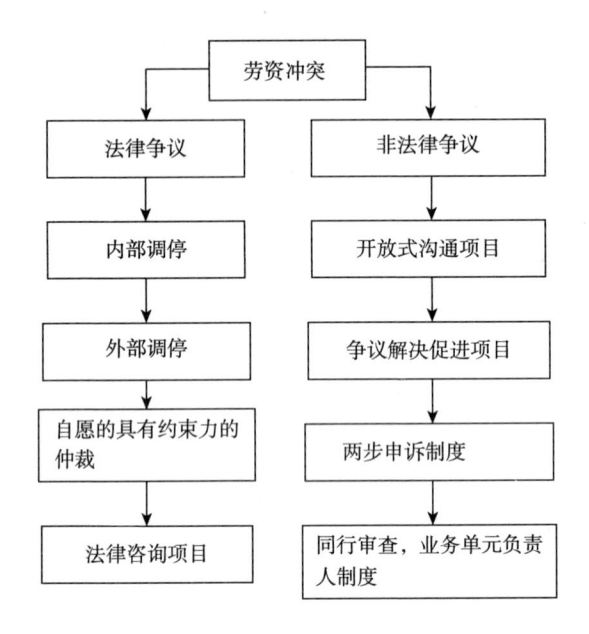

```
                        劳资冲突
                    ↙           ↘
            法律争议              非法律争议
               ↓                    ↓
            内部调停            开放式沟通项目
               ↓                    ↓
            外部调停          争议解决促进项目
               ↓                    ↓
         自愿的具有约束力的        两步申诉制度
              仲裁
               ↓                    ↓
           法律咨询项目      同行审查，业务单元负责
                              人制度
```

图 7-3 埃斯能公司"人·解决"劳资冲突管理系统

资料来源：David B. Lipsky, et al. Emerging Systems for Managing Workplace Conflict, Jossey-bass, 2003: 150.

gram），法律争议的主要解决方式是通过调停和自愿仲裁。而非法律争议解决的路径是建立开放式沟通项目（Open Door Program）、建立争议解决促进项目（Resolution Facilitator）、两步申诉系统（Two-Step Appeal）、同行审查过程以及业务单元领导负责制（Peer Review, Business Unit Head），非法律争议的解决最后依靠同行审查过程。埃斯能公司劳资冲突管理系统的特别之处在于建立了争议解决促进项目，对各层次的员工进行培训，指导员工通过申诉系统进行申诉（Complaints）。

1. 工作场所劳资冲突范围的确定

构建工作场所冲突管理系统首先要确定劳资冲突问题的范围，工作场所中劳资冲突问题主要包括：工作任务分配、薪酬、同事或上下级的冲突、晋升、培训、企业政策、劳动合同争议（如对社会保险和福利的争议）、劳动合同终止及补偿等。这些问题分为法定诉求和非法定诉求两种类型，涉及法定问题的即为权利诉求，是指企业违反相关法律，侵害劳方的合法权利；其他问题为非权利诉求，是指不公正或违反企业相关政策。

2. 建立冲突管理系统的原则

建立一个公平的冲突管理系统应遵循以下原则：一是自愿的原则，员工自愿选择和决定是否使用冲突管理系统来解决劳资冲突，为员工提供多种形式的冲突解决方式和途径；二是保护隐私和保密的原则，对运用冲突系统解决劳资冲突的员工要保护其隐私，并对员工提出的不满、抱怨和问题保密，否则会让员工缺乏安全感，导致大多数员工不愿意运用冲突管理系统；三是公正中立的原则，要求冲突系统中参与协商和调解的工会代表、专家学者等调停人员应保持中立的态度，只有调停和仲裁人员保持公正中立的态度，冲突管理系统才能成为有效的系统；四是禁止报复，管理方禁止对提出申诉和抱怨的员工、证人以及其他咨询人员进行打击报复；五是保持系统的灵活性，员工在进入申诉程序后，既可以按程序往下进行，但当发现程序需要退回到前一步时也可退回前面的程序，因此冲突管理系统不是一个线性的系统而是一个环形系统。

3. 冲突管理系统的内容

本研究借鉴美国优秀企业劳资冲突管理系统建立的经验，建立适合我国的冲突管理系统。本研究建立的冲突管理系统包括员工申诉程序、开放门户项目、监察员制度、企业热线电话、管理调停、争端解决促进者项目等。

（1）员工申诉程序

前文研究表明，引发群体性劳资冲突事件的集体情绪来自劳方对资方或管理方的不公平、不公正的对待以及对资方或管理方不满和怨恨情绪的长期积累，通过构建正式的员工申诉程序（Grievance Procedures），从制度上保证员工在认为受到不公正对待以及认为管理方管理不当或涉嫌违法时，及时通过正式程序得到解决，这将有利于劳资冲突的及时化解。员工申诉程序是指采取一系列步骤来解决员工的抱怨和不满，通常包括对管理制度以及管理行为的申诉，具体申诉步骤如下。

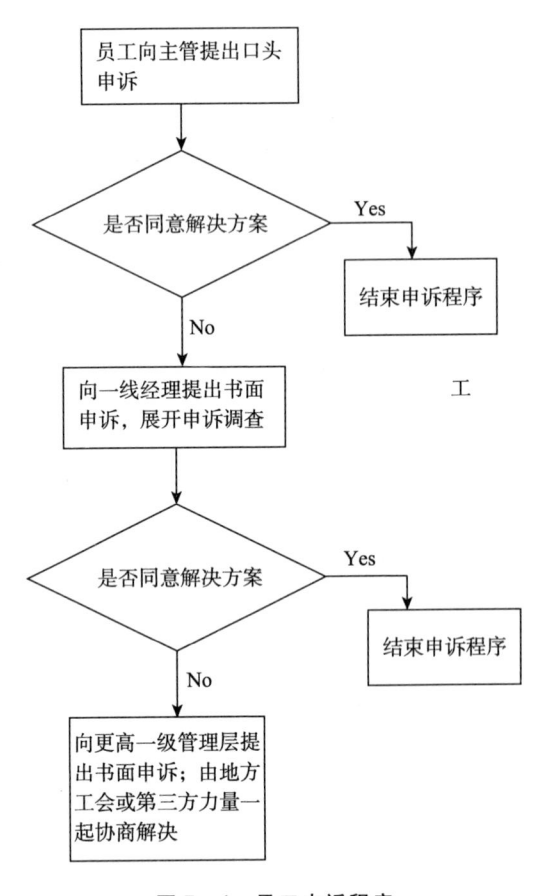

```
                ┌─────────────────┐
                │ 员工向主管提出口头 │
                │ 申诉             │
                └────────┬────────┘
                         ↓
                    ╱─────────╲        Yes   ┌──────────┐
                   ╱ 是否同意   ╲────────────→│ 结束申诉 │
                   ╲ 解决方案   ╱             │ 程序     │
                    ╲─────────╱              └──────────┘
                         │ No
                         ↓
                ┌─────────────────┐
                │ 向一线经理提出书面│
                │ 申诉，展开申诉调查│
                └────────┬────────┘
                         ↓
                    ╱─────────╲        Yes   ┌──────────┐
                   ╱ 是否同意   ╲────────────→│ 结束申诉 │
                   ╲ 解决方案   ╱             │ 程序     │
                    ╲─────────╱              └──────────┘
                         │ No
                         ↓
                ┌─────────────────┐
                │ 向更高一级管理层提│
                │ 出书面申诉；由地方│
                │ 工会或第三方力量一│
                │ 起协商解决       │
                └─────────────────┘
```

图 7-4　员工申诉程序

第一步：员工口头与直接上级讨论出现的问题或向直接上级表达不满；工会代表与员工一起与主管讨论出现的问题或表达不满。员工确定提出的问题是否得到解决，如果员工认为提出的问题得到解决，则程序结束；如果员工认为提出的问题没有得到解决，则进入下一步。

第二步：向主管或其他指定的一线经理提出书面的申诉请求。接到书面申诉请求后由工会代表和管理方代表讨论员工的申诉，开展调查，提出解决办法并以书面形式对员工提供的问题或不满给予答复。

第三步：如果员工对第二步的解决方案仍不满意，可进一步向更高级别的管理层进行书面申诉。在此阶段，可请第三方力量进行申诉调停或申诉仲裁，并提出书面的调停或仲裁意见。

（2）"开放门户"沟通项目

管理方信息传递不畅或失真，不仅会导致员工的不满，还会加剧劳资双方的分歧，导致劳资双方的激烈冲突，因此在企业工作场所构建有效的沟通机制对化解劳资冲突尤为重要。本研究借鉴国外优秀企业的做法，提出建立"开放门户（The Open Door）"沟通项目。该项目的理念是，主管相信与员工进行开放式的对话以及鼓励员工到其办公室来交流不同意见、提出问题或进行非正式的抱怨，对促进员工与管理方的良好沟通、激励员工、及时化解劳方与管理方的矛盾具有重要作用。相关研究表明，建立了开放门户沟通项目的企业能够解决 90% 以上的员工问题（Lipsky, 2003）。建立开放门户沟通项目的意义在于：一是当出现冲突和矛盾时能较早发现并解决在基层；二是帮助主管尽早了解工作场所中存在的与工作有关的问题；三是鼓励员工提出不同的意见和问题，有利于激励员工；四是帮助员工尽快从管理方得到信息反馈，因为信息传递是一个双向的过程，信息反馈往往容易在沟通中被忽视，特别是劳方从管理方得到反馈的过程往往被忽略；五是让员工感受到管理方的支持；六是通过沟通让员工了解企业的决策和方案，减小执行的摩擦。

开放门户沟通项目允许员工进入主管的办公室就与工作相关的问题进行沟通交流，如果员工感到与直接上级沟通有障碍，可以联系人力资源管理顾问，与人力资源管理顾问进行沟通。该项目强调沟通的及时性和双向性。

企业除了建立日常的开放门户沟通项目外还应建立多维度、多角度的沟通机制，包括个别沟通与集体沟通，如集体协商、职工代表大会等；正式沟通与非正式沟通；日常沟通与紧急沟通等。在沟通方面一些企业做得较好，如JG企业的"三项对话"制度，即工会与总经理对话制度、职工代表与总经理对话制度、职工与总经理对话制度，三项对话制度保障了企业员工有向高层表达意愿和诉求的机会。

（3）监察员制度

监察员制度（Ombudsmen），是指企业的中立的或公正的经理作为顾问，非正式调解调停员或非正式的证据提供者对劳资双方的冲突解决提供非正式的、具有保密性质的帮助。其往往独立于企业职能机构之外。相关研究表明，企业监察员制度的实施能有效降低企业法律诉讼、员工违法以及员工流失等风险。监察员的职责主要是听取和讨论劳资冲突事宜；评估解决问题可选方案；建立劳资双方沟通渠道，收集相关信息；坚持公正、公平的立场去解决问题。

（4）热线电话

企业开通热线电话（Hot Lines），聘请一些专家或顾问来帮助解答和解决劳资冲突问题。企业开通热线电话旨在使较高的管理层能听到来自一线员工的声音和诉求。员工打热线电话可以是匿名的，打入电话后企业就会认真对待员工提出的问题。热线电话可以开设两种类型：第一种是工作日有专门的工作人员收集信息和问题；第二种是申诉的员工通过电话留言，然后企业再对留言进行调查和处理。

（5）管理调解

管理调解（Managerial Mediation）是指通过对一线主管、经理进行培训，使其掌握冲突解决技能，对一线发生的劳资冲突进行调解。这主要是由于一线主管或一线经理在劳动合同执行的一线，在工作场所中会遇到许多员工的人际冲突。管理调解是主管利用权威召集有冲突的员工并提出劳资双方可接受的解决办法。对一线主管或经理冲突解决技能的培训内容包括：评估冲突是否适合采用管理调解方式、召集各方的技巧、倾听技巧、探索潜在的问题、终止调解等。

(6) 冲突解决促进者

冲突解决促进者（Resolution Facilitators）是单个人或一个团队，他或他们是接受过培训的兼职员工，是独立和公正的第三方，主要承担召集人的角色，在考虑到各方利益的基础上帮助劳资双方选择最合适的冲突解决机制。在企业中设立"冲突解决促进者"的优点在于：一是这些冲突解决促进者都是兼职的普通员工，能节省成本；二是他们来自企业内部员工队伍，是可信的、中立的和公正的。但也有一些问题，诸如劳资冲突有时往往较为复杂，冲突解决促进者由于都为兼职，因而对复杂的冲突没有完全准备。此外，员工的日常流失或辞职，使得企业又需要培训新的冲突解决促进者。

(7) 利益表达机制

通过培训让员工知晓有哪些合法权益，怎样去维护自己的合法权益。

此外，冲突管理还包括内部同事调停机制、员工建议员制度、同事审查制度、执行小组计划等创新的劳资冲突管理形式和方法。上述劳资冲突管理形式和方法没有一种是完全理想的冲突管理方式，企业要根据企业的使命、需求、资源和文化来选择适合本企业的劳资冲突管理方式。

（二）争议管理系统的建立

企业劳动争议也称为劳动纠纷或劳资纠纷，是劳动关系当事人之间因劳动权利与义务发生分歧而引起的争议（程延园，2008）。企业劳动争议分为个人争议和集体争议[①]。劳动争议可以

[①] 集体争议将在本章第三节的集体谈判制度建立一节具体阐述，此处的争议管理系统是指企业的个人争议。

分为权利争议和利益争议。权利争议是指对劳动法律规定的基本权利的争议，利益争议是指劳方对分享企业发展成果的争议。

企业争议管理系统主要包括在企业内部对劳动争议的申诉、调解和内部仲裁，即将企业内发生的劳动争议通过调解和内部仲裁的方式在企业层面予以及时解决。美国典型的劳动权利争议处理程序一般包括以下步骤：第一步，直接主管处理争议。当员工的权利受到侵犯后，员工本人或在工会代表的陪同下，在规定时间内向其直接主管提出口头或书面申诉。主管决定是否自己处理或提交上一级经理处理。通常主管要举行劳动争议协商处理会议，在会议中，主管、工会代表和员工三方共同参与协商。如果员工对处理结果不满，则进入下一步程序。第二步，上一级经理处理争议。在此阶段，员工向上一级经理提出劳动争议申诉，上一级别的经理、劳资关系经理、员工共同协商处理争议。如果员工对此阶段的处理结果不满意，又进入下一程序。第三步，企业总经理级处理。在此阶段，员工向企业总经理提出劳动争议申诉，企业总经理、地区工会主管和员工共同参与争议协商。如果争议还没有得到解决，工会可以决定是否进入仲裁程序。第四步，仲裁程序。仲裁员将根据劳动合同所规定的劳资双方权利，对劳动争议做出裁决。在仲裁前，一般还包括调解程序。调解程序一般比仲裁的时间和经济成本要低，而且调解员可以为劳资双方提供解决争议的知识和技能。

借鉴美国的企业劳动争议管理建立适合我国企业的劳动争议管理系统，一是设立内部劳动争议调解委员会。我国《劳动争议调解仲裁法》第十条规定："企业劳动争议调解委员会由职工代表和企业代表组成。职工代表由工会成员担任或者由全体职工推举产生，企业代表由企业负责人指定。企业劳动争议调解委员会主任由工会成员或者双方推举的人员担任。"二是企业劳动争议调解委员会要坚持中立性和独立性。针对我国企业工会在企业中的独立性差的现状，基层工会可以在其所管辖区域内的企业设立代表处，由于驻企工会代表与企业的经济利益分离，工会独立性问题可以得到一定程度解决。三是对调解活动进行规范管理，争议处理步骤可参照前文美国企业劳动争议处理步骤，逐级进行协商和调解。四是培养专门的劳动争议调解人才。

综上，劳动争议管理系统的设计思路是将劳动争议处理内部化，通过企业内调解和企业内仲裁方式，解决工作场所中发生的争端，一方面可以节约双方的时间和经济成本，另一方面可以在企业内部协调劳资双方的关系，缓解员工的不满意感，及时化解劳资双方的矛盾和冲突。

（三）劳动诉讼系统建立

当劳动争议经过内部争议处理系统的调解和仲裁未达成协议，在60天内向劳动争议仲裁机构提起外部机构仲裁，如当事人对仲裁裁决不服的，15日内向人民法院提起劳动诉讼。劳动诉讼是指人民法院对当事人不服劳动争议仲裁机构的裁决而起诉的劳动争议案件，依照法定程序进行审理与判决，并对当事人有强制执行力的一种劳动争议处理方式（高莹莹，2008）。当劳资双方发生诉讼行为，笔者认为该行为也是预防群体性劳资冲突的一项理性措施，这是因为，在劳资诉讼阶段，劳资双方的争议仍在法制的轨道上，经过正式、理性的途径得以解决。基于这样的认识，企业应建立劳动诉讼系统，其主要功能是评估法律诉讼的风险，提供法律咨询服务。

第二节 人性化的劳动关系管理

群体性劳资冲突事件的形成机制和演化路径研究表明，企业劳动关系紧张、深层次的劳资矛盾突出是导致群体性劳资冲突由量变向质变转化的关键积累阶段，造成劳方与资方劳动关系紧张状态的根本问题在于资方或管理方的价值理念。群体性劳资冲突频发的企业往往将劳方简单看成用于市场交换的普通商品，在劳动关系系统运行中过度关注利润和效率，管理方式缺乏人性化的理念，把人当成机器。因此，在长期制度构建中，首先应转变观念，将劳方区别于普通商品，将劳方看成有情感、有态度、有情绪、有人性的"人"，并在此基础上建立人性化的劳动关系管理。

一 营造良好的劳动关系道德环境

劳动关系系统由外部环境和行动主体构成，在研究企业劳动关系系统的外部环境时，研究者往往只关注企业劳动关系所处的经济、社会、政治环境，而忽略了企业劳动关系的道德环境，而事实上，企业的道德伦理环境对于理解和衡量劳动关系行为、政策和结果具有重要意义，应该将企业道德伦理作为一种对行为的重要驱动因素和潜在制约去考虑（Solomon，1992）。

表 7-1 六个主要的道德标准

道德理论	有影响力的学者	主要观点	非道德行为界定
效用主义	Jeremy Bentham，John Stuart Mill	总福利（效用）最大化，关注成本-利益分析	无效的或消减福利的行为
自由主义	John Locke	自由应该处于自然状态，关注财产权	强迫个人使用他们自己的财产做违背他们意愿的事
责任主义	Immanuel Kant	尊重人的尊严	用自己也不想要的方式对待别人；只把人当工具对待
公平主义	John Rawls	公平的机会，公平的对待，关心最低福利	把效率置于自由、公平机会和关心最低福利之上
美德主义	Aristotle	获得幸福的品德，如友善和诚实	违背美德的行为（道德败坏）阻碍繁荣

第七章　群体性劳资冲突事件的长期应对体系研究

续表

道德理论	有影响力的学者	主要观点	非道德行为界定
关怀主义	Carol Gilligan	培养人际关系	没有发展特殊关系；发展的关系都基于剥削、不尊重或不公正

资料来源：参见约翰·W. 巴德：《劳动关系：录求平衡》，于桂兰、于米等译，机械工业出版社，第164页。

表7-1总结了六个主要的道德标准，其中效用主义和自由主义为新自由主义奠定了道德基础。效用主义将道德行为定义为使总福利（效用）最大化的行为，强调的是总体的经济繁荣，而不管其实现途径。自由主义将侵犯他人自由的行为视为不道德，强调不受政府干涉的财产权和自由。而责任主义主张人们有尊重他人的义务，公平主义主张关注公平和最贫困的人，这两种道德理论都关注劳动者是如何被对待的。这两种道德理论表明，工作不应该以损害个人尊严和公民权为代价。美德主义和关怀主义强调个体行为以及与他人之间的特殊关系的道德价值。

综上，企业的道德环境为企业决策制定提供了道德标准，这种道德标准强烈地影响着资方或雇主的行为，因此在人性化的雇佣关系中应建立责任主义和公平主义的道德标准，其核心是在企业中建立体面劳动、有尊严的劳动以及公平劳动的道德环境。

二　寻求健康的企业劳动关系管理目标

寻求健康的企业劳动关系目标是实现人性化劳动关系管理的基础和前提。在市场经济条件下，追求利润最大化是资本的本性，同时在全球化经济一体化的今天，市场主体面临的竞争更加激烈，资方更加关注如何降低劳动力成本，提高利润以及如何增加雇佣灵活性以提高企业的竞争力。但效率一定受到某些社会与人文的条件约束（Budd，2010），这些约束条件就是公平和话语权。

效率至上必然将劳方视为商品，但劳动者首先是人，这一事实迫使企业在关注效率之外必须关注公平和话语权。劳动者与家庭的生活质量常常完全依赖于他们的工作，而且有工作的成年人生活中的大部分时间都投入工作中，可以说企业提供的工作场所是劳动者在家庭之外唯一重要的互动与社交场所（Cynthia Estlund，2003），因此就业质量与企业工作场所对个人、家庭和社会来说都十分重要。一方面工作过程不是一项简单的经济交易，而是一种关乎人性的活动；另一方面劳动者希望得到体面的工资和公平的待遇以及决策参与权，应该给予劳动者平等的待遇和机会，使他们参与到日常工作和生活的决策中来。因此，如果不仅仅将工作看做一种经济交易的话，公平和话语权就必须与效率一起成为劳动关系管理的核心目标。因此企业应该思考如何处理这些相互冲突的目标，要处理这些相互冲突的目标就意味着需要寻求一种平衡（见图7-5）。

图7-5 企业劳动关系管理目标

企业劳动关系管理应寻求效率、公平与员工话语权的平衡，即寻求资方的利润、生产率、竞争力等效率与劳方的公平薪酬、工作场所安全、无歧视、健康和退休保障等公平以及劳方参与管理、集体谈判、自主决定等话语权的平衡，其实质是资方财产权与劳方劳动权、发展权的平衡。通过平衡资方财产权与劳方劳动权、发展权，增强劳动者作为消费者的购买力，从而促进效率的提高。

三 建立以员工参与为核心的人力资源管理方式

前文研究表明，群体性劳资冲突形成和演化的一个重要原因是企业管理不善，劳方常常被视为商品或机器，管理的目标是驱使员工在最小的成本下获得最大的产出，因此在管理中出现低工资、随意超时工作、危险的工作条件、专制独裁的管理方式、简单枯燥乏味的工作安排。要解决这些劳动问题，就要通过改善管理，通过以员工参与为核心的人力资源管理方式，将劳方和企业的利益结为一体。为了培养积极、高效的员工，企业应该设计并实施更合理的甄选程序、培训方式、薪酬制度、评估晋升机制以及人力资源管理政策来满足员工对公平、安全、尊重和自我实现的需要，从而获得有热情的高效员工。在这种管理方式下，员工们会受到激励，有效提高生产率，从而实现高效率。

以员工参与为核心的人力资源管理方式的思路是：通过人力资源管理系统中招聘甄选、培训开发、职业生涯管理、绩效管理和以收益分享激励为主要特征的薪酬管理、劳动合同管理、劳动者（工会）参与计划等职能的实施，使企业与劳动者在书面契约（如劳动合同、管理制度、工作规则等）和心理契约（如企业文化等）两方面达成一致，提高劳动者的组织承诺，从而一方面实现提升企业经营绩效的目标，另一方面实现满足员工的多层次需求的目标，即满足劳动者稳定就业、公平的工资待遇、安全的劳动环境等基本需求以及参与、发展、价值感等较高层次的需求的目标。以员工参与为核心的人力资源管理思路如图 7-6 所示。

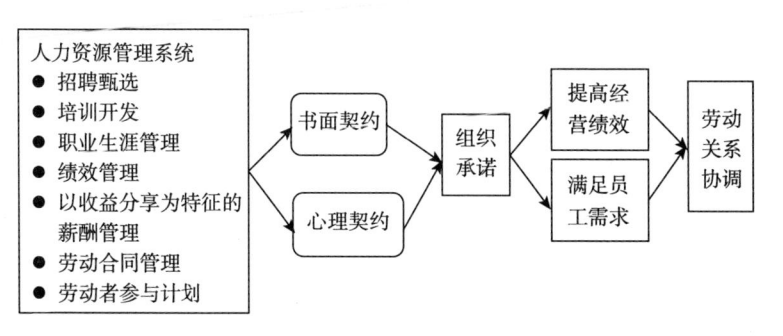

图 7-6　以员工参与为核心的人力资源管理方式

以员工参与为核心的人力资源管理方式实现了灵活性与激励性的结合。一方面要增强雇佣的灵活性，随着竞争日趋激烈，产品的生命周期逐渐缩短，生产或服务更加专业化，企业规模更小，临时或灵活就业的数量增加，需要更加灵活地配置人力和资本资源（Piore & Sabel，1984），因此人力资源管理调整方式应强调柔性调节。另一方面以参与为核心的人力资源管理方式强调激励性，即建立以收益分享计划为特征的薪酬激励制度。要清晰界定人力资本产权，劳动者都可以凭借其人力资本从企业剩余中获得股份或股票期权，要推动人力资本产权的经济利益实现，构建一种基于职工持股和收益共享的分享制。

以劳动者参与为核心，将劳动者视为权利主体，而不仅仅是作为被管理的对象和"劳动力成本"。劳动者作为劳动力，与其他商品不同，劳动力有经济的、生理的、心理的和社会的需要，并作为民主社会的公民参与其中（Kochan & Kaze，1986），因此应赋予他们广泛的参与权，参与到企业的决策和经营管理中。例如，建立董事会或监事会中的职工代表制，在董事会或监事会中有一定比例的普通劳动者代表参与企业的重大决策；建立工人委员会制，吸纳普通劳动者参与共同决策和赋予劳动者代表参与讨论的权利；建立团队工作系统或工人自治小组，在车间问题解决小组中吸纳工人；实行员工沟通计划；开展员工拓展培训和职业发展计划；实施工作生活质量计划（QWL）、质量圈（QCS）计划，为员工提供论坛，通过定期小组会议就如何提高生产率和质量提出建议，这种做法可以增加劳资双方的信任；开展收益共享项目，如斯坎伦计划或拉克计划，员工为流程改进或成本节约提出建议，因减少成本获得的收益部分通过明确的计算公式与员工共享。

很多管理变革思想经过一定时间的积累可以实施，但是如果没有基层员工对决策过程的参与，变革成果就会逐渐减退，甚至消除。以员工参与为核心的人力资源管理系统通过给员工提供机会参与基本决策，提高其对组织的责任感和工作满意度，并减轻了工作压力。参与决策有两种结果,一是在员工和经理之间建立相互信任,二是员工视工作为挑战并享受内在激励。信任和内在激励解释了为什么参与决策和高责任感、高工作满意度、低工作压力相关。

总之,以参与为核心的人力资源管理方式强调劳资双方直接的沟通与合作,有利于建立合作型的劳动关系。

四 实施以员工授权与自我管理团队为核心的高绩效工作系统

人性化的劳动关系管理系统的重要特征是实现员工授权和团队导向的高绩效工作系统。员工授权被看做一种提高员工内在工作动机的过程(Thomas & Velthouse,1990),它包括分享那些能够使员工对组织绩效做出贡献的信息和知识,并且赋予员工权利来制定能够在一定程度上影响企业重要结果的决策(Snell & Chak,1998)。Guerrero 和 Barraud-Didier(2004)指出,授权实践以权利分享和员工自主性为中心,力求于分散决策的制定。它包含了一组基于任务丰富化的方法,如责任扩大化、鼓励主动性、工作轮换与工作组织,如项目组、作为质量圈的并行团队、自我管理团队。此外,员工授权除了关注决策的参与权与工作的自主权以外,更关注对员工能力的培养,因此授权被作为激励员工的方法而加以提倡,以鼓励员工更多的创新(雷巧玲等,2006)。同时授权会使员工更加投入,以提高工作满意度和忠诚度。

在工作丰富化基础上建立的自我管理团队或高自主权工作团队,在团队执行任务的每个环节有高度的自主权,同时对任务负有全部的责任。从组织结构上看,高自主权团队的建立使组织结构更加扁平化、精简化,从而使沟通更加有效。日本丰田汽车的精益生产(Lean Production)以及全面质量管理(TQM)是构建自我管理团队的成功案例。丰田汽车通过建立以团队为基础的生产以及让工人参与的共同决策,工人为持续改善质量提出建议,一方面大大提高了企业的产品质量,另一方面满足了工人有尊严的劳动、自主决策的需求。自我管理团队另一个成功的例子是美国通用汽车土星分部的工厂,建立了约600个自我管理团队,每个团队6~15名员工,并在技术、供应商选择、定价、企业规划、培训、业务系统开发、预算编制、质量体系、提高生产率、工作设计、新产品开发、招聘、维修和策划等环节,即决策环(Decision Rings)被授权参与企业决策。生产团队可以根据工作节奏、计划、进度、培训、休假等具体情况,对生产安排自己做出决策,在授权决策的同时,自我管理团队必须对人身安全、库存、质量和废料管理、维修、保养等问题负责。

五　创新以劳资合作为核心的劳资共赢模式

劳资合作理论认为劳资合作是一种劳资关系模式,建立在劳资双方共同追求更大效益的目标上,在追求的过程中劳资双方不将各自的心力用于相互对抗上,而集中心力于目标的达成上。经过合作努力所带来的成果,由劳资双方共享。而劳资双方合作的基本动力在于合作能够导致劳资双方利益的帕累托优化。

创新以劳资合作为核心的劳资共赢模式,一是要建立以劳资双方互信为前提的企业文化,劳资双方要建立互信、互动、互尊的良性关系。二是要确立"共享发展的理念",形成企业经营成果"员工和股东共享""企业和客户共享""企业和社会共享"的体系化共享理念,进一步确定物力资本、人力资本、社会资本在企业财富形成过程中的作用,积极履行企业对社会以及对员工的社会责任。三是实施"共享式薪酬机制"。共享式薪酬机制主要包括两个方面的内容:一方面是短期激励,建立现金性薪酬总额增长与所有者权益增长关联机制。在股东权益增长达到规定幅度的前提下,确保员工现金性薪酬总额,如固定薪酬与绩效薪酬具有相应增长。另一方面是长期激励,将长期激励机制嵌入共享式薪酬体系。在绩效薪酬制度基础上,为员工提供中长期激励计划,允许当经营业绩达到约定条件并保障股东收益前提下,员工可共享一部分企业利润,但对关键员工和普通员工进行区别设计,如业务骨干及中层以上的关键员工可以参与限制性股权计划,普通员工参与限制性分红权计划。

第三节 集体谈判制度构建

前两节主要从个别劳动关系的角度对企业劳动关系进行调整,而本节则从集体劳动关系的角度对企业劳动关系进行调整。以个别劳动关系调整为基础,以集体劳动关系调整为主线是各国劳动关系调整的通常做法和国际惯例(常凯,2013),建立集体谈判制度的根本目的在于将群体性劳资冲突问题的解决纳入制度化的框架中,使劳资之间的利益关系、行为互动及冲突得到控制,进而维护社会的稳定。本节围绕为什么要建立集体谈判制度、当前遇到的制度性障碍以及怎样建立真正的集体谈判制度三个方面进行阐述。

一 为什么要建立集体谈判制度

集体谈判制度是市场经济国家调整劳动关系、解决劳资冲突的核心制度。集体谈判作为一种社会机制,通过劳资利益博弈,不断将利益分歧转化为一致,是解决群体性劳资冲突、维护劳动关系稳定的可靠手段。前文案例分析中发现对罢工的解决方式出现了自发的集体协商,通过罢工启动劳资集体谈判,工人选出了自己的谈判代表并提出了明确的谈判诉求,资方也愿意通过谈判的方式解决劳资之间的分歧并开始重视工人的诉求,政府在劳资双方之间进行积极的疏导与协调。与那些形式主义的数字化的集体合同相比,以工人为直接主体开展的集体协商,是一种具有市场经济特征的双方对等的协商。这表明,通过劳资双方自发的集体谈判来解决劳资分歧和冲突已具备了社会基础力量的参与和支撑。

1. 平衡劳资力量的需要

个别劳动关系具有从属性，在劳动力市场运行中劳动者处于相对弱者的地位，使得劳动者个人难以在劳动力市场上与雇主相抗衡。集体谈判制度的建立，可以使劳动者个人意志通过劳动者团体表现出来，由团体代表劳动者个人交涉劳动过程中的事宜。这有助于克服个别劳动关系的内在不平衡，增强劳动者一方的力量，有效地促使双方互相让步，达成妥协，签订协议。因而，集体谈判被认为是使劳资冲突规范化的一项伟大的"社会发明"，是现代民主社会中每一位劳动者都拥有或应当拥有的特定权利（程延园，2004）。

2. 落实"话语权"的手段

工作场所中的民主参与和集体谈判是实现劳方"话语权"的两个重要手段。集体谈判保证了在没有政府或其他外力的直接干预下，通过谈判达成劳资协议的权利。与其他外人相比，劳方和资方更能理解他们自身的需要和问题，同时劳资双方总会存在一些不能被单方面的管理政策所解决的利益冲突，那么最有效的解决问题的方法，就是通过集体谈判来找到双方更易接受的妥协和解决问题的办法。反过来讲，如果劳资双方依靠外部力量解决他们的争议，劳资双方就会丧失解决自身问题的能力。劳方就工资、工时以及其他工作条件与资方进行协商，当劳方觉得自己对工作条件的决定有话语权时，员工的士气将得到提高，同时劳动生产率也会上升。

3. 提高劳动者购买力，促进经济增长的途径

以劳动者为主体开展的集体谈判，是一种真正具有市场经济特征的双方对等的集体协商谈判，通过平等谈判可以提升企业和行业的工资标准，直接影响劳动力市场价格指数。劳动者的集体议价能力提高，可以提升劳动力价格的标志性指标——最低工资标准，以及促进工资正常增长机制的形成。

除了提高最低工资标准、实现工资的正常增长外，集体谈判的一个发展趋势是实现劳资双方的利润分享。建立平等的劳资双方要素的产权制度，让劳方共享劳资双方共同创造的企业利润，是实现劳动关系由冲突走向合作的基本途径。人力资本产权理论认为企业劳动关系的核心是人力资本产权与物质资本产权的利益关系，要使企业劳动关系得到改善，最根本的出路是要放弃传统的物质资本所有者独享剩余的做法，让劳动者所拥有的人力资本获得与物质资本同等的剩余索取权，两种资本共享企业所有权。除此之外，劳动者对自身的人力资本进行了投资，应该获得合理的利润。劳动者有分享企业利润以及经济发展成果的理论依据，同时随着劳动法律体系的完善、劳动者素质的提高以及劳动者权利意识的增强，劳动者也已经产生了分享经济发展成果的诉求。

总之，通过集体谈判，适度提高劳方的工资待遇，使劳方与资方分享企业利润，能够增加劳动者的可支配收入，从而促进劳动者在社会中的另一角色——消费者的购买力的提升。消费者的消费能力提高了，一方面促进经济结构的调整，另一方面通过拉动消费来促进经济的健康发展。

二 当前构建集体谈判制度遇到的制度障碍

1. 集体劳动关系的法律未成体系

自进入市场经济改革以来，我国劳动法律的框架就一直以个别劳权的规制与保障为基础。劳动规制基本是以劳动者的个别权利为基础的，《劳动合同法》《就业促进法》《劳动争议调解仲裁法》都是针对个别劳动者的权利，关注劳动者在最低工资、社会保险、工作时间、加班工资等方面的权利，而忽视劳动者以"劳工三权"为核心的集体权利，即团结权、谈判权、罢工权（Chen，2007）。然而，这样的法律框架并没有阻止劳动争议的发生。当前，我国的劳动争议正在向集体利益争议的方向发展并有愈演愈烈的趋势（Chan，2012），而我国目前的劳动法律制度框架下，很难妥善解决劳动者的集体争议。

2. 集体协商的形式化

当前由党政主导的以行政化手段推行的集体协商,存在严重的指标化、数字化和形式化等问题。在集体协商推进方面,由于党政高度重视积极介入,并将其纳入政绩考核,这样可以快速提升集体合同的数量和覆盖范围,但在一些地方这种集体合同签订成为一种行式,形同虚设或流于形式。重形式、轻内容,重数量、轻质量,重政绩、轻实绩,是当前集体合同签订中较为普遍的问题。在一些地方集体合同制度背离了维护劳动者权益和调整劳动关系的原意,某种程度上成为政绩工程(王晶,2011)。

3. 资方的抵制与干预

在西方市场经济国家,国家在集体谈判发展过程中的干预可以迫使雇主承认工会,具有很大的影响力(Clegg,1976)。然而,在中国,国家对集体协商制度做出的调整却在资方的强烈反对中"胎死腹中"。中国政府对海外投资和西方市场有很强的依赖性,这使得跨国公司有能力干预中国的劳动立法。

4. 工会独立性和代表权的缺失

罢工行动的发生反映了基层工会作为工人利益诉求渠道的角色缺失,这为工会的角色与定位敲响了警钟。我国《工会法》第二十七条规定:"企业、事业单位发生停工、怠工事件,工会应当代表职工同企业、事业单位或有关方面协商,反映职工的意见和要求并提出解决意见。"工会应做工人利益的"代表者",认真处理好工会与工人之间的关系,真正代表工人的利益与诉求。开展基层工会民主选举是工会合法性的基础及推动集体协商的前提。

在工会组建方面,由于工会组建主要由雇主控制和主导,因此许多新建立的企业工会是"挂牌工会"或"空壳工会"。更为严重的是,一部分新建工会被雇主所控制而成为"老板工会",这些工会在劳资冲突时,往往会选择站在雇主一方(张小磊等,2010)。

三 怎样建立真正的集体谈判制度

把集体谈判行为变成劳资双方的主动行为，而不是中央和地方运用行政权力推动的行为（Simon Clarke, Chang-Hee and Qi Li, 2004）。通过集体谈判规范劳动关系事务，构成了市场经济国家劳动关系制度的核心。集体谈判不仅确立了劳动关系调整的正式规则，而且本身就是解决冲突的一种重要机制。集体谈判能有效地促使劳资双方互相让步，达成妥协，签订协议，减少诸如罢工、怠工、辞职等冲突产生的负面作用。通过集体谈判解决剧变时期出现的劳资冲突，成本最低且最为有效（程延园，2004）。

1. 健全立法体系

在市场经济条件下，集体谈判制度的构建应由政府主导的形式化的集体协商向政府协调下的劳资自治转变，因此政府的角色就应该从局中人转变为局外的规制制定者。劳动法律制度是影响集体谈判的外部环境的重要组成部分。当前，我国的劳动法律体系尚不完善和健全，其中最为突出的就是集体劳动关系规制和调整的内容尚未形成体系，集体劳动关系法律规制尚处于零散残缺的状态中。而市场经济国家在劳动力市场制度建立后，集体劳动关系的法律规制即成为了劳动法制的重点（常凯，2013）。美国已建立起包括《国家劳动关系法案（瓦格纳法案）》《塔夫特-哈特利法案》《兰德伦-格里芬法案》在内的国家劳动关系法律体系，对工会组建、工会选举、集体合同谈判程序、争议解决等问题作出了明确的规制。《国家劳动关系法案》赋予工会罢工权，为工会提供排他性代表权，规范代表权选举程序，明确不当劳动行为等。

由于我国集体劳动法律缺失，致使集体劳动关系调整中的一些重大问题，诸如劳方和资方各自的组织权利界限、劳方集体行动的边界、集体行动的发起和处理程序、工会在劳资冲突中承担的责任和义务等都缺乏界定和处置的法律依据。无法可依是一些群体性劳资冲突未能预防或及时化解甚至扩大的重要原因。为保证集体谈判制度的法制化、规划化，以集体谈判为核心的集体劳动关系法的立法应提上日程。集体谈判法的核心是确认和保障劳动者的团结权、集体谈判权和集体争议权，应包括工会组织、集体合同、集体争议等集体谈判的劳动集体权益确认以及集体谈判规制等内容。

总之，政府要通过集体劳动关系法律的制定和完善，规制劳资双方的不当劳动行为，减少群体性劳资冲突的发生，避免出现更多的社会冲突。

2. 定位谈判主体的角色

集体谈判是以劳动者享有团结权为前提，以行使争议权为保障的，体现了劳资双方自治的理念。这一机制的有效运行，离不开工会和雇主组织的独立和发展，离不开现行工会工作模式的改革。谈判主体必须具有独立性和代表性，工会组织内部要体现民主性。因此，要对劳动关系各主体进行重新定位。

（1）资方主体

具有成熟集体谈判制度的国家，通常雇主组织是国家级、行业或区域集体谈判的谈判代表，雇主组织作为谈判主体，应得到其雇主成员的授权，雇主组织代表雇主利益与工会谈判，所达成的协议对其雇主成员具有约束力。单个雇主是企业级集体谈判的代表[①]。雇主是劳动关系中相对于劳动者的劳动力使用者的称谓（常凯，2009）。在这样的概念界定下，外资企业和私营企业的雇主角色较为明确，为企业所有者或经营者。国有企业情况较为复杂，国家是企业的所有者，因此从理论和实践中理应由企业经营者代表雇主进行谈判签订协议，但由于国有企业职工的身份问题，国有企业经营者是国家工作人员同时也是工会会员，那他到底代表谁的利益？按照国际惯例，拥有录用、解雇、提升和调动的直

---

① 本文主要研究企业层面的集体谈判，因此着重阐述企业层面的雇主代表问题。

接权限而居于监督地位的雇员，掌握接触资方的劳资关系计划、方针等机密的雇员等一般不能由工会代表他们参加集体谈判，他们属于集体谈判和集体协议的雇主一方，而不属于工会方代表的成员。同时，我国劳动法明确规定雇主享有对劳动者的"劳动请求权"和"指示命令权"（黄越钦，2000），从这个意义上讲，国有企业的资方代表就是企业经营者。

因此，无论企业的性质如何，无论企业产权属于国家还是个人，谁对工资的设定、利润的分成、劳动用工条件决定等事宜享有决定权，谁就是劳动法上的雇主，就能够代表资方与工会进行谈判，签订集体协议。

（2）劳方主体

在西方市场经济国家以及我国法律意义上，劳方主体是由工会和劳动者共同组成，即劳动者是劳方的意志主体，工会是劳方的形式主体。工会和劳动者共同构成劳方主体（常凯、张德荣，1993）。但在现实中，由于一些地方工会"行政化"、企业工会"老板化、空壳化"的现象突出，工会与劳动者脱离的问题严重。如果体制内工会无法有效地代表和维护劳动者的权益，劳动者就会选择自力救济、自我救助的路径。

要实现真正的集体谈判，工会的独立性和代表性是基础和前提，具有法定权利和组织能力来代表从企业级别到国家级别的国有和非国有企业的工人和雇主。工会的代表性主要解决工会与劳动者在集体谈判中的关系和地位问题，工会的独立性则主要指工会与管理方之间的关系问题。工会是劳动者权益的"代表者"，是为了维护劳动者权益而与雇主进行交涉的"谈判者"，处于与管理方相对立的地位。工会的谈判权利由劳动者授予，谈判活动要向劳动者负责。工会有义务对谈判中的重大问题向劳动者报告，劳动者享有投票决定的权利。工会谈判所形成的协议要经过劳动者批准后才能生效，才对全体劳动者产生约束力。我国法律直接规定了工会享有集体谈判权，以法律形式确认了工会的集体谈判资格。2001年10月修改的《工会法》第二十条明确规定："工会代表职工与企业以及实行企业化管理的事业单位进行平等协商，签订集体合同。"这一规定强化了工会在集体谈判中的核心地位，是集体谈判和集体协议制度发展的前提条件。

因此，当前工会自身必须依法履行其职责，克服工会的行政化和老板化倾向，主动将体制外的劳动者力量组织和吸引到体制内工会中，这有待于工会自身政策的完善和调整。同时要加强立法，明确工会的独立性，去除工会的行政管理职能。上一级工会组织要努力加强工作场所工会对会员的代表能力。还未组建工会的小微企业或其他非公企业，一种选择是通过参加区域或行业集体谈判，实行区域或行业集体协议或集体合同；另一种选择是通过员工选举代表，并授权其代表劳方进行集体谈判。

3. 培育谈判力量

集体谈判的力量分为总体力量和相对力量，通过提高经济发展速度、加快经济发展提高劳资双方的总体谈判力量，在相对力量的培育中要着重劳方谈判力量的培育。这是因为，集体谈判的目标和原则是政府培育劳资自主博弈的治理方式，即劳动条件由工会与雇主采取自治方式，通过谈判签订集体协议形成，政府不加干预。这一机制的运作有赖于工会成为强有力的协商主体，以提高劳方的相对谈判力量，否则将难以形成对等的谈判地位。因为工会面对的谈判对手，是以法人形态出现的公司、财团、跨国公司等资本集团，如果工会没有谈判力量，就不可能形成同等实力的团体对团体的谈判。

培育和提高劳方谈判力量的策略有：一是获取有效的信息并进行转化。劳方谈判代表收集和获取宏观产业关系的信息和理论信息、企业的财务信息、标杆企业的信息等并通过谈判策略实现有效的转化。二是提高劳动者的素质、技术水平和劳动生产率，让劳方群体成为企业较难替代的群体，从而形成劳方的力量，以提高劳方整体的市场议价能力。三是提高劳方的谈判底线，减少收入差距。政府提高劳动者的法定的最低谈判底线即最低工资，使劳方每次的谈判底线都有一个上升，从而使劳方的谈判力量得到加强。

4. 设立谈判流程、内容和模式

（1）谈判流程

西方国家较为规范的集体谈判流程如图 7-7 所示。

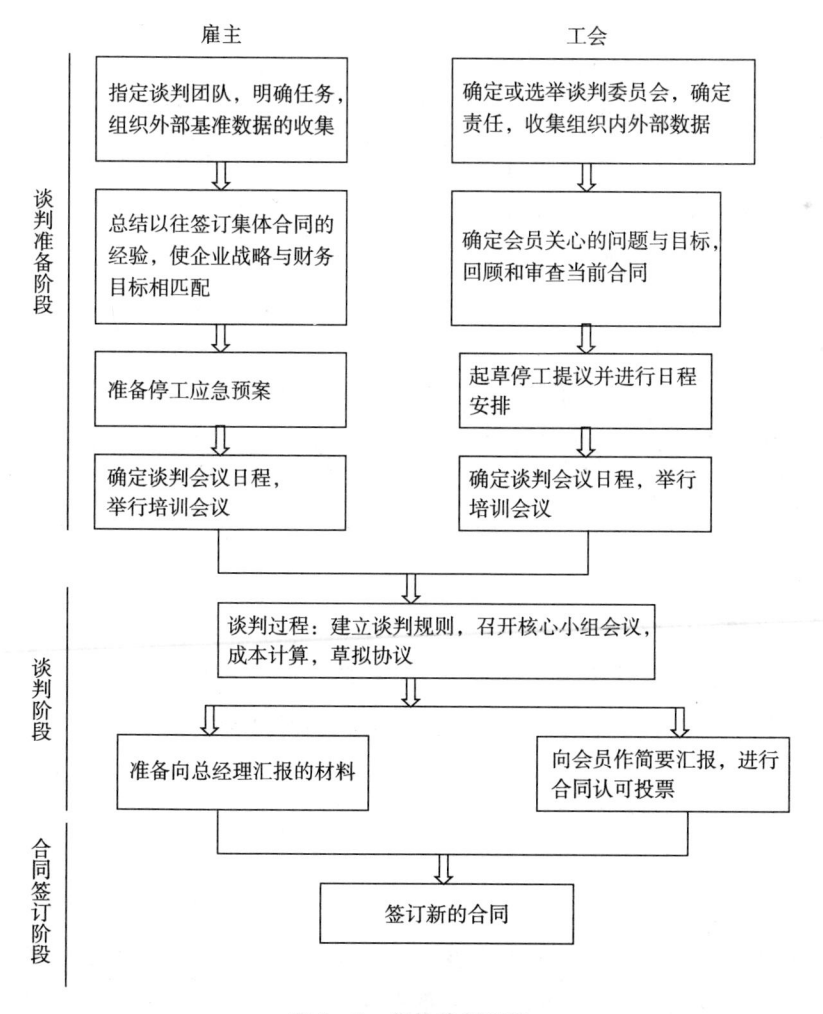

图 7-7 集体谈判流程

借鉴西方国家规范的集体谈判流程，将集体谈判分为三个阶段：谈判准备阶段、谈判阶段和合同签订阶段。

在谈判准备阶段，第一，劳资双方必须组建谈判团队，明确谈判任务和责任。第二，收集信息，通常管理方收集劳动力成本以及其他方面的外部基准数据，同时应该检视组织内部的财务情况和战略计划。工会方收集会员共同关切的问题和目标，外部的基准数据，组织内部的财务情况。第三，双方还应该对过去的合同进行审查，注意合同中已经产生问题的部分。第四，谈判双方确定目标、优先事项和战略。第五，资方准备一个停工预案，工会准备起草停工提议并进行日程安排。第六，双方的谈判团队确定谈判会议日程并举行培训会议。谈判准备阶段是整个流程中时间最长的部分，通常至少在谈判的几个月之前就开始了。

在谈判阶段，谈判双方建立谈判规则，各自召开核心小组会议，在谈判中进一步进行成本计算，草拟协议。谈判阶段通常要经过多轮谈判。谈判结束时，谈判双方要进行汇总和汇报，资方谈判团队准备向总经理汇报的材料，工会向会员作简要汇报，进行合同认可投票。

在新合同签订阶段，双方认可新合同的内容，并进行合同的签订和备案。

（2）谈判内容

谈判内容通常涉及薪酬、人力资源政策与程序、员工的权利与责任、雇主的权利与责任、工会的权利与责任以及争议解决与决策六个方面。薪酬：工资、福利、假期与假日、津贴、利润分享。人力资源政策与程序：解雇、晋升与调动、加班及休假政策。员工的权利与责任：工作标准、工作场所准则。雇主的权利与责任：管理权、正当理由惩罚和解雇、转包合同、安全标准。工会的权利与责任：公告信息、工会安全、会费收取、不罢工条款。争议解决与决策：申诉程序、委员会、咨询以及再协商程序。

(3) 谈判模式

谈判通常分为分配式谈判和整合式谈判两种主要模式。分配式谈判是谈判中一方得利而另一方失利，是一种一输一赢的谈判，也叫零和谈判，即双方分配一个固定大小的蛋糕。分配式谈判通常是对工资福利、工作条件等利益冲突性问题的谈判。整合式谈判寻求双方的共同利益，以使双方的境况都能得到改进，使劳资双方的利益蛋糕变得更大，如双方共同协商解决生产瓶颈的问题，通过改进生产线、改变报酬结构等方式增加双方的共同收益。整合式谈判是解决共同问题的方法，它强烈依赖于双方的信任和沟通。笔者认为，与分配式谈判相比，整合式谈判更有利于在当前竞争环境下建立更加合作的伙伴关系和更健康的工作场所和组织环境，劳资双方共同做大蛋糕并共享。同时应倡导谈判双方进行诚信谈判，在相互信任和充分沟通的基础上，认真地、诚心诚意地解决分歧并达成共识。

5. 集体争议处理

在西方国家规范的集体谈判制度中，在谈判过程中以及集体合同执行过程中的集体争议处理是集体谈判制度体系的重要内容，借鉴英美等国家集体争议处理经验并结合我国实际情况，对集体争议处理的建议如下：在集体争议解决中，政府需要发挥积极作用，但一般只宜以间接身份介入争议处理，更具体的问题需要由争议双方协商一致通过谈判、调解、仲裁等形式解决。与之对应的是，需要成立专门的、独立的第三方机构作为调解、仲裁等争议解决的处理主体，运用综合手段，及时处理矛盾。第一，成立隶属于政府的独立劳动争议处理机构。借鉴美国联邦调停调解局的模式，成立隶属于政府的劳动争议处理机构——国家劳动争议调解仲裁局，由政府提供机构运行资金，雇员按照公务员管理。第二，在机构管理上，奉行司法部门的独立自主原则，即要求专门的劳动争议处理机构实现内部管理、规则制定、争议处理等事项的独立，在相关法律规定范围内，可以制定自己的争议处理规则，独立处理争议，不受其他政府部门、社会组织或个人的干涉，以保证作为集体争议处理第三方的公平公正。第三，在争议处理上，综合运用调停、调解、仲裁等方式及时解决集体争议，开展咨询、培训与资助等活动修复劳动关系，变劳动争议机构事后被动处理为事先主动介入，综合运用各种手段预防集体争议产生，实现动态化、可持续性的集体争议的服务/防范—解决/维护—修复/发展体系。第四，在劳动争议处理机制中将调停作为调解、仲裁前置程序，规定提交劳动争议处理机构的集体争议必须是争议双方协商一致，以充分体现劳动争议处理的协商性原则，尊重劳资双方的平等协商权，同时提高争议解决效率，降低不必要的诉累。第五，制定严格的仲裁员任用资格、培训计划与退出机制，保证集体争议处理的客观公正，维护独立劳动争议处理机构的权威性。

第四节　小结

本章从长期制度构建的视角，着眼于企业层面，沿着三条主线开展研究，即企业工作场所中群体性劳资冲突事件的预防机制建立，企业人性化劳动关系管理构建以及企业集体谈判制度的建立和实施。笔者认为，群体性劳资冲突问题解决的长期应对体系，应该是多元化的企业劳动关系调整体系，该体系包括预防机制、管理体系和集体谈判制度。企业工作场所中群体性劳资冲突事件的预防机制的建立旨在化解劳方个体与企业的劳资冲突和矛盾，从制度上避免群体性劳资冲突从量变到质变的演化；企业人性化劳动关系管理构建旨在通过改善企业的人力资源管理、劳动关系管理减少日常管理中劳资冲突的发生；企业集体谈判制度的构建和实施旨在平衡劳资双方的力量，通过劳资双方公平、公正的协商，达成一致，从制度层面避免劳资冲突的发生。

企业对劳资冲突管理的战略选择表明，随着外部竞争环境的

第七章 群体性劳资冲突事件的长期应对体系研究

加剧，采取"事前预防"的劳资冲突管理战略势在必行，企业工作场所中群体性劳资冲突事件的预防机制，可以防止劳动关系运行框架下正常的劳资冲突向激烈的群体性劳资争端方向发展。本研究构建的群体性劳资冲突预防系统由冲突管理系统、争议管理系统和诉讼系统构成。冲突管理系统以员工申诉程序为核心，辅以多种措施来解决劳资冲突，如开放门户项目、监察员制度、企业热线电话项目、管理调停制度、争端解决促进者项目等。劳动争议管理系统的设计思路是将劳动争议处理内部化，通过企业内调解和企业内仲裁方式，解决工作场所中发生的争端，一方面可以节约双方的时间和经济成本，另一方面可以在企业内部协调劳资双方的关系，缓解员工的不满意感，及时化解劳资双方的矛盾和冲突。劳资诉讼系统的建立，为群体性劳资冲突的预防提供了法制化、理性化的工具，企业劳动诉讼系统的主要功能是评估法律诉讼的风险，提供法律咨询服务。

研究表明不良的管理是造成劳资双方劳动关系紧张的重要原因，因此要通过改善管理来化解劳资矛盾和冲突。改善企业管理，首先应转变观念，将劳动者区别于普通商品，将其看成有情感、有态度、有情绪、有人性的"人"，并在此基础上建立人性化的劳动关系管理。人性化的劳动关系管理包括：一是营造良好的劳动关系道德环境。企业的道德环境为企业决策制定提供了道德标准，这种道德标准强烈地影响着资方或雇主的行为，笔者认为应建立责任主义和公平主义的道德标准，其核心是在企业建立体面劳动、有尊严的劳动以及公平劳动的道德环境。二是寻求健康的企业劳动关系管理目标，即寻求效率、公平和话语权的平衡，其实质是财产权和劳动权平衡的目标。三是建立以员工参与为核心的人力资源管理方式。四是实施以员工授权与自我管理团队为核心的高绩效工作系统。五是创新以劳资合作为核心的劳资共赢模式。

集体谈判制度被认为是使劳资冲突规范化的制度安排，是调整劳动关系的国际惯例，是平衡劳资力量的需要，是落实"话语权"的手段，也是提高劳动者购买力、促进经济增长的途径。通过集体谈判，合理提高劳方的工资待遇，使劳方与资方分享企业利润，能够增加劳动者的可支配收入，从而促进劳动者在社会中的另一角色——消费者的购买力的提升。消费者的消费能力提高了，一方面能够促进经济结构的调整，另一方面通过拉动消费来促进经济的健康发展。当前的集体谈判面临集体劳动关系的法律未成体系、集体协商的形式化、资方的抵制与干预、工会独立性和代表权的缺失等制度性障碍。本研究提出要构建市场经济下规范的集体谈判制度，一是要健全集体劳动关系立法体系，规制集体谈判，逐步实现政府协调下的劳资自治。二是要明确定位谈判主体的角色。三是要培育谈判力量，在增加劳资双方总体谈判力量的前提下，着力提升劳方的相对谈判力量。四是设计较为规范的谈判流程，借鉴西方国家规范的集体谈判流程，将集体谈判分为三个阶段，即谈判准备阶段、谈判阶段以及合同签订阶段。在谈判模式的选择上，笔者主张选择整合式、互惠式的谈判模式，在谈判过程中共同面对和解决问题，共同把企业利润的蛋糕做大并进行分享，同时倡导劳资双方在谈判桌上进行诚信谈判。

参考文献

巴德，约翰·W.，2013，《劳动关系：寻求平衡》，于桂兰等译，机械工业出版社。

常凯，1995，《劳动关系·劳动者·劳权——当代中国的劳动问题》，中国劳动社会保障出版社。

常凯，2005，《劳动关系学》，中国劳动社会保障出版社。

常凯，2006，《劳资冲突处理法制化：构建和谐劳动关系中一项急迫的政治任务》，《中国党政干部论坛》第12期。

常凯，2013，《劳动关系的集体化转型与政府劳工政策的完善》，《中国社会科学》第6期。

常凯，2004，《论个别劳动关系的法律特征——兼及劳动关系法律调整的趋向》，《中国劳动》第4期。

常凯，2005，《罢工权立法问题的若干思考》，《学海》第4期。

常凯，2005，《劳权论》，中国劳动社会保障出版社。

常凯，2009，《是谁引发工人集体行动》，《管理@人》第9期。

常凯，2009，《中国劳动关系报告——当代中国劳动关系的特点和趋向》，中国劳动社会保障出版社。

常凯，2010，《关于罢工合法性的法律分析——以南海本田罢工为案例的研究》，《战略与管理》第4期。

常凯，2011，《从个别劳动关系到集体劳动关系——试论中国劳动关系集体化转型的特点及要求》，中国人力资源开发研究会劳动关系分会第四届年会暨学术研讨会论文，山东烟台。

常凯，2011，《集体劳动关系规制——问题与挑战》，中国人力资源开发研究会劳动关系分会第四届年会暨学术研讨会，山东烟台。

常凯、邱婕，2011，《中国劳动关系转型与劳动法治重点——从〈劳动合同法〉实施三周年谈起》，《探索与争鸣》第10期。

常凯、张德荣，1993，《工会法通论》，中央党校出版社。

陈峰，2009，《国家、制度与工人阶级的形成——西方文献及其对中国劳工问题研究的意义》，《社会学研究》第5期。

陈福今、唐铁汉，2006，《公共危机管理》，人民出版社。

陈惠雄，2004，《快乐、广义消费与和谐社会模式的建构》，《科技导报》第9期。

陈涛、应振根、申世飞、袁宏永、范维澄，2006，《相对速度影响下社会力模型的疏散模拟与分析》，《自然科学进展》第12期。

陈晓云，2008，《劳资矛盾心理契约预警机制的实证研究》，《山西财经大学学报》第2期。

程延园，2003，《我国劳动争议的发展变化与劳动关系的调整》《经济理论与经济管理》第1期。

程延园，2004，《集体谈判制度在我国面临的问题及其解决》，《中国人民大学学报》第2期。

程延园，2004，《集体谈判制度研究》，中国人民大学出版社。

程延园，2008，《构建制度化的劳资利益沟通机制——对"东航返航事件"中劳资博弈非制度化的思考》，《中国人民大学学报》第4期。

程延园，2011，《世界视域下的和谐劳动关系调整机制》，《中国人民大学学报》第5期。

邓益辉，2009，《吉林通钢改制之殇》，《民主与法制时报》8月10日第A01版。

董克用，1993，《变革中的劳动关系及其调节手段》，《中国劳动报》10月14日。

董克用，1996，《变革中的劳动关系——冲突与调节》，《中国人才》第2期。

董清民，1999，《人民内部突发性群体矛盾的特点及处理原则》，《理论前沿》第3期。

范文，2007，《应急预案本体研究及应用》，硕士学位论文，天津大学。

范站江、侯宝琴，1991，《全国劳动争议部分数据统计简析》，《中国劳动科学》第6期。

冯同庆，2012，《近年来工资集体协商取向的正误分析——是自上而下还是自下而上结合》，《马克思主义与现实》第2期。

高莹莹，2008，《劳动仲裁和劳动诉讼关系的再思考》，《中共郑州市委党校学报》第2期。

龚基云，2005，《转型中的劳动关系对劳动关系内部构成因素的影响》，《经济理论与经济管理》第12期。

龚军辉，2008，《Logistic方程的推导及其生物意义》，《高等函授学报（自然科学版）》第1期。

郭建宁，2010，《构建社会主义和谐社会是当代中国的新主题》，《青岛科技大学学报》第3期。

郭军，2006，《和谐劳动关系与和谐社会的契合》，《经济经纬》第6期。

郭维家，2008，《社会资本与新生代农民工的市民化——对成都市两个新生代农民工的个案分析》，《青年探索》第2期。

国际劳工组织，《国际劳工统计年鉴》，1977～2008。

哈里·C. 卡茨、托马斯·A. 科钱、亚历山大·J. S. 科尔文，2010，《集体谈判与产业关系概论》（第4版），李丽林、吴清军译，东北财经大学出版社。

何明修,2004,《政治机会结构与社会运动研究》,台湾2003年社会学年会论文,台湾。

何勤,2012,《北京中小企业劳动关系评价》,中国时代经济出版社。

黄光亮、许红华,2011,《劳资冲突管理机制探析及模型构建——以信息不对称类型为例》,《经济与管理》第6期。

黄光亮、许红华,2011,《私营企业劳资冲突管理系统构建研究——基于价值增值理念的视角》,《经济与管理》第9期。

黄河涛、赵健杰,2007,《经济全球化与中国劳动关系重建》,社会科学文献出版社。

黄越钦,2000,《劳动法新论》,翰芦图书出版有限公司。

季学伟、翁文国、倪顺江、范维澄,2008,《突发公共事件预警分级模型》,《清华大学学报》第48期。

姜胜洪,2011,《当前职工群体性事件的特点、原因及对策研究》,《社科纵横》第4期。

蒋珩、佘廉,2007,《区域突发公共事件应急联合组织体系研究》,《武汉理工大学学报》第10期。

蒋同明、刘世庆,2011,《基于自组织理论的区域创新网络演化研究》,《科技管理研究》第7期。

科塞,1989,《社会冲突的功能》,孙立平译,华夏出版社。

雷巧玲、赵更申、段兴民,2006,《对知识型员工授权赋能的动因探析》,《科学学与科学技术管理》第6期。

李敏、张彤,2002,《西方劳资关系冲突管理研究综述》,《华南理工大学学报》(社会科学版)第9期。

李娜、张华、陈丹,2009,《群体性劳动争议解决机制研究——以和谐社会的构建为视角》,《法治论坛》第2期。

李琪,2005,《改革与修复——当代中国国有企业的劳动关系研究》,中国劳动社会保障出版社。

李琪,2009,《产业关系概论》,中国劳动社会保障出版社。

李琪，2011，《启动集体谈判的"潜机制"》，《中国人力资源开发》第 2 期。

李政军，2010，《奥尔森集体行动理论评述》，《南京审计学院学报》第 4 期。

刘泰洪，2011，《劳资冲突与工会转型》，《天津社会科学》第 2 期。

刘铁民，2007，《重大事故应急指挥系统（ICS）框架与功能》，《中国安全生产科学技术》第 4 期。

刘元文，2004，《相容与相悖——当代中国的职工民主参与研究》，中国劳动社会保障出版社。

卢杰、赵黎黎，2011，《论重视对利益性非正式组织的管理和监控》第 2 期。

吕国泉、李嘉娜，2011，《发展和谐劳动关系的挑战与进路》，《中国劳动关系学院学报》第 6 期。

吕景春，2006，《和谐劳动关系：制度安排与机制创新——一个福利经济学的研究框架》，《经济学家》第 6 期。

《马克思恩格斯全集》第 23 卷，人民出版社，1972。

孟庆英，2006，《论群体性事件的诱因及预防》，《理论探索》第 6 期。

孟泉，2012，《从集体行动中的自发动员到集体协商中的被动参与——中国工人结社力量的功能转化与政治空间的局限》，博士学位论文，中国人民大学。

潘泰萍，2010，《浅谈我国劳动者群体性事件的主要特征与预防对策》，《科技情报开发与经济》第 13 期。

普里高津，1981，《耗散结构》，《自然科学哲学问题丛刊》第 1 期。

乔健，2010，《劳动者群体性事件的发展和特点》，《中国改革》第 7 期。

乔健，2005，《加强对转型时期劳工政策的研究》，《中国劳动关系学院学报》第3期。

乔健，2007，《略论我国劳动关系的转型及当前特征》，《中国劳动关系学院学报》第2期。

乔健，2011，《集体劳动关系规制——问题与挑战》，中国人力资源开发研究会劳动关系分会第四届年会暨学术研讨会，山东烟台。

乔键，2009，《劳动者群体性事件与危机管理创新——从近期出租车司机罢工潮说起》，《中国人力资源开发》第223期。

邱林川，2009，《新型网络社会的劳工问题》，《开放时代学》第12期。

邱永芬，2010，《停工工人"转正"可望同工同酬》，《南方都报》2月7日第A07版。

沈琴琴，2011，《基于制度变迁视角的工资集体协商：构架与策略》，《中国人民大学学报》第5期。

沈琴琴、杨伟国，2010，《全球视野下的产业与劳动关系发展》，中国劳动社会保障出版社。

沈原，2006，《社会转型与工人阶级的再形成》，《社会学研究》第2期。

石晓天，2012，《工资集体协商的条件与实现路径——从南海本田等个案比较的角度》，《中国劳动关系学院学报》第2期。

石秀印，2008，《劳动关系：从一体模式走向协和模式》，载《"转型中的中国社会与中国社会学"国际学术研讨会论文集》，北京大学社会学系、北京大学社会学人类学研究所。

史探径，1990，《劳动法》，经济科学出版社。

史新田，2010，《中国劳动关系系统论：从"单位型"向市场型》，中国民主法制出版社。

宋国学，2007，《就业能力开发的绩效衡量与实证分析》，中国社会科学出版社。

谭泓，2011，《劳动关系——社会和谐发展的风向标》，人民出版社。

滕学为，2010，《公众利益表达与群体性事件探讨》，《现代商贸工业》第 19 期。

停云，2005，《广州向全国人大建议刑事制裁恶意欠薪者》，《信息时报》11 月 16 日。

童星、张海波，2008，《群体性突发事件及其治理——社会风险与公共危机综合分析框架下的再考量》，《学术界》第 2 期。

托马斯·谢林，2005，《微观动机与宏观行为》，中国人民大学出版社。

王宏伟、董克用，2011，《应急社会动员模式的转变：从"命令型"到"治理型"》，《国家行政学院学报》第 5 期。

王金沙，2006，《论企业群体性事件及其预防机制》，《山东社会科学》第 9 期。

王晶，2011，《集体协商谈判制度须以劳工三权为基础》，《中国人力资源开发》，第 5 期。

王来华，2003，《舆情研究概论——理论、方法和现实热点》，天津社会科学院出版社。

王延章、叶鑫、裘江南、王宁，2010，《应急管理信息系统——基本原理、关键技术、案例》，科学出版社。

韦长伟，2011，《互补与协同：中国劳资冲突的多元化化解》，《理论导刊》第 4 期。

吴宏洛，2007，《转型期的和谐劳动关系》，社会科学文献出版社。

吴清军，2012，《集体协商与"国家主导"下的劳动关系治理——指标管理的策略与实践》，《社会学研究》第 3 期。

吴清军、许晓军，2010，《中国劳资群体性事件的性质与特征研究》，《学术研究》第 8 期。

吴彤，2001，《自组织方法论研究》，清华大学出版社。

西德尼·塔罗，2005，《运动中的力量——社会运动与斗争政治》，译林出版社。

夏国璋，1998，《行政管理学》，中山大学出版社。

亨廷顿，萨缪尔·P.，2008，《变化社会中的政治秩序》，王冠华、刘为译，上海人民出版社。

邢成双，2009，《国有企业并购重组中的劳动者权益保护》，硕士学位论文，河北师范学院。

熊新发，2011，《集体劳动争议处理与劳动关系的转型及挑战》，《学术界》第2期。

熊新发，2012，《劳动关系集体化转型趋势下的雇主策略研究》，博士学位论文，西南政法大学。

徐小洪，2005，《冲突与协调——当代中国私营企业的劳资关系研究》，中国劳动社会保障出版社。

徐寅峰，2004，《群体性突发事件产生根源的主观博弈分析》，《预测》第6期。

许传新，2007，《新生代农民工城市生活中的社会心态》，《社会心理科学》第1期。

许立达、樊瑛、狄增如，2011，《自组织理论的概念、方法和应用》，《上海理工大学学报》第2期。

许叶萍、石秀印，2010，《新生代农民工的价值追求及与老一代农民工的比较》，《思想政治工作研究》第4期。

薛澜、张强、钟开斌，2003，《危机管理——转型期中国面临的挑战》，清华大学出版社。

杨连专，2008，《论突发性群体事件的法治防范与控制机制》，《昆明理工大学学报》第3期。

杨正喜，2008，《转型时期我国劳资冲突特点——以珠三角农民工为例》，《科学管理文摘》第3期。

姚先国，2005，《民营经济发展与劳资关系调整》，《浙江社会科学》第2期。

姚先国、郭军，1993，《中国社会主义市场经济体制下劳动关系问题研究》，香港新世纪出版社。

伊西科，2012，《郭台铭的无解难题：富士康围城》，《环球企业家》11月5日。

游正林，2005，《不平则鸣：关于劳资冲突分析的文献综述》，《学海》8月10日。

于岸峰，2010，《郑州市劳动九分钟利益冲突既矛盾化解机制研究》，硕士学位论文，郑州大学。

余潇枫，2007，《非传统安全与公共危机治理》，浙江大学出版社。

张国亮，2005，《关于妥善处置群体性突发事件的理性思考》，《河北社会主义学院学报》第3期。

张建勇，2004，《论群体性突发事件的产生原因及有效防范》，《兰州学刊》第3期。

张立富，2010，《中国和美国劳动关系转型的比较分析》，《中国人力资源开发》第4期。

张小磊等，2010，《广东省总工会主席：企业工会主席多不是民主选举》，《羊城晚报》7月3日第A02版。

张晓硕，2004，《当代中国劳动制度变化与工会功能的转变》，河北大学出版社。

张友仁，2010，《企业劳资冲突的形成机理》，《东方企业文化》第8期。

张子源、赵曙明，2008，《试论产业关系与人力资源视角下的劳资冲突根源与解决途径》，《外国经济与管理》第10期。

张宗和，2009，《中国民营企业的群体性劳资冲突》，中国社会科学出版社。

赵履宽等，1998，《劳动就业与劳动力市场建设》，江苏人民出版社。

赵曙明，2009，《中国人力资源管理三十年的转变历程与展望》，《南京社会科学》第1期。

《职业卫生与安全百科全书（ILO）》，中国大百科全书出版社，1983。

中共中央书记处研究室理论组，1983，《中华全国总工会办公厅：

当前我国工人阶级状况的调查资料汇编》(1),中共中央党校出版社。

《中国劳动统计年鉴》(1998~2004);《劳动和社会保障事业发展公报》(2005~2010)。

中华全国总工会研究室,1998,《中国工会统计年鉴》(1997年)。

周春梅,2010,《国有企业改制中劳动关系的调适》,《江苏社会科学》第6期。

朱力,2009,《中国社会风险解析——群体性事件的社会冲突性质》,《学海》第1期。

A Amodt A. , Plaza E. 1994. "Case-based Reasoning: Foundational Issues, Methodological Variations, and System Approaches." *Artificial Intelligence Communications 1*: 39 – 59.

Abraham, K. G. , and Katz, L. F. 1986. "Cyclical Unemployment: Sectoral Shifts of Aggregate Disturbances." *Journal of Political Economy 94*: 507 – 522.

Adam, M. C. , and Ginsburgh, V. 1985. "The effects of irregular markets on macroeconomic policy: Some estimates for Belgium." *European Economic Review 29*: 15 – 33.

Akerlof, Georage, and Yellen Janet L. "The Fair Wage-Effort Hypothesis and Unemployment." *Quarterly Journal of Economies 105*: 255 – 283.

Akerlof, Georage, and Yellen, J. anet L. 1988. "Fairness and Unemployment." *Economic Review 78*: 44 – 49.

Akerlof, George A. , And Miyazaki, Hajime. 1980. "The Implicit Contract Theory of Unemployment Meets the Wage Bill Argument." *Review Economic Studies 47*: 321 – 338.

Alchian, Armen A. and Kissel, Reuben A. 1962. *Competition, Monopoly and the Pursuit of Money, in Aspects of Labor Economics.* Princeton: National Bureau of Economic Research.

参考文献

Alexander, A. J. 1974. "Income, Experience and the Structure of Internal Labor Markets." *Quarterly Journal of Economics 88*: 63 – 87.

Altman, Edward I. 1968. "Financial Ratios Discriminate Analysis and Prediction of Corporate Bankruptcy." *Journal of Finance 23*: 589 – 609.

Armingeon, Klaus. 1994. *Staat und Arbeitsbeziehungen*. Ein internationaler Vergleich. Opladen: Westdeutscher Verlag.

Arthur, Jeffrey B. 1993. "American Steel Minimills." *Industrial and Labor Relations Review 4*: 8 – 15.

Arthur, Jeffrey B. 1994. "Effects of Human Resource Systems on Manufacturing, Performance and Turnover." *The Academy of Management Journal 15*: 126 – 136.

Ashot, Nag, and Mitra, Amit. 1999. "Neural Networks and Early Warning Indicators of Currency Crisis." *Reserve Bank of India Occasional Papers 2*: 83 – 222.

Azariadis, C. 1982. "Implicit Contracts and Underemployment Equilibria." *Journal Of Political Economy 97*: 543 – 569.

Aziz, A., Emanuel, D. C., and Lawson, G. H. 1988. "Bankruptcy Prediction: An Investigation of Cash Flow Based Models." *Journal of Management Studies 25*: 419 – 437.

Baily, M. N. 1974. "Wages and Employment uncertain Demand." *Review of Economics Studies 41*: 37 – 50.

Baird, Inga S., and Thomas Howard. 1985. "Toward a Contingency Model of Strategic Risk Taking." *Academy of Management Review 10*: 230 – 243.

Basak, S., and Shapiro, A. 2001. "Value-at-Risk-based Risk Management: Optimal Policies and Asset Prices." *The Review of Financial Studies 14*: 371 – 405.

Bendersky, Corinne. "Complenenterities in Organiational Dispute Resolution Systems: How System Characteristics Affects Individuals Conflict experiences. " *Industrial & Labor Relations Review 1*: 15 – 18.

Bill, Taylor. Kai, Chang. Qi, Li. 2003. *Industrial Relations in China*. Edward Elgar Publishing.

Blanchard, O. J. , and Summers, L. H. 1986. " Hysteresis and the European Unemployment Problem. " *NBER Macroeconomics Annual 1*: 15 – 78.

Blanchard, O. J. , and Summers, L. H. 1987. "Hysteresis Unemployment. " *European Economic Review 31*: 288 – 295.

Bray, M. and Haworth, N. 1993. *Economic Restructuring and Industrial Relations in Australia and New Zealand: A Comparative Analysis.* Sydney: Australian Centre of Industrial Relations Research and Training.

Bromiley, Philip, and Curley, Shawn P. 1992. " Individual Differences in Risk Taking. " *Risk-Taking Behavior 11*: 87 – 132.

Bruce, E. Kaufman. 1992. *The Origins and Evolution of the Field of Industrial Relations in the United States.* Cornell University Press.

Buchele, Robert, and Christiansen, Jens. 1999. " Labor Relations and Productivity Growth in Advanced Capitalist Economies. " *Review of Radical Political Economies 36*: 46 – 49.

Buchele, Robert, and Christiansen, Jens. 1998. " Do Employment and Income Security Cause Unemploment? A Comparative Study of the US and the E – 4. Cambridge. " *Journal of Economics 41*: 231 – 240.

Buck, Dick A. , Trainor, Joseph E. , and Aguirre, Benigno E. 2006. " A Critical Evaluation of the Incident Command System and NIMS. " *Journal of Homeland Security and Emergency Management*

3: 1 – 10.

Budd, John W. 2010. *Labor Relations: Striking a Balance*. Minnesota: McGraw Hill Higher Education.

Chan, Kay-Wah. 2012. "The Global Financial Crisis and Labor Law in China." *Chinese Economy 45*: 24 – 41.

Chang-Hee, Lee. 2006. "Recent Industrial Relations Developments in China and Viet Nam: The Transformation of Industrial Relations in East Asian Transition Economies." *Industrial Relations 48 (3)*: 415 – 429.

Chen, F. 2010. "Trade Union and the Quadripartite Interactions in Strike Settlement in China." *The China Quarterly 201*: 104 – 124.

Chen, Feng. 2007. "Individual rights and collective rights: Labor's predicament in China. "*Communist and Post-Communist Studies 40*: 59 – 79.

Chen, S. – J. Roger Ko, J. – J. and Lawler, J. 2003. "Changing Patterns of Industrial Relations in Taiwan." *Industrial Relations 42 (3)*: 315 – 340.

Chiplin, B., and Slane, P. J. 1988. "The Effect of Britain's Anti-Discriminatory Legislation on Relative Pay and Employment: A Comment." *Economic Journal 98*: 833 – 838.

Chipman, John, and Moore, Jamis. 1980. "Compensation Variation, Consumers'surplus and welfare." *American Economic Review 70*: 933 – 949.

Chris King-Chi Chan. 2010. *The Challenge of Labor in China: Strikes and the Changing Labor Regime in Global Factories*. Abingdon: Routledge.

Chris King-chi Chan. and Pun Ngai. 2009. "The Making of a New Working Class? A Study of Collective Actions of Migrant Workers in South China." *The China Quarterly 198*: 287 – 303.

Christopher, L. Erickson. and Sarosh, Kuruvilla. 1998. "Industrial Relations System Transformation." *Industrial and Labor Relations Review 52（1）*：3 - 21.

Christopher, L. Erickson. Sarosh, Kuruvilla. Rene, E. Ofreneo. And Maria Asuncion, Ortiz. 2003. "From Core to Periphery? Recent Developments in Employment Relations in the Philippines." *Industrial Relations 42（3）*：368 - 395.

Clarke, Simon, Lee, Chang-Hee, and Li, Qi. 2004. "Collective consultation and industrial relations in China. "*British Journal of Industrial Relations 42*：235 - 254.

Clegg, Hugh Armstrong. 1976. *Trade Unionism under Collective Bargaining*：*A Theory Based on Comparisons of Six Countries*. Oxford：Basil Blackwell.

Colins, C. & Smith, K. G. 2006. "Knowledge Exchange and Combination：The Role of Human Resources Practices in the Performance of High-Technology Firms." *Academy of Management Journal 49*：544 - 560.

Collins. 1990. "Investment under Uncertainty, Irreversibility and the Arrival of Information over Time." *The Review of Economic Studies 58*：333.

Cook, M. L. 1996. "National Labor Strategies in Changing Environments：Perspectives from Mexico." In L. Benería and M. J. Dudley（Eds.）, *Economic Restructuring in the Americas*. Ithaca, NY：Cornell University Latin American Studies Program：175 - 228.

Cooke, Fang Lee. , 1987. "Manpower Restructuring in the State-owned Railway Industry of China：The Role of the State in Human Resource Strategy." *International Journal of Human Resource Management 5*：904 - 924.

Costarelli, Sandro. 2006. "The Distinct Roles of Subordinate and Super or Group Power, Conflict, and Categorization on Intergroup Prejudice in a Multiethnic Italian Territory. " *The Journal of Social Psychology 1*: 5 – 13.

Cothren, R. 1983. "Job Search and Implicit Contracts. " *Journal of Political Economy 91*: 494 – 504.

Crocker, Chester A. , Hampson, Fenosler, and AAll, Pamela. 2011. "Collective Conflict Management: A New Formula for Global Peace and Security Cooperation. " *International Affairs 87*: 158 – 243.

Crouch, Colin. 1993. *Industrial Relations and European State Traditions*. New York: Clarendon Press.

Cutcher-Gershenfeld, Joel. 2001. " The impact on Economic Performance of a Transformation in Workplace Relation. " *Industrial and Labor Relations Review 43*: 18 – 21.

Cutcher-Gershenfeld, Thomas, Jel Kochan, and John, Calhoun Wells. 2001. "In Whose Interest? A First Look at National Survey Data on Interest-Based Bargaining in Labor Relations. " *Industrial Relations 30*: 185 – 187.

Cutcher-Gershenfeld, Joel, McHugh, Patrick, and Power, Donald. 1996. "Collective Bargaining in Small Firms: Preliminary Evidence of Fundamental Change. " *Industrial and Labor Relations Review 65*: 134 – 137.

Deery, Stephen J. , and Iverson, Roderick D. 2005. " Labor Management Cooperation: Antecedents and Impact on Organizational Performance. " *Industrial & Labor Relations Review 7*: 45 – 50.

Denenberg, R. V. , and Braverman, Mark. 1999. *The Violence Prone Workplace*. New York: Cornell University Press.

Denenberg, Richard. and Mark, Braverman. 1999. *The Violence Prone Workplace*. Ithaca and London: Cornell University Press.

Denis, S., and Dominic, E. 2006. *Crisis Management: Systems and Structures for Prevention and Recovery*. Oxford: Routledge.

Dong-One, Kim. andSeongsu, Kim. 2003. "Industrial Relations in Asia: Transformation or Transition?" *Industrial Relations 42* (*3*): 311 -314.

Drew, Fudenberg, Holmstrom, Bengt, and Milgrom, Paul. 1990. "Short-Term Contracts and Long-Term Agency Relationships." *Journal of Economic Theory 51*: 194 -206.

Dubin, R. 1954. "Constructive Aspects of Industrial Conflict." in A Kornhauser, R Dubin, and A M Ross (Eds). *Industrial Conflict*. New York: McGraw-Hill.

Dulop, John. T. 1958. *Industrial Relations Systems Revised Edition*. Harvard Business School Press.

Eisinger, Peter K. 1973. "The Conditions of Protest Behavior in American cities." *The American Political Science Review 67*: 11 -28.

Erickson, Christopher L. and Sarosh Kuruvilla. 1998. "Industrial Relations System Transformation." *Industrial and Labor Relations Review 52* (*1*): 3 -21.

Estlund, Cynthia L. 2003. *Working Together: How Workplace Bonds Strengthen a Diverse Democracy*. Oxford University Press.

Fraser-Mitchell, J. N. 1999 "Modeling Human Behavior within the Fire Risk Assessment Tool Crisp." *Fire and Materials 6*: 349 -355.

Frenkel, S. 1988. "Australian Employers in the Shadow of the Labor Accords." *Industrial Relations 27* (*2*): 113 -145.

Gallagher, Mary E., and Dong, Baohua. 2011, "Legislating Harmony: Labour Law Reform in Contemporary China." *From Iron Rice Bowl to Informalization: Markets, Workers, and the State in A Changing China*: 36 -60.

Gerd, Schienstock. Paul, Thompson. and Franz, Traxler. 1997. *Indus-*

trial Relations between Command and Market: *A Comparative Analysis of Eastern Europe and China*. New York: Nova Science Publishers.

Gittell, Jody Hoffer, Nordenflycht, Andrew Von, and Kochan, Thomas A. 2004. "Mutual Gains or Zero Sum? Labor Relations and Firm Performance in the Airline Industry." *Industrial and Labor Relations Review 17*: 78 - 85.

Gmason, W. , and Meyer, D. 1996. *Framing Political Opportunity in Comparative Perspectives on Socia Movements*. New York: Cambridge University Press.

Golden, Miriam A. and Michael, Wallerstein. and Peter Lange. 1997. "Unions, Employer Associations, and Wage-Setting Institutions in Northern and Central Europe, 1950 – 1992." *Industrial and Labor Relations Review 50* (*3*): 379 - 401.

Grassi, Andrea, Gamberini, Rita, Mora, Cristina, and Bianca, Rimini. 2009. "A Fuzzy Multi-Attribute Model for Risk Evaluation in Workplace." *Safety Science 47*: 707 - 716.

Grossman, Sanford J. , and Hart, Oliver D. 1983. "An Analysis of the Principal-Agent Problem." *Econometrica 51*: 7 - 45.

Guerrero, Sylvie, and Valérie, Barraud-Didier. 2004. "High-Involvement Practices and Performance of French Firms." *The International Journal of Human Resource Management 15*: 1408 - 1423.

G. Brulin. 2000. "The Transformation of Swedish Industrial Relations from Below." *Economic and Industrial Democracy 21* (*2*): 237 - 251.

Hanami, T. (ed.) 2002. "Global Integration and Challenges for Industrial Relations and Human Resource Management in the Twenty-first century." selected papers from the Twelfth IIRRA World Congress. Tokyo: Japanese Institute of Labour.

Hannestad, Stephen E. 2005. "Incident Command System: A Developing National Standard of Incident Management in the U. S." Proceedings of the Second International ISCRAM Conference, April.

Harry, C. Katz. 1995. "Industrial Relations in the U. S. Automobile Industry: An Illustration of Increased Decentralization and Diversity." Faculty Publications-Collective Bargaining, Labor Law, and Labor History.

Harry, C. Katz. 2012. "Is U. S. Public Sector Labor Relations in the Midst of a Transformation?" Cornell University ILR School, *ILR Review 66* (5).

Harry, C. Katz. Thomas, A. Kochan. 1992. *An Introduction to Collective Bargaining & Industrial Relations.* ILR Press: 140 −148.

Hochschild, Arlie R. 1990. "Ideology and Emotion Management: A Perspective and Path for Future Research." *Research Agendas in the Sociology of Emotions 117:* 142.

Hoetmer, G. J. 1991. *Emergency Management: Principles and Practice for Local Government.* Washington, DC: 1International City Management Association.

Hyman, Richard. 1994. "Industrial Relations in Western Europe: An Era of Ambiguity?" *Industrial Relations 33* (*1*): 1 −24.

Jehn, Karen A., Sonja, Rispens, and Thatcher, Sherry M. B. 2010. "The Effects Of Conflict Asymmetry On Work Group And Individual Individual Outcomes." *Academy of Management Journal 53:* 596 −616.

John, Thomas Dunlop. 1993. *Industrial Relations Systems.* Harvard Business School Press.

John, Thomas. John, T. Dunlop. 1993. *Industrial Relations Systems.* Revised Edition. Harvard Business School Press.

Jones, Derek C. 1995. "Successor Unions in Transitional Economies:

Evidence from St. Petersburg." *Industrial and Labor Relations Review* 49 (1): 39 -57.

Jurgens, Ulrich. Larissa, Klinzing. and Lowell, Turner. 1993. "The Transformation of Industrial Relations in Eastern Germany." *ILR Review* 46 (2): 229 -244.

Katz, Harry C., Kochan, Thomas A., and Gobeille, Kenneth R. 1983. "Industrial Relations Performance, Economic Performance and QWL Programs: An Interplant Analysis." *Industrial and Labor Relations Review* 2: 5 -7.

Katz, Harry C., Kochan, Thomas A., and Weber, Mark R. 1985. "Assessing the Effects of Industrial, Relations Systems and Efforts to Improve the Quality of Working." *The Academy of Management Journal* 15: 15 -20.

Katz, Harry C., and Kochan, Thomas A. 1992. *An Introduction to Collective Bargaining & Industrial Relations.* New York: ILR Press.

Katz, Harry C. 1993. "The Decentralization of Collective Bargaining: A Literature Review and Comparative Analysis." *Industrial and Labor Relations Review* 13: 16 -19.

Kaufman, Bruce E., and Lewin, David. 1998. "Is the NLRA still Relevant to Today's Economy and Workplace?" *Labor Law Journal* 49: 1113 - 1126.

Kidd, D. P., and Oswald, A. J. 1987. "A Dynamics Model of Trade Union Behavior." *Economica* 54: 355 -365.

Klein, Gary A., and Calderwood, Roberta. 1991. "Decision Models: Some Lessons From the Field." *IEEE Transaction on SMC* 21: 101 -106.

Kochan, Thomas A. 1986. *The Trasformation of American Industrial Relations.* New York: Cornell University Press.

Kochan, Thomas A., Katz, Harry C., and Mckersie, Robert B. 1994.

The Transformation of American Industrial Relations. New York: ILR Press.

Kochan, Thomas A. Harry, Katz. and Robert, B. McKersie. 1986. *The Transformation of American Industrial Relation.* New York, Basic Books, Ithaca, ILR Press: 14.

Kuo, R. J. , Wu, P. , and Wang, C. P. 2002. "An Intelligent Sales Forecasting System Through Integration of Artificial Neural Networks and Fuzzy Neural Networks with Fuzzy Weight Elimination." *Neural Networks 15*: 909 – 925.

Kuruvilla, Sarosh. 1996. "The Relationship between Economic Development Strategies and Industrial Relations: India, Malaysia, Singapore and the Philippines." *Industrial and Labor Relations Review.* 49 (4): 635 – 657.

Kuruvilla, Sarosh. Christopher, Erickson. Mark, Anner. Rene, Ofreneo. Maragtas, Amante. and Ina, Ortiz. 2000. *Globalization and IR and HR Change in the Philippines.* Bangkok: Regional Office for Asia and the Pacific.

Leung, Wing-yue. 1988. *Smashing the Iron Rice Pot: Workers and Unions in China's Market Socialism.* Hong Kong: Asia Monitor Resource Center.

Lindbeck, Assar, and Snower, Dennis J. 1986. "Wage Setting, Unemployment and Insider Outsider Relations." *American Economic Review 76*: 235 – 39.

Lipsky, David B. , Seeber, Ronald L. , and Fincher, Richard. 2003. *Emerging Systems for Managing Workplace Conflict.* Wiley: ossey-bass.

Locke, Richard. Thomas, Kochan. and Michael Piore. 1995. "Conclusion: The Transformation of Industrial Relations? A Cross-National Review of the Evidence." In Locke, Richard, Thomas Kochan, and Michael Piore (Eds.), *Employment Relations in a Changing*

World Economy, Cambridge: MIT Press: 359 – 384.

Maganani, Elisabetta, Prentice, David. 2006. "Unionization and Input Flexibility in U. S. Manufacturing, 1973 – 1996. " *Industrial & Labor Relations Review 4*: 212 – 215.

March, James G. , and Olsen, Johan P. 1984. "Organizational Factors in Political Life. " *The American Political Science Review 78*: 734 – 749.

Mathieu, John E. , Gilson, Lucy L. , and Ruddy, Thomas M. 2006. "Empowerment and Team Effectiveness: An Empirical Test of an Integrated Model. " *Journal of Applied Psychology 91*: 97.

McAdam, Doug. 1988. *Freedom Summer.* New York: Oxford University Press.

McCarthy, John, D . and Meyer N. Zald. 1977. "Resource Mobilization and Social Movements: A Partial Theory. " *American Journal of Sociology.*

McCathy, J. , and McPhail, C. 1998. "Protest Mobilization, Protest Depression and Their Interaction. " *International Development and Conflict Management.*

Miller, Kent D. , and Waller H. gregory. 2003. "Scenarios Real Options and Integrated Risk Management. " *Long Range Planning 1*: 1063 – 1071.

Mitroff, I. I. 1994. "Crisis Management and Environmentalism: A Natural Conflict. " *California Management Review 36* (2): 101 – 113.

Murry, J. W. &Hammons, J. O. 1995. "Delphi: A Versatile Methodology for Conducting Qualitive Research. " *Review of Higher Education 18* (4): 423 – 436.

Norsworthy, J. R. , and Zabala, Craig A. 1990. "Worker Attitudes and the Cost of Production: Hypothesis Tests in an Equilibrium Model. " *Economic Inquiry 28*: 335 – 345.

Norsworthy, J. R., and Zabala, Craig A. 1985. "Effects of Worker Attitudes on Production Costs and the Value of Capital Input." *The Economic Journal 14*: 123 - 127.

Norsworthy, J. R., and Zabala, Carig A. 1985. "Worker Attitudes, Worker Behavior, and Productivity in the U. S. Automobile Industrial 1959 - 1976." *Industrial and Labor Relations Review 8*: 35 - 41.

Oswald, Andrew J. 1986. "Unemployment Insurance and Labor Contracts under Asymmetric Information: Theory and Facts." *American Economic Review 76*: 365 - 377.

Pezzullo, Luca, and Filippo, Roberto De. 2009. "Perceptions of Industrial Risk and Emergency Management Procedures in Hazmat Logistics: A Qualitative Mental Approach." *Safety Science 47*: 537 - 541.

Piore, Michael J., and Sabel, Charles F. 1984. *The Second Industrial Divide*. New York: Perseus Books.

Pun, Ngai & Lu Huilin, 2010, "Unfinished Proletarianization: Self, Anger, and Class Action among the Second Generation of Peasant—workers in Present-day China." *Modern China 36* (5): 493 - 519.

Restrepo, Carlos E., Simonoff, Jeffrey S., and Zimmerman Rae. "Causes, Cost Consequences, and Risk Implications of Accidents in US Hazardous Liquid Pipeline Infrastructure." *International Journal of Critical Infrastructure Protection 2*: 38 - 50.

Rosenthal, Uriel, and Pijnenburg, Bert. 1991. *Crisis Management and Decision Making*. Holland: Kluwer Academic Publishers.

Ruth, V. Aguilera. and Adina, Dabu. 2005. "Transformation of Employment Relations Systems in Central and Eastern Europe." *Industrial Relations*: 16 - 42.

Sabourian, Hamid. 1988. "Wage Norms and Involuntary Unemployment." *Economic Journal Conference Supplement 98*: 177 - 188.

Sandver, Marcus H. 1987. *Labor Relations: Process and Outcomes.* Boston: Little, Brown.

Simon Clarke, Chang-Hee Lee and Qi Li. 2004. *Collective Consultation and Industrial Relations in China. 42:* 235 -254.

Smith, C. and N. Pun. 2006. "The Dormitory Labour Regime in China as a Site of Control and Resistance." *International Journal of Human Resource Management 17 (8):* 1456 -1470.

Snell, Robin, and Chak, Almaz Man-Kuen. 1998. "The Learning Organization: Learning and Empowerment for Whom?" *Management Learning 29:* 337 -364.

Snow, Carlton J. 1986. "Contract Interpretation: The Plain Meaning Rule in Labor Arbitration." *Fordham L. Rev. 55:* 681.

Solomon, Robert C. 1992. *Ethics and Excellence: Cooperation and Integrity in Business.* New York: Oxford University Press.

Solow, Robert M. 1985. "Insider and outsider in Wage Determination." *Scandinavian Journal of Economics 87:* 411 -428.

Solow, Robert M. 1979. "Another Possible Source of Wage Stickness." *Journal of Macroeconomics 1:* 79 -82.

Streeck, Wolfgang. 1988. "Industrial Relations in West Germany, 1980 -1987." *Labour 2 (3):* 3 -44.

Sun, Zhaohao, and Finnie Gavinhe R. 2004. *Intelligent Techniques in E-Commerce: A Case Based Reasoning Perspective.* Berlin: Springverlag.

Swenson, Peter. 1989. *Fair Shares: Unions, Pay, and Politics in Sweden and West Germany.* Ithaca, NY: Cornell University Press.

Sylvie, Contrepois. Violaine, Delteil. Patrick, Dieuaide. 2011. *Globalizing Employment Relations: Multinational Firms and Central and Eastern Europe Transitions.* Palgrave Macmillan press.

Taylor, et. al. 2003. "Influence of life stress on depression." moderation

by a polymorphism in the 5 – HTT gene Science 301: 386 – 389.
Tsoglin, Y. L. , and Klimenko I. A. 1995. "Ukraine Early Warning." *Nuclear Engineering International. 40*: 31 – 33.
Tzannatos, Zafiris. 1987. "A General Equilibrium Model of Discrimination and Its Effects On Incomes." *Scottish Journal of Political Economy 34*: 19 – 36.
Tzannatos, Zafiris. 1989. "The Long-Run Effects of the Sex Integration of the UK Labor Market." *Journal of Economic Studies 15*: 5 – 18.
Ulrich, Dave, Losey, Michael R. , and Lake, Gerry. 1997. *Tomorrow's HR Management*. New York: John Wiley.
Wang, Jiacun, and Rosea, D. 2008. "Dynamic Workflow Modeling and Analysis in Incident Command Systems." IEEE Transactions on Systems, Man and Cybernetics—Part A: Systems and Humans 38: 1041 – 1055.
Webster, Eddie. 1997. "Confronting the Past: Changing Industrial Relations in South Africa." In Kuruvilla, S. and S. Bacharach, and B. Mundell (Ed.), *Research in the Sociology of Organizations*. (JAI Press, forthcoming).
Wei, Chien-Hung, Lee, Ying. 2007. "Sequential Forecast of Incident Duration Using Artificial Neural Network Models." *Accident Analysis and Prevention 39*: 944 – 954.
Weitzman, Martin L. 1983 "Some Macroeconomic Implications of Alternative Compensation System." *Economic Journal 93*: 635 – 662.
Zabalza, A. and Tzannatos, Z. "Reply to the Comments on the Effects of Britain's Anti-Discriminatory Legislation on Relative Pay and Employment." *Economic Journal 98*: 839 – 843.
Zabalza, A. , and Tzannatos, Z. 1985. "The effect of Britain's Sex Anti—Discriminatory Legislation on Relative Pay and Employment." *Economic Journal 95*: 679 – 699.

附录 A 企业劳动关系研究调研问卷（企业用）

> **调查背景说明：**
>
> 为推动企业建立更加和谐的劳动关系，同时为政府相关部门制定相应的促进企业和谐劳动关系政策措施提供理论依据，特开展"企业劳动关系调研"。为保证本次调查结果的准确性，请您客观、公正地回答所有的问题。您的回答对于我们得出正确的结论很重要，希望能得到您的配合和支持，谢谢！
>
> **保密事项：** 问卷内容仅作为开展相关研究工作的参考依据。我们对填报单位和个人均具严格保密义务。
>
> 北京联合大学管理学院人力资源开发与管理研究所

一 企业基本情况

企业名称：_____

企业目前用工总人数：_____（说明：指 2011 年末员工总数）；其中专职：_____

联系人：_____ 联系电话：_____

电子邮件：_____

1. 企业性质：

    [ ] ① 国有企业 [ ] ② 集体企业 [ ] ③ 私营企业

[ ]④ 个体经济 [ ]⑤ 联营企业 [ ]⑥ 股份制企业

[ ]⑦ 外商投资企业 [ ]⑧ 港、澳、台投资企业

2. 企业所在行业：

[ ]① 制造业 [ ]② 建筑业 [ ]③ IT 业

[ ]④ 批发与零售业 [ ]⑤ 金融业 [ ]⑥ 房地产业

[ ]⑦ 租赁与商务服务业 [ ]⑧ 住宿和餐饮业

[ ]⑨ 交通运输、仓储和邮政业

[ ]⑩ 其他行业_____

3. 企业成立年限：_____年

4. 企业所处的发展阶段：

[ ]① 创业阶段：企业刚成立不久，效益不太稳定

[ ]② 成长阶段：产品和服务结构基本稳定，生产步入正轨，效益迅速提高

[ ]③ 成熟阶段：产品或服务结构固定，企业效益比较平稳

[ ]④ 衰退阶段：产品或服务的市场缩小，企业效益下降

二、企业经营情况

1. 企业缴纳的增值税（或营业税）情况：2010 年_____万元；2011 年_____万元

2. 企业缴纳的所得税情况：2010 年_____万元；2011 年_____万元

请务必填写上述 1、2 两项数据

3. 企业近三年业务收入总额为：2009 年_____万元；2010 年_____万元；2011 年_____万元

4. 企业近三年净利润为：2009 年_____万元；2010 年_____万元；2011 年_____万元

5. 企业近三年工资总额：2009 年_____万元；2010 年_____万元；2011 年_____万元

说明：5 题中工资包括：基本工资、各种津贴、绩效工资、奖金、现金福利等

三、企业人力资源管理情况

1. 企业员工职业病发生人数：2010 年_____人；2011 年_____人

2. 企业员工工伤事故发生人数：2010 年_____人；2011 年_____人

3. 企业发生劳动争议的次数：2010 年_____件；2011 年_____件

4. 企业是否成立劳动争议调解委员会？发挥作用如何？

[　] ① 没有设立　[　] ② 有，但没起作用

[　] ③ 有，有一点作用　[　] ④ 有，有作用

[　] ⑤ 有，作用很大

5. 企业是否成立工会？

[　] ① 是　[　] ② 否

说明：如选择"是"请继续第 6 题，如选择"否"可跳过第 6 题，直接回答第 7 题

6. 工会组织机构健全程度？

[　] ① 具备专职人员、活动场所、专用经费、其他等

[　] ② 专职人员、活动场所、专用经费三项均具备

[　] ③ 专职人员、活动场所、专用经费中具备两项

[　] ④ 专职人员、活动场所、专用经费中具备一项

[　] ⑤ 没有专设机构

7. 员工的权益诉求沟通渠道是否畅通？

[　] ① 有诉求渠道，渠道非常畅通

[　] ② 有诉求渠道，渠道较为畅通

[　] ③ 有诉求渠道，渠道畅通

[　] ④ 有诉求渠道，渠道不很畅通

[　] ⑤ 没有诉求渠道

说明：如果你所在的企业员工总数在 100 人以上请填写第 8 题，如果员工总数在 100 人以下无需填写第 8 题，直接填写第 9 题

8. 企业是否建立职工代表大会？

[ ]① 是 [ ]② 否

9. 企业是否通过召开全体员工大会行使民主权利？

[ ]① 是 [ ]② 否

10. 员工合理化建议采纳率：2010 年____%；2011 年____%

说明：员工合理化建议采纳率是指：员工建议被采纳数量/员工建议总数

11. 企业员工主动离职数量：2010 年_____人；2011 年_____人

12. 企业对大多数员工工作绩效的满意程度：

[ ]① 非常满意 [ ]② 满意 [ ]③ 一般

[ ]④ 不满意 [ ]⑤ 非常不满意

13. 企业规章制度制定过程中员工的参与程度：

[ ]① 每次都参与 [ ]② 经常参与

[ ]③ 一般参与 [ ]④ 很少参与 [ ]⑤ 从未参与

14. 企业制定的规章制度符合法律规定情况：

[ ]① 全部合法 [ ]② 大部分合法

[ ]③ 部分合法 [ ]④ 大部分不合法

[ ]⑤ 绝大部分不合法

15. 企业员工劳动合同签订数为：2010 年_____份；2011 年_____份

16. 企业签订无固定期限合同人数：2010 年_____人；2011 年_____人

17. 企业中以劳务派遣形式用工的人数：2010 年____人；2011 年____人

18. 本企业工资收入排前5%的员工平均工资为：_____元；工资收入最后5%的员工平均工资为：_____元（说明：此处工资指税前工资）

19. 是否按劳动法律规定的加班费标准支付加班费？

[ ]① 是 [ ]② 否

20. 企业员工平均每月加班小时数：_____小时

21. 企业中按国家相关规定达到缴费标准的社会保险参保人数：2010 年____人；2011 年____人

22. 企业员工中接受培训的人数：2010 年_____人；2011 年____人

23. 员工年平均培训时数为：2010 年____小时；2011 年____小时

24. 对目前工作岗位稳定性的乐观程度：

[ ]① 非常满意 [ ]② 满意 [ ]③ 一般

[ ]④ 不满意 [ ]⑤ 非常不满意

25. 企业产品和服务的顾客满意度如何？

[ ]① 非常低 [ ]② 比较低 [ ]③ 一般

[ ]④ 比较高 [ ]⑤ 非常高

26. 企业新产品开发的速度与能力如何？

[ ]① 非常低 [ ]② 比较低 [ ]③ 一般

[ ]④ 比较高 [ ]⑤ 非常高

27. 企业内员工生产率如何？

[ ]① 非常低 [ ]② 比较低 [ ]③ 一般

[ ]④ 比较高 [ ]⑤ 非常高

28. 企业是否建立工资集体协商制度？

[ ]① 是 [ ]② 否

29. 您对企业目前劳动关系状况的总体评价是怎样的？

[ ]① 很差 [ ]② 差 [ ]③ 一般

[ ]④ 好 [ ]⑤ 很好

30. 您认为影响企业劳动关系和谐的因素有哪些？（可多选，选择不超过 5 项）

[ ]① 员工的劳动收入

[　]② 员工是否与企业签订劳动合同

[　]③ 为员工提供健全的社会保障

[　]④ 劳动条件与劳动安全卫生

[　]⑤ 工会的建立健全

[　]⑥ 员工的工作内容与方式

[　]⑦ 员工的培训与发展

[　]⑧ 员工管理方式

[　]⑨ 集体协商制度

[　]⑩ 劳动争议调解

[　]⑪ 员工参与

[　]⑫ 企业是否严格执行政府政策

[　]⑬ 企业的盈利状况和发展前景

[　]⑭ 企业文化建设

[　]⑮ 外部环境

其他：_____

四、企业对群体性劳资冲突事件的看法

说明：群体性劳资冲突事件是指涉及本企业人员 3 人以上的劳动争议；或 5 人以上参加的上访、停工、罢工、怠工、游行等行为

1. 您所在的企业近三年来发生过几次群体性劳资冲突事件？

[　]① 没有发生过（跳答至第 4 题）

[　]② 1 次 [　]③ 2 次 [　]④ 3 次 [　]⑤ 4 次

[　]⑥ 5 次及以上

2. 企业近三年发生过以下哪种类型的劳资冲突事件（可多选）

[　]① 消极怠工 [　]② 找企业相关负责人谈判

[　]③ 上访 [　]④ 停工 [　]⑤ 罢工

[　]⑥ 游行示威、抗议、请愿、静坐

[　]⑦ 暴力冲突（含自杀、拘禁企业管理者、打砸抢等行为）

[ ] ⑧ 集体辞职

[ ] ⑨ 集体申请劳动仲裁

[ ] ⑩ 向法院起诉

3. 这些群体性劳资冲突事件参与的人数？

[ ] ① 5~10人 [ ] ② 11~30人 [ ] ③ 31~50人

[ ] ④ 51~100人 [ ] ⑤ 100人以上

4. 您认为引发群体性劳资冲突事件的主要原因有哪些？（可多选）

[ ] ① 拖欠工资

[ ] ② 经常加班，不支付加班工资

[ ] ③ 工作条件差，没有劳动安全保护

[ ] ④ 未签订劳动合同

[ ] ⑤ 企业不给缴纳社会保险

[ ] ⑥ 管理制度不公平、不合理

[ ] ⑦ 不尊重职工，甚至有侵犯人权的现象

[ ] ⑧ 培训和发展机会少

[ ] ⑨ 企业改制严重侵犯职工利益

[ ] ⑩ 企业裁员不符合法定程序

[ ] ⑪ 工作压力大，无法排解

[ ] ⑫ 集体意识、权利意识增强

[ ] ⑬ 其他_____

5. 企业是如何解决这些群体性劳资冲突事件的？（可多选）

[ ] ① 放任自流，不闻不问

[ ] ② 武力打压，开除相关"闹事"带头人

[ ] ③ 与员工代表进行多次洽谈协商，达成共识

[ ] ④ 工会参与协调

[ ] ⑤ 企业人力资源部参与协调

[ ] ⑥ 劳动争议调解委员会参与协调

[ ] ⑦ 请第三方（含政府）出面沟通、协调

[ ]⑧ 其他_____

6. 企业如何看待群体性劳资冲突事件？

[ ]① 通过这些冲突能够加深企业对员工需求的了解，便于更好地管理以及完善企业制度

[ ]② 涣散人心，扰乱企业的正常秩序，对企业百害无一利

[ ]③ 有利也有弊，一方面会产生一些消极的影响，影响员工士气，扰乱秩序，影响效率，另一方面如果较好处理，能够提高员工的忠诚度，有利于企业的长远发展

[ ]④ 放任自流，不闻不问

[ ]⑤ 其他_____

7. 您觉得企业能够采取哪些措施规避群体性劳资冲突事件，以便减少其对企业的影响。

[ ]① 为员工提供顺畅的利益诉求通道

[ ]② 建立信息沟通机制

[ ]③ 在企业贯彻实施集体工资协商制度

[ ]④ 改善员工的工作生活条件，倾听并根据实际情况满足员工需求

[ ]⑤ 加强监控，严密监视员工的举动，对于挑事的员工，严惩不贷

[ ]⑥ 威逼利诱，武力相向

[ ]⑦ 其他_____

您对企业建立和谐劳动关系的建议：_____
_____
_____
_____

附录B 企业劳动关系基本情况调查问卷（员工用）

您好！感谢您在百忙之中能够抽出时间来填答这份问卷，这是一份关于企业劳动关系的纯学术性研究问卷。为了保护您的权益，本调查采用匿名方式进行，谢谢您的支持与帮助！

一 请根据自己所在企业劳动关系现实状况，选择代表您真实想法的选项

您所在的企业名称：_____

1. 企业在加强劳动安全卫生保护措施方面做得怎样？
   [ ]① 很差 [ ]② 差 [ ]③ 一般
   [ ]④ 好 [ ]⑤ 很好

2. 您对现在的工作环境满意么？
   [ ]① 非常不满意 [ ]② 不满意 [ ]③ 一般
   [ ]④ 满意 [ ]⑤ 非常满意

3. 企业中劳动争议的情况怎样？
   [ ]① 很多 [ ]② 比较多 [ ]③ 一般
   [ ]④ 比较少 [ ]⑤ 很少

4. 企业是否设立劳动争议调解委员会？发挥作用如何？
   [ ]① 没有设立 [ ]② 有，但没起作用
   [ ]③ 有，有一点作用 [ ]④ 有，有作用

[ ] ⑤ 有，作用很大

5. 企业中是否设有工会组织，工会组织机构健全情况？

[ ] ① 没有设立 [ ] ② 有，但很不健全

[ ] ③ 有，但不怎么健全 [ ] ④ 有，比较健全

[ ] ⑤ 有，很健全

6. 员工的权益诉求沟通渠道是否畅通？

[ ] ① 没有诉求渠道

[ ] ② 有诉求渠道，渠道不很畅通

[ ] ③ 有诉求渠道，沟通渠道畅通

[ ] ④ 有诉求渠道，渠道较为畅通

[ ] ⑤ 有诉求渠道，渠道非常畅通

7. 工会维护员工合法权益的效果怎么样？

[ ] ① 很差 [ ] ② 差 [ ] ③ 一般

[ ] ④ 好 [ ] ⑤ 很好

8. 涉及企业重大决策以及员工切身利益的规章制度时您单位是否召开全体职工（或职工代表）大会进行审议？

[ ] ① 是 [ ] ② 否

9. 在鼓励员工参与经营管理方面，企业做得怎么样？

[ ] ① 很差 [ ] ② 差 [ ] ③ 一般

[ ] ④ 好 [ ] ⑤ 很好

10. 您认为企业在采纳员工的合理化建议方面做得怎样？

[ ] ① 很差 [ ] ② 差 [ ] ③ 一般

[ ] ④ 好 [ ] ⑤ 很好

11. 近两年主动离开企业的员工数量如何？

[ ] ① 极少 [ ] ② 不多 [ ] ③ 一般

[ ] ④ 较多 [ ] ⑤ 很多

12. 您对现有的管理方式满意么？

[ ] ① 非常不满意 [ ] ② 不满意 [ ] ③ 一般

[ ] ④ 满意 [ ] ⑤ 非常满意

13. 与员工切身利益密切相关的政策制定过程中，企业在与员工共同商量方面，做得怎么样？

[ ] ① 很差 [ ] ② 差 [ ] ③ 一般

[ ] ④ 好 [ ] ⑤ 很好

14. 企业制定的规章制度符合法律规定情况？

[ ] ① 绝大部分不合法 [ ] ② 大部分不合法

[ ] ③ 部分合法 [ ] ④ 大部分合法 [ ] ⑤ 全部合法

15. 您与企业签订劳动合同了么？签订劳动合同有用么？

[ ] ① 没有签定 [ ] ② 签了，但没有任何没用

[ ] ③ 签了，有点作用 [ ] ④ 签了，有用

[ ] ⑤ 签了，非常有用

16. 您所在企业对待劳务派遣工是否与正式工待遇相同？

[ ] ① 相同 [ ] ② 不同

17. 您对现在收入水平满意么？

[ ] ① 非常不满意 [ ] ② 不满意 [ ] ③ 一般

[ ] ④ 满意 [ ] ⑤ 非常满意

18. 近两年您的工资收入增长情况？

[ ] ① 0% [ ] ② 大于0%—小于10%

[ ] ③ 大于等于10%—小于20%

[ ] ④ 大于等于20%—小于30%

[ ] ⑤ 大于等于30%—小于40%

[ ] ⑥ 大于等于40%—小于50%

[ ] ⑦ 大于等于50%

19. 您认为您单位高层领导（非法收入除外）与普通员工平均收入差距？

[ ] ① 非常大 [ ] ② 不太大

20. 企业在按照国家劳动法律规定的标准足额支付加班工资方面做得怎么样？

[ ] ① 很差 [ ] ② 差 [ ] ③ 一般

[　]④ 好　[　]⑤ 很好

21. 您觉得现在的劳动时间和劳动强度怎么样？

[　]① 非常强　[　]② 比较强　[　]③ 一般

[　]④ 轻松　[　]⑤ 非常轻松

22. 企业在为员工缴纳社会保险（包括养老、医疗、失业保险、工伤保险）方面，做得怎么样？

[　]① 没上保险　[　]② 上了小部分险种

[　]③ 上了大部分险种

[　]④ 上了全部险种但未按北京市规定基数（您的上一年度的月平均工资）缴费

[　]⑤ 上了全部险种且按北京市规定基数缴费

23. 企业是否建立工资集体协商制度？

[　]① 是　[　]② 否

24. 企业在为员工提供在职教育和培训方面，做得怎么样？

[　]① 很差　[　]② 差　[　]③ 一般

[　]④ 好　[　]⑤ 很好

25. 您对目前工作岗位的稳定性是否乐观？

[　]① 极度悲观　[　]② 较为悲观

[　]③ 一般　[　]④ 较为乐观　[　]⑤ 非常乐观

26. 您对自己未来的生活保障及自身发展是否乐观？

[　]① 极度悲观　[　]② 较为悲观　[　]③ 一般

[　]④ 较为乐观　[　]⑤ 非常乐观

27. 您对所在企业的发展前景的信心？

[　]① 极度悲观　[　]② 较为悲观　[　]③ 一般

[　]④ 较为乐观　[　]⑤ 非常乐观

28. 您认为您所在企业的产品和服务的顾客满意度如何？

[　]① 非常低　[　]② 比较低　[　]③ 一般

[　]④ 比较高　[　]⑤ 非常高

29. 企业新产品开发的速度与能力如何？

[ ]① 非常低 [ ]② 比较低 [ ]③ 一般

[ ]④ 比较高 [ ]⑤ 非常高

30. 您对企业目前劳动关系状况的总体评价是怎样的？

[ ]① 很差 [ ]② 差 [ ]③ 一般

[ ]④ 好 [ ]⑤ 很好

二 您对群体性劳资冲突事件的看法

1. 近三年来，您所在的企业是否发生过群体性劳资冲突事件？

说明：群体性劳资冲突事件是指涉及本企业人员3人以上的劳动争议；或5人以上参加的上访、停工、罢工、怠工、游行等行为

[ ]① 是 [ ]② 否

说明：如选择①请继续第2题及以下，如选择②可跳过第2、3、4、5、6题，直接从第7题回答

2. 您所在的企业近三年来发生过几次群体性劳资冲突事件？

[ ]① 1次 [ ]② 2次 [ ]③ 3次

[ ]④ 4次 [ ]⑤ 5次及以上

3. 您所在的企业近三年发生过以下哪种类型的劳资冲突事件（可多选）

[ ]① 消极怠工

[ ]② 找企业相关负责人谈判

[ ]③ 上访

[ ]④ 停工

[ ]⑤ 罢工

[ ]⑥ 游行示威、抗议、抗议、请愿、静坐

[ ]⑦ 暴力冲突（含自杀、拘禁企业管理者、打砸抢等行为）

[ ]⑧ 集体辞职

[ ]⑨ 集体申请劳动仲裁

[ ]⑩ 向法院起诉

4. 这些群体性劳资冲突事件参与的人数

[ ] ① 5~10人 [ ] ② 11~20人 [ ] ③ 21~30人

[ ] ④ 31~40人 [ ] ⑤ 50人以上

5. 您认为引发群体性劳资冲突事件的主要原因有哪些？（可多选）

[ ] ① 拖欠工资

[ ] ② 经常加班，不支付加班工资

[ ] ③ 工作条件差，没有劳动安全保护

[ ] ④ 未签订劳动合同

[ ] ⑤ 企业不给缴纳社会保险

[ ] ⑥ 管理制度不公平、不合理

[ ] ⑦ 不尊重职工，甚至有侵犯人权的现象

[ ] ⑧ 培训和发展机会少

[ ] ⑨ 企业改制严重侵犯职工利益

[ ] ⑩ 企业裁员不符合法定程序

[ ] ⑪ 工作压力大，无法排解

[ ] ⑫ 集体意识、权利意识增强

[ ] ⑬ 其他_____

6. 这些群体性劳资冲突事件的主要构成人员是哪些？

[ ] ① 同一个工种的工友

[ ] ② 不同工种利益和诉求相同的工友

[ ] ③ 企业内部的老乡

[ ] ④ 其他____

7. 以下企业的哪些行为会激化您和企业的矛盾，导致您与企业或老板产生直接冲突（可多选）

[ ] ① 长期无故拖欠您的工资（包括加班费）

[ ] ② 工资长期低于地方规定的最低工资水平

[ ] ③ 没有或拖欠给您上相应的保险（养老保险、工伤保险等）

[ ] ④ 长期超负荷的工作强度

[　]⑤ 长期恶劣的生产条件（简陋或几乎没有任何安全保障措施）

[　]⑥ 长期恶劣的住宿饮食条件

[　]⑦ 企业几乎很少或没有鼓励员工参与企业内部管理甚至是排斥

[　]⑧ 企业没有提供相对丰富的业余文化生活

[　]⑨ 企业不能提供员工发展空间，自己工作不受重视

[　]⑩ 其他_____

8. 当企业损害您的个人利益时，您会倾向于采取什么样的方式进行反抗（可多选）

[　]① 找老板进行面谈协商

[　]② 通过工会协助解决

[　]③ 通过企业人力资源部或是劳动争议调解委员会解决

[　]④ 向媒体求助

[　]⑤ 去法院起诉

[　]⑥ 联合自己周围有相似遭遇或是有其他不满的员工进行罢工

[　]⑦ 暴力冲突

[　]⑧ 消极怠工

[　]⑨ 多一事不如少一事，逆来顺受

[　]⑩ 其他，请说明_____

9. 您认为以上十项措施哪项效果最明显，最有可能能达到您所需要达到的目的（请画√）

[　]①　[　]②　[　]③　[　]④　[　]⑤

[　]⑥　[　]⑦　[　]⑧　[　]⑨　[　]⑩

10. 如果您的同伴正在组团就某项与你们的切身利益相关的事情去跟企业谈判，比如为了声讨你们连续几个月未发放的工资，您会加入么？

[　]① 会（请答第11题）

[ ] ② 不会（请跳过 11 题直接答 12 题）

11. 如果您会加入，您是出于什么样的原因？

[ ] ① 维护自己切身利益，义不容辞

[ ] ② 法不责众，即使没成功自己也不用担什么风险

[ ] ③ 群众的力量是伟大的，只有通过这种方式才能解决问题

[ ] ④ 吸引外界关注，获取相应协助

[ ] ⑤ 属于同一阶层，仗义相助

[ ] ⑥ 凑热闹

[ ] ⑦ 其他_____

12. 如果您不加入，您是出于什么样的原因？

[ ] ① 怕遭到别人报复

[ ] ② 事不关己，不想管

[ ] ③ 抱着不出力但能搭便车的想法

[ ] ④ 其他_____

13. 您所在的企业是如何解决这些群体性劳资冲突事件的？（可多选）

[ ] ① 与员工代表进行多次洽谈协商，达成共识

[ ] ② 武力打压，开除相关"闹事"带头人

[ ] ③ 工会参与协调

[ ] ④ 放任自流，不闻不问

[ ] ⑤ 其他_____

14. 您是如何看待发生的群体性劳资冲突事件的？

[ ] ① 非常鼓励　[ ] ② 比较鼓励　[ ] ③ 一般

[ ] ④ 不太鼓励　[ ] ⑤ 不鼓励

三、个人信息（请您在相应选项上打√）

1. 性别

[ ] ① 男　[ ] ② 女

2. 年龄

[　]① 18 岁以下

[　]② 18～30 岁

[　]③ 31～40 岁

[　]④ 41～50 岁

[　]⑤ 50 岁以上

3. 文化程度

[　]① 初中及以下 [　]② 高中（中专）

[　]③ 大专 [　]④ 本科 [　]⑤ 硕士及以上

4. 所从事的工作类型

[　]① 生产、制造 [　]② 销售 [　]③ 行政/人事/后勤

[　]④ 设计、研发 [　]⑤ 其他

您对企业建立和谐劳动关系的建议：_____

_____

_____

_____

_____

后　记

酷热的夏天即将过去，美丽的秋天就要到来。经过三年的研究，一年多的写作，书稿终于完成。谨以此文回顾本书的写作过程、感受以及表达对帮助完成此书的良师、挚友、同事和家人的感激之情。

这本书的构思和写作意向是在 2010 年提出的。那一年中国发生了以"南海本田"罢工事件为标志的大规模罢工，我意识到群体性劳资冲突问题正在成为一个研究热点以及急需通过研究解决的问题。2010 年中国人力资源开发研究会劳动关系分会在中国人民大学召开了第三届学术年会，以常凯教授为代表的学者们已经开始从不同的角度研究中国的群体性劳资冲突问题，这更加坚定了本书的选题。我的博士导师杨河清教授也充分肯定了这一选题方向，并对我的研究设计给予了充分的指导。

2011 年在教育部人文社会科学研究青年基金项目申报中，我以《和谐社会建设时期群体性劳资冲突事件的演化及其应对体系构建研究》为题申报项目并获批，于是课题于 2011 年 9 月正式启动。课题组成员基本是由我的同事和部分研究生组成。他们为课题研究付出了极大的心血，课题成果也凝聚着课题组成员的心血。我的同事黄艳、寇颖娇两位老师参与了第二章群体性劳资冲突事件的特点与趋势研究，陶秋燕教授、朱福林、田琳老师参与了第三章群体性劳资冲突事件的形成机制研究，汪昕宇、胡艳君两位老师参与了第四章群体性劳资冲突事件的演化研究，黄艳老师参与了第六章群体性劳资冲突事件标准化应急系统研究，尹庆民教授参与了第七章群体性劳资冲突事件的长期应对体系研究。首都经贸大学劳动经济学院的硕士研究生刘冰参与了调查问卷的设计，沈斌和汪昕宇两位老师对课题的数据分析付出了巨大的努力。北京联合大学管理学院 2011 级杨晓璇、韩春荣等 20 余名学生参与了课题调研工作。在此一并表示最诚挚的谢意！

2012 年秋天，课题的调研工作以及数据、访谈分析工作已进行完毕，此时我受北京市教委人才强教国外访问学者项目资助，于 2012 年 10 月至 2013 年 4 月赴美国康奈尔大学产业与劳动关系学院做为期半年的访问学者，产业与劳动关系学院的谢曼劳动争议研究中心接受了我的访问。访问期间，我有幸接受美国知名的劳动仲裁调解、前院长 David B. Lipsky 教授的指导。David B Lipsky 教授是美国劳动关系领域内的知名专家学者，更幸运的是我的研究工作正好与导师的研究契合。在康奈尔的半年访问时间我较为系统地学习了产业关系理论、集体谈判理论与实务、工作场所的劳资争端解决、劳动仲裁等专业课程，我的研究工作也得到 David B. Lipsky 教授的悉心指导，同时我还要感谢他为我访学期间提供了宽敞舒适的办公环境，使我得以安心地学习和研究。我还得到了康奈尔大学产业与劳动关系学院的院长 Harry Katz 教授、Sarosh Kuruvilla 教授、Eli Friedman 教授和 Alexandar Colvin 教授的大力支持和指导。感谢康奈尔大学劳动关系教育研究中心的 Kate 以及谢曼劳动争议研究中心的 Pamela，谢谢他们给我的真挚而温暖的友谊。在康奈尔大学浓厚的学术氛围感染以及教授们的指导下，我完成了课题主体部分的写作工作。2013 年 4 月回国后，完成了书稿的剩余部分，并对书稿进行多次修改和调整，直到今日才敢拿出来出版。

我还要感谢北京联合大学管理学院陶秋燕院长对课题研究经费的支持和资助。感谢我的好朋友康奈尔大学的张皓博士、首都经贸大学的雷晓天老师，谢谢你们在书稿写作过程中给予我的建议。感谢中国人民大学劳动人事学院吴清军老师帮助我联系出版社。感谢中国人民大学的常凯教授为我的书作序。感谢社会科学文献出版社的童根兴、王玮两位编辑对本书的出版所付出的心血。

最后我要感谢我挚爱的亲人——我的先生和女儿,感谢你们的相依相伴和无悔的理解和支持。

书稿已经完成,但也有不少缺陷和有待深入研究的问题,我将继续在劳动关系研究领域内努力前行。

何　勤

2013 年 8 月 20 日

于北京

图书在版编目(CIP)数据

群体性劳资冲突事件的演化及应对/何勤著.—北京：社会科学文献出版社，2014.7
 ISBN 978-7-5097-5883-0

Ⅰ.①群… Ⅱ.①何… Ⅲ.①群体性-劳资纠纷-研究 Ⅳ.①F246

中国版本图书馆 CIP 数据核字（2014）第 067160 号

群体性劳资冲突事件的演化及应对

著　　者 / 何　勤

出 版 人 / 谢寿光
出 版 者 / 社会科学文献出版社
地　　址 / 北京市西城区北三环中路甲 29 号院 3 号楼华龙大厦
邮政编码 / 100029

责任部门 / 社会政法分社 (010) 59367156　　责任编辑 / 王　玮　秦静花
电子信箱 / shekebu@ssap.cn　　　　　　　　责任校对 / 王翠荣
项目统筹 / 童根兴　　　　　　　　　　　　　责任印制 / 岳　阳
经　　销 / 社会科学文献出版社市场营销中心 (010) 59367081　59367089
读者服务 / 读者服务中心 (010) 59367028

印　　装 / 三河市尚艺印装有限公司
开　　本 / 787mm×1092mm　1/20　　　　印　张 / 17.6
版　　次 / 2014 年 7 月第 1 版　　　　　　字　数 / 295 千字
印　　次 / 2014 年 7 月第 1 次印刷
书　　号 / ISBN 978-7-5097-5883-0
定　　价 / 69.00 元

本书如有破损、缺页、装订错误，请与本社读者服务中心联系更换
▲ 版权所有　翻印必究